高职高专汽车类专业创新一体化教材

汽车机械基础一体化教程
（彩色版配实训工作页）

组　编　广东合赢教育科技股份有限公司
主　编　康国兵　杨小萍　冯　津
副主编　马　涛　陈进标
参　编　徐福传　甘彩连　李建涛　李苏燕
主　审　林志伟

机械工业出版社

本书分 7 个模块，内容包括汽车构件力学分析、零件的公差与配合、汽车常用机构、汽车常用连接、汽车常用传动、汽车轴系零部件和液压传动。本书选取大量汽车工程中的实例，将基础课程与汽车专业课程进行有机融合，旨在为汽车专业类学生学习后续专业课程打下良好的基础。为方便职业院校开展理实一体化教学和信息化教学，本书配有实训工作页。

本书融合了大量图片和动画，使用手机扫描书中二维码，可观看相关多媒体内容，方便读者学习和理解相关知识。

本书可作为职业院校汽车类专业的教学用书和汽车企业的培训资料，同时也可作为相关专业人员的参考用书。

图书在版编目（CIP）数据

汽车机械基础一体化教程：彩色版配实训工作页 / 广东合赢教育科技股份有限公司组编；康国兵，杨小萍，冯津主编. — 北京：机械工业出版社，2022.4（2024.9 重印）
高职高专汽车类专业创新一体化教材
ISBN 978-7-111-70422-5

Ⅰ.①汽⋯　Ⅱ.①广⋯②康⋯③杨⋯④冯⋯　Ⅲ.①汽车 – 机械学 – 高等职业教育 – 教材　Ⅳ.①U463

中国版本图书馆CIP数据核字（2022）第048566号

机械工业出版社（北京市百万庄大街22号　邮政编码100037）
策划编辑：齐福江　　　　　　责任编辑：齐福江
责任校对：潘　蕊　李　婷　　封面设计：张　静
责任印制：李　昂
河北宝昌佳彩印刷有限公司印刷

2024 年9月第1版第7次印刷
184mm×260mm·13.75印张·340千字
标准书号：ISBN 978-7-111-70422-5
定价：59.00元

电话服务	网络服务
客服电话：010-88361066	机 工 官 网：www.cmpbook.com
010-88379833	机 工 官 博：weibo.com/cmp1952
010-68326294	金 书 网：www.golden-book.com
封底无防伪标均为盗版	机工教育服务网：www.cmpedu.com

汽车机械基础一体化教程
编委会

主 任 委 员： 冯　津　广东合赢教育科技股份有限公司

副主任委员： 齐福江　机械工业出版社
　　　　　　　王晓丹　广州市汽车服务业协会
　　　　　　　郭海龙　广州航海学院
　　　　　　　陈文均　贵州交通技师学院
　　　　　　　王　毅　贵州交通职业技术学院

委　　　员： 王耀武　罗永志　广东合赢教育科技股份有限公司
　　　　　　　康国兵　广东轻工职业技术学院
　　　　　　　王　强　贵州交通职业技术学院
　　　　　　　刘　卯　贵州交通技师学院
　　　　　　　张　斌　顺德职业技术学院
　　　　　　　朱德桥　朱　博　六盘水职业技术学院
　　　　　　　马　涛　顺德区中等专业学校
　　　　　　　李世川　孙兵凡　深圳市第二职业技术学校
　　　　　　　杨萌萌　深圳市宝安职业技术学校

主　　　审： 林志伟　广州市交通运输职业学校

FOREWORD 前言

党的二十大报告指出"实施科教兴国战略,强化现代化建设人才支撑",本书基于该要求,弘扬精益求精的职业精神和工匠精神,将立德树人落实到课程中。

随着我国汽车工业的高速发展,汽车类人才需求也在不断增长,特别是汽车后市场对技术技能人才越来越重视,而汽车技术的不断提高则对技术技能人才提出了更高的要求,需要深入探索汽车维修课程改革和教学改革的模式。

在我国大力发展职业教育的大背景下,职业教育领域经过一系列的人才培养模式和课程改革,取得了很大的成就和显著的效果。本书为专业基础课程教材,以为后续专业核心课程打造基础为指导思想,设置了汽车构件力学分析、零件的公差与配合、汽车常用机构、汽车常用连接、汽车常用传动、汽车轴系零部件和液压传动七个模块内容。本书改变了传统的理论体系和教学内容,内容编排有利于采用工学结合、理论和实训一体化等教学模式。本书图文并茂,难度适宜,突出了理论与实践相结合,更加符合人才培养目标,教学内容更加符合专业的需要。希望本书的编写,对培养现代汽车维修技术的技能型人才,满足行业企业人才需求有很好的指导、帮助作用。

本书立意明确,重在实践能力的培养,可以用作职业院校汽车及相关专业的教材,也可以作为汽车服务人员及企业员工的培训用书。

本书由广东轻工职业技术学院康国兵、广东交通职业技术学院杨小萍和广东合赢教育科技股份有限公司冯津担任主编,顺德中等专业学校马涛、广东合赢教育科技股份有限公司陈进标担任副主编,参加编写的人员还有徐福传、甘彩连、李建涛、李苏燕。编写人员部分为职业院校汽车专业教师,教学经验丰富,还有来自企业人员的参与,将真实的工作经历和职教新理念新思路融入书中,为本书增色不少。

限于编者水平和经验,加之技术更新发展很快,书中难免有不足或错漏之处,敬请读者批评指正。

编　者

CONTENTS 目 录

前 言

| 模块一 汽车构件力学分析 | 001 |

  单元一 汽车构件的静力分析 ··········001

  单元二 汽车构件承载能力分析 ········008

| 模块二 零件的公差与配合 | 016 |

  单元一 公差与配合 ··········016

  单元二 几何公差 ··········024

| 模块三 汽车常用机构 | 031 |

  单元一 平面连杆机构 ··········031

  单元二 铰链四杆机构 ··········036

  单元三 铰链四杆机构的演化 ··········040

  单元四 平面四杆机构的特性 ··········043

  单元五 凸轮机构 ··········045

模块四 汽车常用连接 ...050

单元一 螺纹连接 ...050

单元二 螺纹连接预紧与防松 ...058

单元三 键与花键 ...063

模块五 汽车常用传动 ...071

单元一 带传动装置 ...071

单元二 链传动 ...080

单元三 齿轮传动 ...084

单元四 轮系 ...094

模块六 汽车轴系零部件 ...099

单元一 轴 ...099

单元二 曲轴和传动轴 ...106

单元三 轴承 ...111

单元四 联轴器与离合器 ...124

模块七 液压传动 ...130

单元一 认识液压传动 ...130

单元二 液压泵与液压缸 ...136

单元三 液压阀 ...148

单元四 汽车常用液压回路 ...159

模块一 汽车构件力学分析

模块导读

机械工程中的大量破坏，绝大部分都应该从力学角度来分析、判断和处理。汽车中零部件的破坏分析与修理也不例外。汽车在行驶过程中，各部件均受到不同类型的力的作用，受力情况非常复杂，所受的载荷，涉及很多力学问题。正确认识汽车构件的受力情况，分析汽车机械构件的变形特征和承载能力是保证安全行车的关键。

通过本模块的学习，学生应该能够了解静力学的基础知识、构件的受力特点和所产生的基本变形；能够对汽车构件进行受力、变形和失效原因分析。

单元一 汽车构件的静力分析

学习目标

1. 能叙述静力学的基本概念与公理。
2. 能正确应用静力学基本理论对汽车构件进行受力分析。
3. 能正确绘制汽车构件的受力图。
4. 能对汽车构件进行简单的平衡计算。

内容概要

静力分析是研究构件在力系作用下平衡规律的科学，主要解决受力分析、受力图画法、力系的简化、建立力系的平衡方程、求解构件的受力计算等问题。

知识准备

一、基本概念与公理

? 引导问题：什么是力？力有哪些要素？刚体有何特征？刚体平衡的条件是什么？

1. 力的概念

力是物体之间的相互作用，这种作用会使物体的运动状态或形状发生改变。例如，车辆受到制动力的作用而减速；弹簧受到拉力的作用而伸长；横梁受到载荷而弯曲；薄钢板受到模具的挤压而变形，可以制成轿车的外壳。

大家在打台球或踢足球的时候会发现，球的运动方向、速度、轨迹等运动状态与击球力的大小、方向以及击球点密切相关。由此可以得知,力可以改变物体的运动状态,并且力的作用效果取决于力的大小、方向和作用点。生活中我们通过挤压气球,拉伸或压缩弹簧都可以发现,力还可以使物体产生变形,而且变形的特点也与力的大小、方向和作用点有关。

力是矢量,力的大小、方向和作用点为力的三要素。可用一条具有方向的线段来表示,如图1-1-1所示。通过力的作用点,沿力的方向的直线,称为力的作用线。

图1-1-1 力的示意图

2. 刚体

任何物体受到力的作用,都或多或少会产生变形,如果变形的程度相对于物体本身的几何尺寸来说极其微小;或者在研究物体运动时,其变形也可以忽略不计。我们把这种理想的,在受力作用后形状和大小不变,而且内部各点的相对位置不变的物体称为刚体。

静力学的研究对象就是刚体,静力学一般称为刚体静力学;当研究物体在力系作用下的内部效应时,不能忽略物体变形的作用,这是材料力学所研究的问题。

3. 平衡

平衡是指物体相对于惯性参考系处于静止或匀速直线运动状态。通常把固定于地球表面的参考系作为惯性参考系。平衡力系,是指使物体处于平衡状态下的力系。研究作用在物体上的平衡力系所需满足的条件称为力系的平衡条件。

4. 静力学公理

公理是人们在生活和生产实践中长期积累的经验总结,又经过实践反复检验,被确认为符合客观实际的最普遍、最一般的规律。静力学公理是人们关于力的基本性质的概括与总结,是静力学全部理论的基础。

公理一 二力平衡公理

作用在同一刚体上的两个力使刚体平衡的充要条件是:这两个力的大小相等、方向相反、作用在同一直线上。如图1-1-2所示为光滑桌面上的小车受到两个力而平衡。

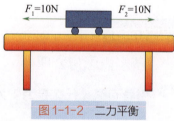

图1-1-2 二力平衡

仅受到两个力(重力不计)而平衡的杆件称为二力杆,二力杆所受的两个力一定大小相等、方向相反、作用在同一条直线上。

公理二 加减平衡力系公理

对于作用在刚体上的任何一个力系,可以增加或减少力系内的任意平衡力系,这并不会改变原力系对刚体的作用效果。如图1-1-3所示,图1-1-3a为在两个平衡力作用下的小车,减去该平衡力力系后,小车仍然平衡(图1-1-3b)。

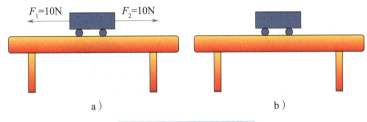

图 1-1-3 加减平衡力系

推论：力的可传性原理，作用于刚体上的力可沿其作用线移到同一刚体内的任一点，而不改变该力对刚体的效应。如图 1-1-4a 所示，刚体在 A 点受到力 F 的作用，根据加减平衡力系公理，在 B 点加上一对平衡力系 F_1 和 F_2，且使 F_2 等于 F，如图 1-1-4b 所示，由于 F_1 与 F 大小相等、方向相反、作用在同一条直线上，所以 F_1 与 F 为一对平衡力，根据加减平衡力系公理，可以减去 F_1 和 F 而不会改变原力系对刚体的作用效果，得到刚体上的作用力 F_2，如图 1-1-4c 所示。

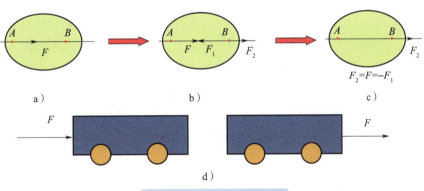

图 1-1-4 力的可传性原理

因此，对刚体来说，力的作用三要素为：大小、方向、作用线。如图 1-1-4d 所示，用水平方向的力推动小车与拉小车的作用效果相同。

公理三　作用力与反作用力公理

两物体之间相互作用的力总是同时存在，两者大小相等、方向相反、沿同一条直线，分别作用在两个相互作用的物体上。如图 1-1-5 所示，人用力去推墙壁，小车和人将会向左运动，说明墙壁有给人向左的推力。

图 1-1-5 作用力与反作用力

这个公理表明了力是成对出现的，等值、反向、共线，但是作用在两个物体上的作用力与反作用力是力学中普遍存在的一对矛盾。它们相互对立，相互依存，同时存在，同时消失。通过作用与反作用，相互关联的物体的受力即可联系起来。

要特别注意作用力与反作用力公理中的一对力和二力平衡公理中的一对力的区别。作用力和反作用力分别作用在不同的物体上，而二力平衡公理中的两个力则作用在同一个物体上。

公理四　力的平行四边形法则

作用在刚体上的两个汇交力可合成一个合力，合力的作用点在二力的汇交点，合力的大小和方向由以此二力为邻边所构成的平行四边形的对角线确定，矢量表示如图 1-1-6 所示。

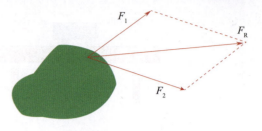

图 1-1-6　平行四边形公理

二、约束与约束反力

? 引导问题：传动带对带轮的作用力与轴承对轴的作用力分别有什么特点？机械构件与构件间有哪些基本约束？所产生的约束反力有何特点？

工程中的机器或者机构，总是由许多零部件组成的。这些零部件按照一定的形式相互连接，它们之间的运动必然互相限制。将限制非自由体运动的物体称为约束物体，简称约束。约束对非自由体的作用，实际上就是力，这种力称为约束反力，简称反力。工程中约束的形式多种多样，可能是地面、基础、轨道；也可能是其他一些物体，如螺栓、轴承、绳索等。

约束反力是指当非自由体有沿约束所限制方向的运动趋势时，约束与被约束体之间产生相互的作用力。约束反力的大小和方向取决于主动力作用的情况和约束的形式，通常是未知的，需根据约束的性质进行分析判断。但约束反力的作用点总是在约束与被约束物体相互接触处，约束反力必与约束所限制的运动方向相反。

在物体上，除约束反力以外的力，即能主动引起物体运动或使物体产生运动趋势的力，称为主动力。例如，重力、风力、水压力、土压力等都是主动力。主动力在工程中称为荷载。

约束反力具有以下特点：
① 大小常常是未知的。
② 方向总是与约束限制的物体的位移方向相反。
③ 作用点在物体与约束相接触的那一点。

如图 1-1-7a 所示，光滑接触面上的小球受到两个主动力 F 和 G，小球在两个光滑接触面上分别有 N_1 和 N_2 两个约束反力，受力状况如图 1-1-7b 所示。

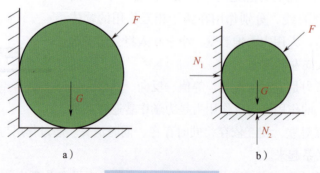

图 1-1-7　约束反力

工程中约束的种类很多，以下介绍几种典型的约束模型。

1. 柔体约束

在工程实际中的钢丝绳、绳索、传动带等均属于柔体约束。这些物体只能受拉而不能受压，约束力作用于接触点、方向沿着柔体中心线背离被约束物体，被绳索吊着的小球受力如图1-1-8a所示，传动带所提供的约束反力如图1-1-8b所示。

图1-1-8 柔体约束

2. 光滑面约束

光滑面约束的特点是这种约束不能限制物体沿约束表面切线方向的移动，约束反力的方向沿着接触面的公法线方向指向被约束物体，如图1-1-9所示。

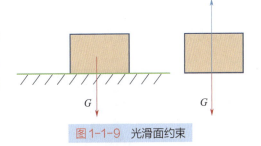

图1-1-9 光滑面约束

3. 光滑铰链约束

光滑铰链约束是由销钉连接两带孔的构件组成，工程中常见的有中间铰链约束、固定铰链约束和活动铰链约束三种形式。

用销钉把具有相同孔径的两物体连接起来，便构成了中间铰链约束。如图1-1-10a所示。当忽略摩擦时，销钉对两物体的约束相当于光滑面约束。因此其约束反力必定沿接触面的公法线而指向物体。但物体与销钉的接触点的位置与其受力有关，预先不能确定，所以约束反力的方向亦不能预先确定，通常用通过销钉中心的两正交分力来代替。各分力矢量的指向可任意假设。图1-1-10b所示为其力学模型。

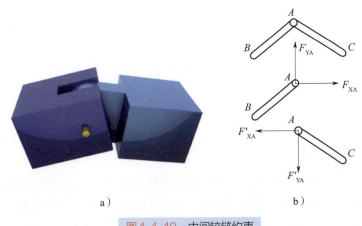

图1-1-10 中间铰链约束

如果销钉连接的两物体中有一个固定于地面，这类约束称为固定铰链约束，如图 1-1-11a 所示。其约束反力的表示方法与中间铰链约束相同。图 1-1-11b 所示为其力学模型。

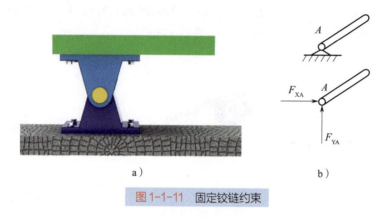

图 1-1-11　固定铰链约束

根据工程需要，把固定铰链约束用几个辊轴支承在光滑面上，便构成了活动铰链约束，如图 1-1-12a 所示。这种约束是由光滑面和铰链两种约束组合而成的一种复合约束形式，其约束反力的作用线必垂直于支承面且过铰链中心，图 1-1-12b 所示为其力学模型。

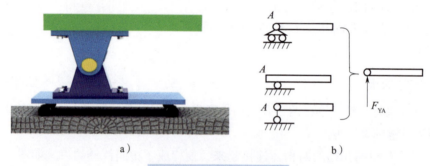

图 1-1-12　活动铰链约束

三、受力分析与受力图

解决力学计算问题时，首先要选定需要进行研究的物体，即确定研究对象，然后分析其受力情况，这个过程称为物体的受力分析。分析过程中，解除约束，把研究对象从周围物体中分离出来，画出其简图，称为分离体。将研究对象所受的所有的主动力和约束反力用力矢量表示在分离体上，这种图形称为物体的受力图。

例　如图 1-1-13a 所示的重力为 P 的圆球放在墙壁和板 AC 之间，BC 为绳索，板 AC 的重力不计，不计摩擦，画出板和球的受力图。

解：分别取板 AC、圆球为分离体，画出它们所受的主动力和约束反力。

1）先分析圆球：圆球的主动力只有重力 P，圆球受到墙面和杆 AC 对它的约束反力，是光滑接触面约束，受力图如图 1-1-13b 所示。

2）取杆 AC 为研究对象：杆 AC 受到圆球对它的反作用力，是光滑接触面约束。另外，绳索对杆 AC 的约束反力是拉力，是柔性约束。A 处是固定铰链，用两个垂直的分力来表示，受力图如图 1-1-13c 所示。也可以根据三力平衡汇交定理，三力必定汇交为一点。

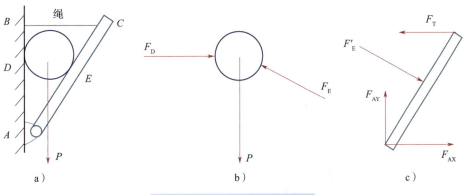

图1-1-13 板和球的受力分析

四、力矩与力偶

引导问题：什么是力矩？如何度量力对物体的转动效应？力偶矩有何特点？

1. 力矩

力对物体的运动效应，分为移动效应和转动效应两种，其中力对物体的转动效应用力矩来度量。

以扳手旋转螺母为例，如图1-1-14所示，设螺母能绕点 O 转动。由经验可知，螺母能否旋动，不仅取决于作用在扳手上的力 F 的大小，而且还与点 O 到 F 的作用线的垂直距离 d 有关。因此，用 F 与 d 的乘积作为力 F 使螺母绕点 O 转动效应的度量，称之为力 F 对 O 点的矩，简称力矩，记为

图1-1-14 力对点的矩

$$M_O(F) = \pm Fd \quad (1-1-1)$$

式中　O 点——矩心；

　　　d——力臂，规定力使刚体绕矩心逆时针方向转动，力矩为正，反之为负。

力矩的性质：

1）力 F 对 O 点之矩不仅取决于力 F 的大小，同时还与矩心的位置即力臂 d 有关。

2）力 F 对于任意一点之矩，不会因该力的作用点沿其作用线移动而改变。

3）力 F 的大小等于零或者力的作用线通过矩心时，力矩等于零。

讨论：如图1-1-15所示，数值相同的三个力按照不同的方式施加在同一扳手的 A 端，图示三种情况下力 F 对 O 点的力矩的大小是否相同？

图1-1-15 力对 O 点的矩

2. 力偶

作用于刚体上大小相等、方向相反、作用线平行但不共线的两个力所组成的最简单的力系称为力偶。如图 1-1-16 所示，驾驶员用双手转动转向盘的作用力 F 和 F'。力偶能使刚体产生纯转动效应，而不能产生移动效应。力偶对刚体产生的转动效应以力偶矩 M 度量，记作

$$M = \pm Fd \tag{1-1-2}$$

式中，d——两个力作用线之间的垂直距离，称为力偶臂。

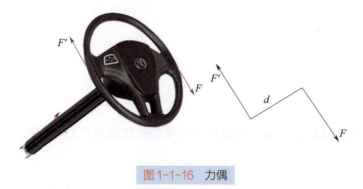

图 1-1-16　力偶

两力作用线所组成的平面称为力偶的作用面。对于平面力偶而言，力偶矩 M 可认为是代数量，其绝对值等于力的大小与力偶臂的乘积。力偶的作用效果取决于力的大小、方向和力偶臂的长短。力偶的方向规定：力偶使刚体做逆时针方向转动，力偶矩取正值，反之取负值。

平面力偶除了用力和力偶臂表示外，也可以用一条带箭头的弧线表示力偶矩的大小，箭头表示力偶矩的转向，如图 1-1-17 所示。

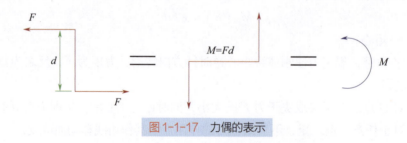

图 1-1-17　力偶的表示

单元二　汽车构件承载能力分析

学习目标

1. 能叙述杆件的受力特点与变形特点。
2. 能正确分析、计算杆件的内力与应力。
3. 能正确分析、计算构件所受的剪切应力与挤压应力。
4. 能正确分析、计算圆轴扭转时所产生的应力与变形。

内容概要

汽车机械中所用的零部件种类很多，受力情况也各不相同，通常有轴向拉伸或压缩、剪切与挤压、扭转、弯曲四大类，各种载荷导致的应力特征与变形特征也有所区别。每种变形的强度条件均需要解决强度校核、截面设计、确定许用载荷等三类问题。

知识准备

一、拉伸与压缩

> **引导问题**：连接气缸盖与气缸体的螺栓所受的载荷形式是什么？其变形特点是什么？如果变形过大，会造成哪些不良影响？

拉伸和压缩是杆件基本变形中最简单的一种，也是构件中最常发生的变形形式。如发动机中的连杆在工作中发生压缩变形，气缸盖螺栓在工作中发生拉伸变形等。

1. 拉伸与压缩的概念

如图 1-2-1 所示的支架由两条杆 AB、AC 组成，在 A 处受到向下的作用力 F，则 AB 杆承受拉力，AC 杆承受压力。

二者具有相同的受力特点：作用在杆件两端外力的合力大小相等、方向相反，且作用线与杆的轴线重合。杆件在这种外力作用下所产生的变形，使杆件产生沿轴线方向的伸长或缩短。杆件的这种变形形式称为杆件的轴向拉伸与压缩。对这类杆件的形状和受力情况进行简化后，可用图 1-2-2 所示的简图来表示。杆件受拉的时候伸长，受压的时候缩短。

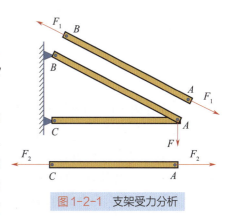

图1-2-1 支架受力分析

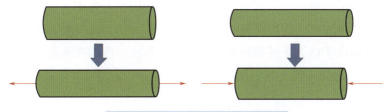

图1-2-2 杆件的受力与变形简图

2. 内力与截面法

构件的材料是由许多质点组成的。构件不受外力作用时，材料内部质点之间保持一定的相互作用力，使构件具有固定形状。当构件受外力作用产生变形时，其内部质点之间的相互位置发生改变，从而内部质点间的力也发生变化。这种由外力作用而引起的受力构件内部质点之间相互作用力的改变量称为附加内力，简称内力。内力是由外力引起的，内力随外力的变化而变化，外力增大，内力也增大，外力撤销后，内力也随之消失。

构件中的内力是与构件的变形相联系的，内力总是与变形同时产生。构件中的内力随着变形的增加而增大，但对于确定的构件，所能承受的内力有一定的限度，超过这一限度，构件将发生破坏。因此，内力与构件的强度和刚度都有密切的联系。在研究构件的强度、刚度等问题时，必须要知道构件在外力作用下某截面上的内力值。

为了显示并计算杆件的内力，通常采用截面法。图 1-2-3a 所示为受拉的杆件 AB，在外力作用下处于平衡状态。为求杆件横截面 m-m 上的内力，可假想用一个平面在此处把杆截开，分为Ⅰ、Ⅱ两段。任取其中一段，例如，取Ⅰ段作为研究对象，如图 1-2-3b 所示。为了使这段杆件保持原有的平衡状态，在被截开的截面上，需加上内力，这个内力就是Ⅱ段（右段）对Ⅰ段（左段）的作用力，用 F_{N_1} 表示。由于杆件整体处于平衡状态，截开后Ⅰ段和Ⅱ段都应处于平衡状态。因此，对这段杆件由平衡方程 $\Sigma F=0$ 可得 $F_{N_1}=F$。若取Ⅱ段为研究对象求同一截面上的内力时，如图 1-2-3c 所示，此内力就是Ⅰ段对Ⅱ段的反作用力，用 F_{N_1}' 表示，也可得 $F_{N_1}'=F$。由此可以看出：左、右两段杆件所受的内力是作用力与反作用力的关系。因此，在求内力时，只要取截面两侧的任一段来研究即可。

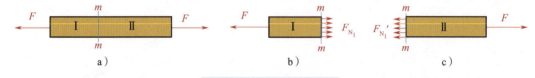

图1-2-3 截面法求内力

由于上述内力的作用线与杆件的轴线重合，故把拉（压）杆的这种内力称为轴力，其符号规定为：杆件受拉伸时，轴力背离截面，取正号，称为拉力；反之取负号，称为压力。这样，对于图 1-2-3 中的杆件，无论取Ⅰ或Ⅱ段，所得的结果不仅数值相等，而且正负号相同，同时还可以根据轴力的正负号判别拉、压两种变形。这种取杆件的一部分为研究对象，利用静力平衡方程求内力的方法称为截面法。

3. 应力

用同一材料制成的而横截面面积不同的两杆，在相同拉力作用下，随着拉力的增加，横截面积小的杆必然先被拉断。这说明杆的强度不仅与轴力的大小有关，还与横截面积的大小有关，即杆的强度取决于内力在横截面上分布的密集程度。内力在某点上分布的密集度即为该点处的应力 p。

$$p = \lim_{\Delta A \to 0} \frac{\Delta F}{\Delta A} \qquad (1-2-1)$$

应力 p 是一个矢量，使用中常常将其分解成垂直于截面的分量 σ 和相切于截面的分量 τ。σ 称为正应力，τ 称为切应力，如图 1-2-4 所示。

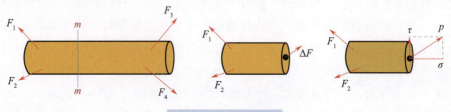

图1-2-4 截面应力

如果杆件受拉伸或压缩，所受轴力为 F_N，杆的横截面面积为 A，则正应力可按照式（1-2-2）计算。

$$\sigma = \frac{F_N}{A} \quad (1\text{-}2\text{-}2)$$

4. 拉压杆的强度条件

当杆件所受拉力逐渐增加，其横截面上的应力也逐渐增加，当应力超过某一极限值时，杆件会出现明显的塑性变形（塑性材料）或断裂（脆性材料）。通常把这种极限应力值称为材料的极限应力，用 σ_o 表示。

在理想情况下，为了保证构件能够安全可靠地工作，而又能充分利用材料的强度潜能，最好使所设计构件的工作应力 σ 小于且接近于极限应力 σ_o。但实际上，由于很多不可控因素的存在，导致很难做到这一点。所以，必须使构件留有一定的安全储备，即对材料的极限应力打个折扣，使构件工作应力的最大允许值不超过这个折扣值。这个允许值称为许用应力，用符号 $[\sigma]$ 表示，即：

$$[\sigma] = \frac{\sigma_o}{n} \quad (1\text{-}2\text{-}3)$$

式中　n——为大于 1 的系数，称为安全系数，用以表示构件安全储备的程度或强度的富余程度。

为了使拉压杆件在工作中安全可靠（即强度足够），必须使其所受的最大工作正应力 σ_{max} 小于或等于许用正应力 $[\sigma]$，即

$$\sigma_{max} = \frac{F_N}{A} \leqslant [\sigma] \quad (1\text{-}2\text{-}4)$$

利用式（1-2-4）可解决三种类型的强度计算问题：

（1）校核强度

若已知杆件尺寸、所受载荷和材料的许用应力，则由式（1-2-5）校核杆件是否满足强度要求，即

$$\sigma_{max} \leqslant [\sigma] \quad (1\text{-}2\text{-}5)$$

（2）确定许用载荷

已知杆件尺寸和材料的许用应力，则由式（1-2-4）可得

$$F_{N\,max} \leqslant [\sigma] A \quad (1\text{-}2\text{-}6)$$

由式（1-2-6）算出杆件所能承受的最大轴力，从而确定杆件的许用载荷 $[F]$。

（3）设计截面尺寸

已知杆件所受载荷和材料的许用应力，则由式（1-2-4）可得

$$A \geqslant \frac{F_N}{[\sigma]} \quad (1\text{-}2\text{-}7)$$

二、剪切与挤压

> **引导问题**：汽车机械上常采用键、销将两个或两个以上的构件连接起来，键和销受到的载荷特点是什么？将产生怎样的变形？

1. 剪切的概念

工程结构中的许多连接件，如铆钉、螺栓、键、销等，受力后产生的主要变形为剪切。剪切原理见表 1-2-1。

表 1-2-1 剪切原理

名称	剪床剪钢板	销轴连接
模型		
受力分析		
应力分析		
剪力	$F_S=F$	$F_S=F/2$

从表 1-2-1 中可以看出，剪切受力特点为：作用在构件两侧面上的外力合力大小相等、方向相反且作用线很近，剪切面上的内力与剪切面平行，称为剪力。变形特点是：位于两力之间的截面发生相对错动。

2. 剪切的实用计算

在剪切面上有切应力 τ 存在。切应力在剪切面上的分布情况十分复杂，工程上通常采用一种以实验及经验为基础的实用计算方法来计算,即假定剪切面上的切应力 τ 是均匀分布的。

$$\tau = \frac{F_S}{A} \quad (1\text{-}2\text{-}8)$$

式中　A——剪切面面积;

　　　F_S——剪切面上的剪力。

为了使构件不发生剪切破坏,要求剪切面上的平均切应力不超过材料的许用切应力,即剪切时的强度条件为

$$\tau = \frac{F_S}{A} \leqslant [\tau] \quad (1\text{-}2\text{-}9)$$

式中　$[\tau]$——许用切应力。

剪切强度条件同样可以解决三类问题:强度校核、设计截面尺寸和确定许用载荷。

3. 挤压的概念

铆钉等连接件在外力作用下发生剪切变形的同时,在连接件和被连接件的接触面上相互压紧,产生局部压陷变形,严重时可致压溃,这种现象称为挤压,如图 1-2-5 所示。

图 1-2-5　铆钉连接

对铆钉进行受力分析,如图 1-2-6 所示,铆钉上半部分左侧受到板的向右的压力 F_C,铆钉下半部分右侧,受到板的向左的压力 F_C,F_C 等于外力 F。

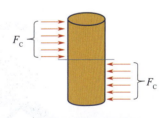

图 1-2-6　铆钉所受挤压力

4. 挤压的实用计算

挤压应力在挤压面上的分布也很复杂。因此也采用实用计算法,假定挤压应力均匀地分布在计算挤压面上,平均挤压应力即为

$$\sigma_C = \frac{F_C}{A_C} \quad (1\text{-}2\text{-}10)$$

式中　A_C——计算挤压面面积。

当挤压接触面为平面时,接触面的面积就是计算挤压面面积;当接触面是半圆柱面时,取实际接触面的正投影面的面积作为计算挤压面面积,即取直径平面的面积作为计算挤压面面积,如图 1-2-7 所示。由此可建立挤压的强度条件为

$$\sigma_C = \frac{F_C}{A_C} \leqslant [\sigma_C] \quad (1\text{-}2\text{-}11)$$

式中　$[\sigma_C]$——材料的许用挤压应力。

在图 1-2-7 中挤压接触面为圆柱面，所以计算挤压面面积为

$$A_C = d \times \delta \tag{1-2-12}$$

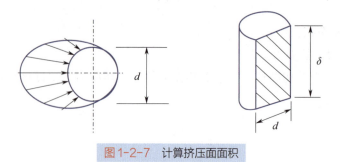

图 1-2-7　计算挤压面面积

三、扭转

? 引导问题：汽车上的传动轴受到的载荷有什么特点？其变形特征是什么？

1. 扭转的概念

在汽车机械中，有很多构件承受扭转载荷。如图 1-2-8 所示，汽车转向时，驾驶员通过转向盘把力偶作用在转向轴的上端，在转向轴的下端则受到来自转向器的阻力偶作用。

扭转时，轴的受力特点为：圆截面直杆受到一对大小相等、方向相反、作用面垂直于杆的轴线的外力偶作用。扭转时的变形特征为，杆件的各个横截面绕轴向发生相对转动，如图 1-2-9 所示。

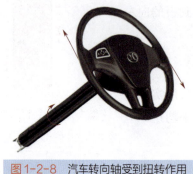

图 1-2-8　汽车转向轴受到扭转作用

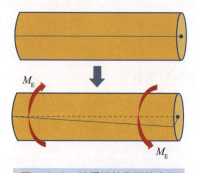

图 1-2-9　轴受扭转作用的变形

2. 扭转的实用计算

圆轴扭转时横截面上的切应力 τ 的分布规律为：横截面上任一点的切应力大小与该点到圆心的距离成正比，并垂直于半径方向呈线性分布，如图 1-2-10 所示。此规律可用式（1-2-13）表示

$$\tau_\rho = \frac{T}{I_P} \rho \tag{1-2-13}$$

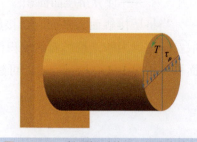

图 1-2-10　轴受扭时截面上切应力分布

式中　ρ——截面上任一点到中心的距离；
　　　T——所求截面上的转矩值；
　　　I_P——横截面上对圆心的极惯性矩；
　　　τ_ρ——半径为 ρ 处的切应力。

由式（1-2-13）可以得知：在圆心处，切应力为 0，在圆轴表面处切应力为最大值。

$$\tau_{\max} = \frac{TR}{I_P} \qquad (1\text{-}2\text{-}14)$$

工程上，轴的形状通常采用实心圆或空心圆两种，如图 1-2-11 所示。它们的 I_P 计算公式为

实心圆截面：
$$I_P = \frac{\pi d^4}{32} \qquad (1\text{-}2\text{-}15)$$

空心圆截面：
$$I_P = \frac{\pi}{32}(D^4 - d^4) \qquad (1\text{-}2\text{-}16)$$

式中　D、d——空心圆轴的外径、内径。

3. 圆轴扭转时的强度和刚度的计算

（1）强度条件

为了保证轴在扭转时能安全工作，必须使轴的危险截面上的最大切应力 $\tau_{\max}$ 不大于材料的许用切应力 $[\tau]$，即

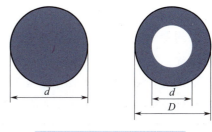

图 1-2-11　圆轴的截面形状

$$\tau_{\max} = \frac{TR}{I_P} \leqslant [\tau] \qquad (1\text{-}2\text{-}17)$$

（2）刚度条件

由于圆轴受扭时，其各个横截面绕轴向发生相对转动，如图 1-2-12 所示。

所以受扭圆轴除必须满足强度条件外，还应该具有足够的刚度条件，以免产生过大的变形，影响机器的精度。通常要求单位长度扭转角 θ 不超过许用的单位长度扭转角 $[\theta]$，即

$$\theta = \frac{180° T}{GI_P\pi} \leqslant [\theta] \qquad (1\text{-}2\text{-}18)$$

式中　G——轴材料的剪切弹性模量，可通过实验方法获得。

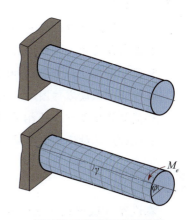

图 1-2-12　圆轴的扭转

模块二 零件的公差与配合

模块导读

互换性是指事物之间可以相互替代的性能。在机械制造业中,互换性是指在同一规格的一批零部件中任取一件,不经任何选择、修配或调整,就能装在机器或仪器上,并满足原定使用功能要求的特性,这样的零部件称为具有互换性的零部件。汽车零件就是按互换性原则生产的。当它们损坏时,只要换上新的零件就能继续使用,恢复原有的功能。

为了实现互换性,理想情况是同规格零件的几何参数完全一致,但这在实际生产中,由于种种原因是不可能达到的。实际上,只要零件的几何参数在规定的允许范围(即公差)内变动,就能实现互换。

测量是互换性生产过程中的重要组成部分,在测量过程中,应保证计量单位的统一和量值准确。

通过本模块的学习,学生应了解公差与配合的基本概念;了解常用量具的使用,能够在测量过程中将误差控制在允许的范围内,保证测量结果的精度。

单元一 公差与配合

学习目标

1. 能叙述互换性的概念与作用。
2. 能解释尺寸、偏差、公差及配合基本术语及定义。
3. 能绘制尺寸公差带图和配合公差带图。
4. 能正确识读零件图的公差配合标注。
5. 能计算公差配合的相关参数。
6. 能归纳总结汽车典型零件的公差与配合要求及其特点。

内容概要

在汽车机械中经常见到轴与孔的配合,如汽车变速器中轴与轴承的配合,轴承外圈与轴承座的配合,发动机曲轴的轴颈与轴承的配合等。"公差"主要反映的是机器零件使用要求与制造工艺之间的矛盾;"配合"则反映组成机器零件之间的关系。公差与配合在整个维修作业中,它的科学性、可靠性无处不在。学习并正确地应用它,将给维修工作带来好处与实效。

知识准备

一、互换性

> **引导问题：** 自行车某个零件损坏后，买一个相同规格的零件，装好后就能照常使用，这种技术原则称为什么？有什么好处呢？

1. 互换性概念

在日常生活中，如机床、汽车、自行车、电视机等的某个零件损坏后，买一个相同规格的零件，装好后就能正常使用。零件或产品的互换性是指零部件在装配时，同一规格的产品能够不需要选择、不经调整、不用修配，就能保证产品使用性能的特性。例如，在实际生产中，装配工人任意从相同规格的一批零件中选出一个装到机器上，装配后的机器就能正常使用。产品的互换性是实现现代工业产品生产的基本要求。

2. 互换性的作用

互换性给产品的设计、制造和使用维修带来了很大的方便。设计方面，由于大量零部件都已标准化、通用化，只要根据需要选用即可，从而简化设计过程，缩短设计周期，也有利于产品多样化和计算机辅助设计。制造方面，互换性有利于组织大规模专业化协作生产，专业化生产有利于采用高科技和高生产率的先进工艺和装备，实现生产过程机械化、自动化，从而提高生产率、提高产品质量、降低生产成本。使用维修方面，零部件具有互换性，可以及时更换损坏的零部件，减少机器的维修时间和费用，延长机器使用寿命，提高使用价值。

互换性使工业化大生产的实现依赖于零件制造的各种技术标准。由此可见，标准化是实现互换性的前提和条件。

二、误差与公差

> **引导问题：** 何谓公差及误差？二者的区别和联系是什么？如果没有公差标准，也能按互换性原则进行生产吗？

1. 加工误差

零件加工时，任何一种加工方法都不可能把工件做得绝对精确，一批零件的尺寸大小各有不同程度的差异。由于工艺误差和其他因素的影响，即使在相同的条件下，也存在尺寸、形状和位置等方面的差异。加工误差是指实际几何参数对其设计理想值的偏离程度，通常称一批零件的尺寸变动为尺寸误差。制造技术水平的提高可以减少尺寸误差，但是不能消除尺寸误差。

加工误差可分为：尺寸误差、形状误差、位置误差、方向误差、跳动误差与表面粗糙度值误差。

2. 公差

实际生产中不可避免地会产生加工误差，为了达到预定的互换性要求，就要把零部件的几何参数控制在一定的变动范围内。这个允许零件几何参数变动的范围就称为"公差"。公差是用以限制加工误差，由设计人员根据产品使用性能要求给定的，它反映了工件的制造精度要求。因为误差不可能被消除，所以公差值不能为零。

目前，制造业已能加工出精度极高的产品，但加工误差依然存在，为了实现互换性生产，就必须对零件的几何参数提出公差要求，只有在公差要求内的合格零件才能实现互换性。将零件几何参数的允许变动量按不同的精度等级制定出公差值标准，即公差标准。

三、极限与配合

> 引导问题：配合反映的是组成机器的零件之间的关系，那么组成机器的零件之间的关系都有哪些呢？如何表示零件之间的关系呢？

1. 孔和轴

在公差与配合标准中，孔和轴这两个术语有其特定含义，它关系到公差标准的应用范围。

孔——工件的内尺寸要素，包括非圆柱面形的内尺寸要素。孔的直径尺寸用 D 表示。如图 2-1-1 所示，D_1、D_2、D_3、D_4 等单一尺寸确定的部分皆为孔。

轴——工件的外尺寸要素，包括非圆柱面形的外尺寸要素。轴的直径尺寸用 d 表示。如图 2-1-1 所示，d_1、d_2、d_3 等单一尺寸确定的部分皆为轴。

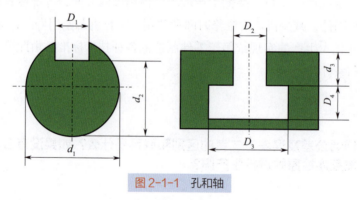

图 2-1-1　孔和轴

从装配关系上讲，孔是包容面，轴是被包容面。

2. 有关尺寸的术语及定义

1）尺寸——用特定单位表示长度值的数字。在机械制造中一般常用毫米（mm）作为特定单位。

2）公称尺寸（孔 D、轴 d）——由图样规范确定的理想形状要素的尺寸。它是根据零件的强度计算、结构和工艺上的需要设计给定的尺寸。

3）实际尺寸（孔 D_a、轴 d_a）——拟合组成要素的尺寸。实际尺寸通过测量得到。由于在测量过程中，不可避免地存在测量误差（测量误差的产生受测量仪器的精度、环境条件及操作水平等因素的影响），同一零件的相同部位用同一量具重复测量多次，其测量的实际尺寸也不完全相同，因此实际尺寸并非尺寸的真值。

4）极限尺寸——尺寸要素的尺寸所允许的极限值。极限尺寸是以公称尺寸为基数来确定的。

上极限尺寸（孔 D_{max}、轴 d_{max}）——尺寸要素允许的最大尺寸。

下极限尺寸（孔 D_{min}、轴 d_{min}）——尺寸要素允许的最小尺寸。

实际尺寸小于或等于上极限尺寸，且大于或等于下极限尺寸的零件为尺寸精度合格，表示如下：

孔合格条件：$D_{max} \geq D_a \geq D_{min}$。

轴合格条件：$d_{max} \geq d_a \geq d_{min}$。

3. 有关尺寸偏差与公差的术语及定义

1）尺寸偏差——简称偏差，是指某一尺寸（极限尺寸、实际尺寸等）减其公称尺寸所得的代数差，它包括极限偏差（上极限偏差、下极限偏差）和实际偏差。由于极限尺寸和实际尺寸可能大于、小于或等于公称尺寸，故尺寸偏差是一个带符号的值，可以是负值、零值或正值。

2）实际偏差——实际尺寸减去公称尺寸所得的代数差。

3）极限偏差——相对于公称尺寸的上极限偏差和下极限偏差。

上极限偏差为上极限尺寸减其公称尺寸所得的代数差（孔用 ES 表示，轴用 es 表示）。

下极限偏差为下极限尺寸减其公称尺寸所得的代数差（孔用 EI 表示，轴用 ei 表示）。

4）公差——上极限尺寸与下极限尺寸之差。它等于上极限尺寸减下极限尺寸之差，或上极限偏差减下极限偏差之差。它是一个没有符号的绝对值。

孔的公差 $T_h = D_{max} - D_{min} = ES - EI$；轴的公差 $T_s = d_{max} - d_{min} = es - ei$。

公差大小是确定了允许尺寸变动范围的大小。在同一尺寸段内的公称尺寸，若公差值大则允许尺寸变动的范围大，因而要求加工精度低；反之，公差值小则允许尺寸变动的范围小，因而要求加工精度高。

5）公称尺寸、尺寸偏差和尺寸公差三者的关系如图 2-1-2 所示。

6）公差带。公差带图：由于公差与偏差的数值与尺寸数值相比差别很大，不便用同一比例尺表示，同时为了简化，在分析有关问题时，不画出孔、轴的结构，只画出放大的孔、轴公差区域和位置。采用这种表达方法的图形称为公差带图。公差带图由零线和公差带组成如图 2-1-3 所示。

零线——在公差带图中，确定偏差的一条基准直线，即零偏差线。通常以零线表示公称尺寸，标注为"0"，偏差由此线算起，零线以上为正偏差，零线以下为负偏差，分别标注为"+"和"-"。

公差带——公差极限之间（包括公差极限）的尺寸变动值。在公差带图中，代表上极限偏差和下极限偏差或上极限尺寸和下极限尺寸的两条直线所限定的一个区域，称为公差带。公差带在垂直于零线方向上的宽度代表公差值。公差带包括了公差带大小与公差带位置两个基本要素，前者由标准公差确定，后者由基本偏差确定。

7）基本偏差——确定公差带相对于公称尺寸位置的那个极限偏差，即最接近公称尺寸的那个极限偏差。它可以是上极限偏差或下极限偏差，如图 2-1-3 所示的孔的基本偏差为下极限偏差，轴的基本偏差为上极限偏差。

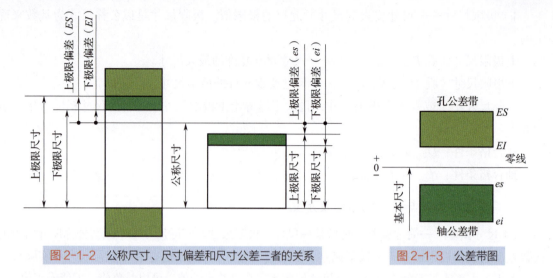

图 2-1-2 公称尺寸、尺寸偏差和尺寸公差三者的关系　　图 2-1-3 公差带图

4. 有关配合的术语及定义

（1）配合

配合是类型相同且待装配的外尺寸要素（轴）和内尺寸要素（孔）之间的尺寸关系。形成配合的前提条件是孔和轴的公称尺寸相同。

（2）间隙与过盈

间隙：孔、轴配合时，当轴的直径小于孔的直径时，孔和轴的尺寸之差，称为间隙，用 X 表示。

过盈：孔、轴配合时，当轴的直径大于孔的直径时，相配孔和轴的尺寸之差，称为过盈，用 Y 表示。

（3）间隙配合、过盈配合、过渡配合

根据零件的工作要求，国家标准规定配合分为三种，即间隙配合、过盈配合和过渡配合（表 2-1-1）。

表 2-1-1 配合种类表

配合种类	图例		说明
间隙配合	孔公差带在上，轴公差带在下	最小间隙等于零	$X_{max}=D_{max}-d_{min}=ES-ei$ $X_{min}=D_{min}-d_{max}=EI-es$ $X_c=\dfrac{1}{2}(X_{max}+X_{min})$
过盈配合	轴公差带在上，孔公差带在下	最小过盈等于零	$Y_{min}=D_{max}-d_{min}=ES-ei$ $Y_{max}=D_{min}-d_{max}=EI-es$ $Y_c=\dfrac{1}{2}(Y_{max}+Y_{min})$

（续）

配合种类	图例	说明
过渡配合	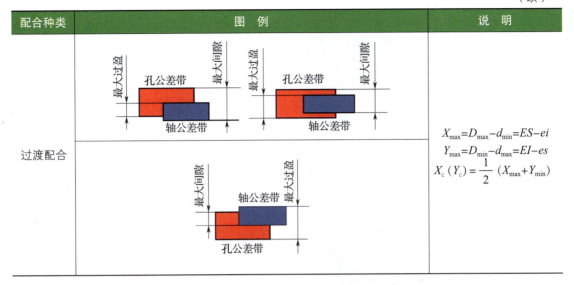	$X_{max}=D_{max}-d_{min}=ES-ei$ $Y_{max}=D_{min}-d_{max}=EI-es$ $X_c(Y_c)=\dfrac{1}{2}(X_{max}+Y_{min})$

间隙配合——孔和轴装配时总是存在间隙的配合。此时，孔的下极限尺寸大于或在极端情况下等于轴的上极限尺寸，孔的公差带在轴的公差带之上。

过盈配合——孔和轴装配时总是存在过盈的配合。此时，孔的公差带在轴的公差带之下。

过渡配合——孔和轴装配时可能具有间隙或过盈的配合。此时，孔和轴的公差带出现重叠部分。

四、公差与配合标准

> **引导问题**：在产品生产制造中，如何使产品在满足使用要求的前提下能够获得最佳的技术经济效益？解决产品同一种零件通用性与互换性问题的基础是什么呢？

1. 基准制

从前述三种配合可知，公称尺寸相同而极限尺寸不同的孔和轴，可以组成不同性质、不同松紧的配合，但为了简化起见，无须将孔、轴极限尺寸同时变动，只要固定一个，变更另一个即可满足不同使用性能要求的配合。因此，线性尺寸公差 ISO 代号体系规定了两种配合制度：基孔制配合和基轴制配合。在一般情况下，优先选用基孔制配合。

（1）基孔制

基孔制是指孔的下极限尺寸与公称尺寸相同的配合制。在基孔制配合中选作基准的孔为基准孔，代号为 H。基准孔的下极限偏差为基本偏差，且数值为零，上极限偏差为正值。

（2）基轴制

基轴制是指轴的上极限尺寸与公称尺寸相同的配合制。在基轴制配合中选作基准的轴为基准轴，代号为 h。基准轴的上极限偏差为基本偏差，且数值为零，下极限偏差为负值。

2. 标准公差系列

在极限与配合国家标准 GB/T 1800.1—2020 中，用以确定公差带大小的任一公差，称为标准公差，用 IT 表示。它是依据公差等级和基本尺寸来确定的。

公差等级是指尺寸精确程度的等级。国家标准在基本尺寸至 3150mm 范围内规定了 20 个标准公差等级，从 IT01、IT0、IT1、IT2～IT18，公差等级（加工精度）越大，数字越大（公差数值）越大，加工难度越小。国家标准 GB/T 1800.1—2020 规定的标准公差数值如表 2-1-2 所示。

表 2-1-2 标准公差值（部分）（摘自 GB/T 1800.1—2020）

公称尺寸/mm		标准公差等级																			
		IT01	IT0	IT1	IT2	IT3	IT4	IT5	IT6	IT7	IT8	IT9	IT10	IT11	IT12	IT13	IT14	IT15	IT16	IT17	IT18
大于	至	标准公差值																			
		μm													mm						
—	3	0.3	0.5	0.8	1.2	2	3	4	6	10	14	25	40	60	0.1	0.14	0.25	0.4	0.6	1	1.4
3	6	0.4	0.6	1	1.5	2.5	4	5	8	12	18	30	48	75	0.12	0.18	0.3	0.48	0.75	1.2	1.8
6	10	0.4	0.6	1	1.5	2.5	4	6	9	15	22	36	58	90	0.15	0.22	0.36	0.58	0.9	1.5	2.2
10	18	0.5	0.8	1.2	2	3	5	8	11	18	27	43	70	110	0.18	0.27	0.43	0.7	1.1	1.8	2.7
18	30	0.6	1	1.5	2.5	4	6	9	13	21	33	52	84	130	0.21	0.33	0.52	0.84	1.3	2.1	3.3
30	50	0.6	1	1.5	2.5	4	7	11	16	25	39	62	100	160	0.25	0.39	0.62	1	1.6	2.5	3.9
50	80	0.8	1.2	2	3	5	8	13	19	30	46	74	120	190	0.3	0.46	0.74	1.2	1.9	3	4.6
80	120	1	1.5	2.5	4	6	10	15	22	35	54	87	140	220	0.35	0.54	0.87	1.4	2.2	3.5	5.4
120	180	1.2	2	3.5	5	8	12	18	25	40	63	100	160	250	0.4	0.63	1	1.6	2.5	4	6.3
180	250	2	3	4.5	7	10	14	20	29	46	72	115	185	290	0.46	0.72	1.15	1.85	2.9	4.6	7.2
250	315	2.5	4	6	8	12	16	23	32	52	81	130	210	320	0.52	0.81	1.3	2.1	3.2	5.2	8.1
315	400	3	5	7	9	13	18	25	36	57	89	140	230	360	0.57	0.89	1.4	2.3	3.6	5.7	8.9
400	500	4	6	8	10	15	20	27	40	63	97	155	250	400	0.63	0.97	1.55	2.5	4	6.3	9.7

3. 基本偏差系列

基本偏差的作用是确定公差带相对于零线的位置，原则上与公差等级无关。为了满足不同配合性质的需要，国家标准规定了孔、轴各 28 个公差带位置，孔用大写字母表示，轴用小写字母表示，在 26 个英文字母中，去掉 5 个字母（孔去掉 I、L、O、Q、W，轴去掉 i、l、o、q、w），加上 7 个字母组合（孔为 CD、EF、FG、JS、ZA、ZB、ZC；轴为 cd、ef、fg、js、za、zb、zc），共 28 种，基本偏差系列如图 2-1-4 所示。

基本偏差系列中 H（h）的基本偏差为零。JS（js）与零线对称，上极限偏差 ES（es）=+IT/2，下极限偏差 EI（ei）=-IT/2，上下极限偏差均可作为基本偏差。国家标准已列出轴、孔基本偏差数值表，在实际中可查表确定其数值。

如图 2-1-4 所示，公差带一段是封闭的，由基本偏差决定；另一端是开口的，其长度取决于标准公差值大小。因此，公差带代号都是由名称偏差代号和标准公差等级代号两部分组成，标注时必须标注出这两部分。

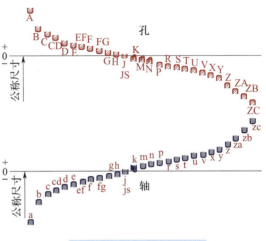

图 2-1-4 基本偏差系列

4. 极限与配合的标注

（1）公差带代号

因为公差带由基本偏差和公差等级组合而成，故零件的公差带代号由基本偏差代号和公差等级数字组成，示例如下：

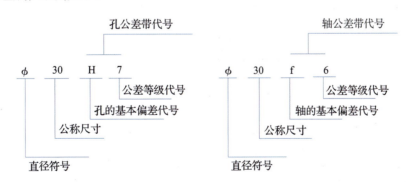

（2）零件图中标注尺寸公差的三种标注形式

1）用于大批量生产的零件图，可在公称尺寸后面只标注公差带代号如图 2-1-5a 所示。

2）用于中小批量生产的零件图，一般在公称尺寸后面标注极限偏差，如图 2-1-5b 所示。

3）如需要同时标注公差带代号和相应的极限偏差时，则后者应加圆括号，如图 2-1-5c 所示。

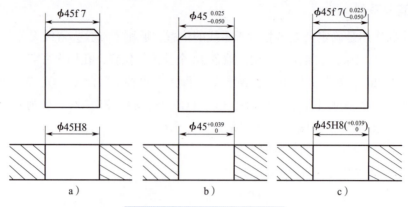

图 2-1-5　零件图上尺寸公差

（3）装配图中配合的三种标注形式

装配图上一般只标注配合代号，不标注公差。配合代号是用孔、轴公差带代号组成的分数形式，分子表示孔的公差带代号，分母表示轴的公差带代号，如图 2-1-6 所示。在配合代号中，分子有"H"代号为基孔制配合，分母有"h"代号为基轴制配合。

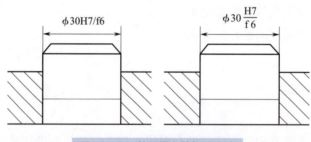

图 2-1-6　装配图上的标注方法

单元二　几何公差

学习目标

1. 能叙述几何公差特征项目名称及符号。
2. 能区分常用的几何公差特征项目的含义、应用，以及检测方法。
3. 能正确识读图样上的几何公差标注，并能在图样上正确标注几何公差。
4. 能正确测量气缸的圆度误差与圆柱度误差。
5. 能归纳总结汽车典型零件和机构的几何公差要求及影响。

内容概要

零件在机械加工过程中不仅会产生尺寸误差，还会产生形状、方向、位置和跳动误差，简称几何误差。几何误差不仅影响机械产品的质量（如工作精度、连接强度、运动平稳性、密封性、耐磨性、噪声和使用寿命等），还会影响零件的互换性。例如，发动机气缸磨损后，其内表面容易发生偏磨变形，气缸盖在长期压力载荷作用下，其平面度不能得到保证，导致气缸密封不严，漏气、漏油，冲坏气缸垫，使发动机无法正常工作。

知识准备

一、几何公差概述

> **引导问题**：几何公差是零件在设计时给出的，用于控制加工产生的几何误差，那么几何公差特征项目有哪些？如何表示几何公差项目？

1. 几何公差研究对象

零件的几何要素是构成零件的点、线、面的简称。这些要素可以是实际存在的轮廓，也可以是由实际要素取得的点、线或中心平面，如图 2-2-1 所示的球面、圆锥面、圆柱面、轴线、球心等。

几何公差研究的对象是零件的几何要素，研究零件加工后其几何要素误差的形状、方向位置和跳动的变化。

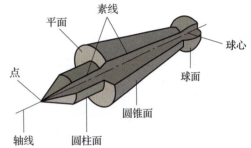

图 2-2-1 零件几何要素

几何要素的分类如下：

（1）按结构特征分

1）轮廓要素：构成零件轮廓的点、线、面，如球面、圆柱面等。

2）中心要素：零件上球面的中心点、圆柱面和圆锥面的轴线、槽面的对称中心平面等，中心要素抽象但客观存在的。

（2）按存在的状态分

1）实际要素：零件加工后实际存在的要素，通常用测量来提取实际要素，由于存在测量误差，提取到的实际要素并非该实际要素的真实情况。

2）理想要素：指几何学意义上的要素，该类要素是在设计时图样给出的，不存在误差。

（3）按在几何公差中所处的地位分

1）被测要素：图样上给出几何公差要求的检测对象。

2）基准要素：确定被测要素方向和位置的要素，图样上用基准符号标出，简称为基准。

（4）按功能关系分

1）单一要素：仅对要素自身提出功能要求而给出形状公差要求的要素。

2）关联要素：相对于基准要素有功能要求而给出方向、位置或跳动公差要求的要素。

2. 几何公差特征项目及符号

按国家标准规定，形位公差分为形状公差和位置公差两大类，其特征项目及符号如表 2-2-1 所示。

表 2-2-1　几何公差的几何特征及符号（摘自 GB/T 1182—2018）

公差类型	几何特征	符号	有无基准
形状公差	直线度	—	无
	平面度	▱	无
	圆度	○	无
	圆柱度	⌭	无
形状公差或位置公差	线轮廓度	⌒	无 / 有
	面轮廓度	⌓	无 / 有
方向公差	平行度	∥	有
	垂直度	⊥	有
	倾斜度	∠	有
位置公差	同轴 / 同心度	◎	有
	对称度	═	有
	位置度	⌖	有或无
位置公差（跳动）	圆跳动	↗	有
	全跳动	⌰	有

二、几何公差标注

引导问题：几何公差是零件在设计时给出，如果要使加工的零件符合标准，就需在图样上进行标注，那么应该如何标注几何公差呢？

1. 几何公差标注结构

国家标准规定，在图样上，几何公差一般采用代号标注，无法用代号标注时，允许在技术要求中用文字加以说明。

几何公差的标注结构为框格、指引线和基准代号。框格里的内容包括几何特征项目符号、公差值、代表基准的字母及相关的要求符号，如图 2-2-2 所示。

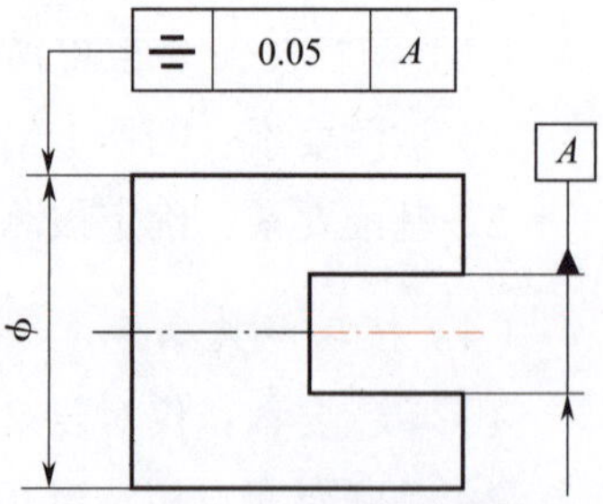

图 2-2-2　几何公差的标注

（1）公差框格

几何公差框格由两格或多格组成，框格中的主要内容从左到右按以下次序填写：公差特征项目符号、公差值及有关附加符号、基准符号及有关附加符号，如图 2-2-3 所示。

图 2-2-3　公差框格

（2）指引线

指引线由细实线和箭头组成，用来连接公差框格和被测要素。它从公差框格的一端引出，并保持与公差框格端线垂直，箭头指向相关被测要素。当被测要素为实际要素时，指引线的箭头应置于该要素的轮廓线或其延长线上；当被测要素为理想要素时，指引线应与该要素的尺寸线对齐，如图 2-2-4 所示。

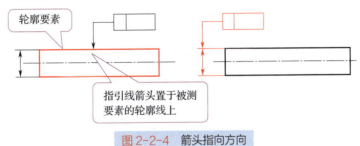

图 2-2-4　箭头指向方向

（3）基准代号

与被测要素相关的基准用一个大写字母表示，字母标注在标准方框内，与一个涂黑的或者空白的三角形相连以表示基准，如图 2-2-5 所示。

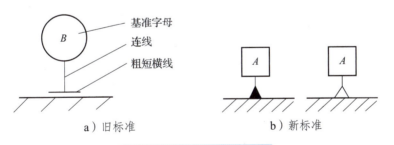

a）旧标准　　　　　　　　　b）新标准

图 2-2-5　基准符号及代号

2. 基准标注

1）轮廓要素作为基准时，基准符号应置于要素的轮廓线或其延长线上，并与尺寸线明显错开，如图 2-2-6 所示。

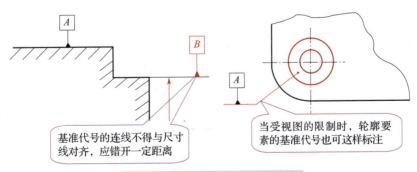

图 2-2-6　基准为轮廓要素的标注

2）中心要素作为基准时，基准符号应与该要素的尺寸线对齐，如图 2-2-7 所示。如果没有足够的位置标注基准要素尺寸的两个尺寸的箭头，则其中一个箭头可用基准三角形代替，如图 2-2-7 所示。

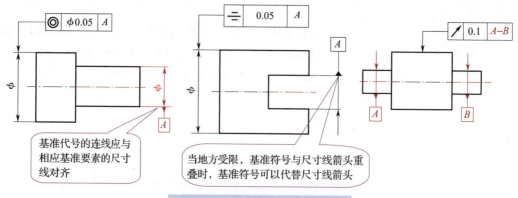

图 2-2-7　基准为中心要素的标注

3）如果只以要素的某一局部为基准，则应以粗点画线表示出该部分并加注尺寸，如图 2-2-8 所示。

3. 被测要素标注

1）当公差涉及轮廓要素时，箭头指向该要素的轮廓线或其延长线上，与尺寸线明显错开，如图 2-2-9a 所示，箭头也可指向引出线的水平线，引出线引自被测面，如图 2-2-9b 所示。

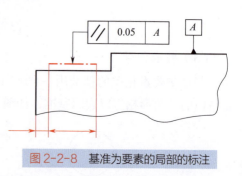

图 2-2-8　基准为要素的局部的标注

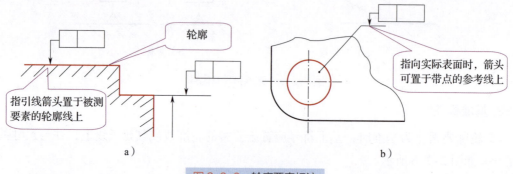

图 2-2-9　轮廓要素标注

2）当公差涉及中心要素时，箭头应该位于相应尺寸线的延长线上，如图 2-2-10 所示。

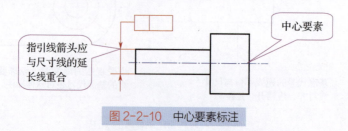

图 2-2-10　中心要素标注

三、汽车典型零件和机构的几何公差

> **引导问题**：汽车零件的几何公差对汽车的性能和质量有着重要的影响，在车辆维修中如何对形状误差和位置误差进行检测呢？汽车零件对几何公差有哪些要求呢？

1. 汽车典型零件和机构形位误差检验

汽车零件的形状与位置误差对汽车及总成的性能和使用寿命有着重要的影响，形位误差的检验是车辆维修技术的重要环节和重要内容。传统的汽车零件形位误差检验用尺寸精度和表面粗糙度来控制零件的精度远远不能满足汽车的使用要求，在现行的汽车修理技术标准中，提出了以圆度、圆柱度、直线度、平面度、垂直度、同轴度及平行度作为汽车零件形位误差检验的标准。

（1）圆度与圆柱度的检验

以同一横截面上测得的最大与最小直径差的一半作为圆度误差值。圆柱度误差的测量，在汽车维修中常以沿轴线长度上任意方位和任意截面测得的最大最小直径差的一半，作为圆柱度误差值。

圆度和圆柱度的测量通常用于孔类和轴类零件，如发动机气缸的磨损的检测、曲轴轴径磨损的检测、凸轮轴轴径磨损的检测等。图2-2-11为气缸圆度与圆柱度的检测方法。

（2）轴线直线度误差的检验

轴线的直线度是指轴线中心要素的形状误差。在实际的检测中，轴线的直线度误差常用简单的径向圆跳动来代替，这样获得的检测结果是近似的，但是在汽车维修检测中，已经能够满足技术要求的精确度。

直线度的检测多用于轴类零件或孔类零件的检测，特别是在工作时受力易于产生弯曲变形的零件上。例如，发动机曲轴的弯曲变形（图2-2-12）、凸轮轴的弯曲变形、气缸体的曲轴轴承孔的轴线变形、底盘的传动轴的弯曲变形等。

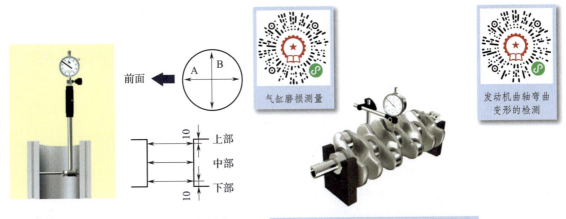

图2-2-11　气缸圆度、圆柱度检测方法　　图2-2-12　发动机的曲轴弯曲变形检测

（3）平面度的检验

零件的平面度表示实际平面的不平程度，是零件表面的形状公差。在汽车维修过程中，平面度检验一般采用钢直尺和塞尺法。如图 2-2-13 所示，利用等于或大于被检测平面全长的钢直尺，按图示的方向用塞尺在钢直尺和被检测平面之间测出每隔 50mm 处的间隙值，所有方向间隙的最大值为平面全长上的平面度，各个方向上相邻两点间隙差的最大值为 50mm×50mm 范围内的平面度误差。

如图 2-2-13 所示，平面度的检测多用于发动机气缸体、气缸盖检测。

平面度误差的检测位置

图 2-2-13　平面度误差检测位置

2. 汽车典型零件及机构的几何公差要求及特点

零件形位误差的检验是汽车修理技术检验中的重要项目，关系到汽车的维修质量和使用寿命，必须按照相应的修理技术要求认真做好。例如某汽车发动机零件的几何公差要求如下。

（1）气缸体与气缸盖结合平面的平面度要求

气缸体上平面的平面度误差，在任意位置，每（50mm×50mm）的范围内均应不大于 0.05mm。全长不大于 600mm 的气缸体，其平面度误差不大于 0.15mm；全长大于 600mm 的铸铁气缸体，其平面度误差不大于 0.25mm；全长大于 600mm 的铝合金气缸体，其平面度误差不大于 0.35mm。

（2）气缸圆度、圆柱度要求

气缸圆度公差：汽油机为 0.05mm，柴油机为 0.065mm。

气缸圆柱度公差：汽油机为 0.20mm，柴油机为 0.25mm。超出此范围，则应进行镗缸修理。

（3）曲轴几何公差要求

1）中间各主轴颈的径向圆跳动公差为 0.05mm。

2）各连杆轴颈轴线对主轴颈轴线的平行度公差：整体式曲轴为 $\phi 0.01$mm，组合式曲轴为 $\phi 0.03$mm。

3）与止推轴颈及正时齿轮配合端面的轴向圆跳动公差为 0.05mm。

4）飞轮突缘的径向圆跳动公差为 0.04mm，外端面的轴向圆跳动公差为 0.06mm。

5）传动带轮的轴颈径向圆跳动公差为 0.05mm。

6）正时齿轮的轴颈径向圆跳动公差为 0.03mm。

7）各主轴颈及连杆轴颈的圆柱度公差为 0.005mm。

模块三 汽车常用机构

模块导读

汽车作为一种复杂的运输机械，几乎容纳了机械原理中的各种典型机构。常用的典型机构有平面连杆机构、凸轮机构和其他机构，这些机构对汽车的发动机的运行、整车的行驶和转向等汽车正常运作，起到了重要作用。本模块主要学习平面连杆机构、铰链四杆机构、凸轮机构。

通过本项目的学习，学生应该能够了解各种机构的工作原理和运动特点、各种机构在汽车上的应用；能够分析各个机构的优缺点和故障机理。

单元一 平面连杆机构

学习目标

1. 能叙述平面连杆机构的定义。
2. 能叙述平面连杆机构中运动副及自由度的定义。
3. 能分析平面连杆机构的组成。
4. 能掌握绘制平面机构简图的方法及步骤。

内容概要

平面机构普遍存在于汽车的传动机构中，如发动机中的活塞曲轴、配气机构、减速器中的齿轮与轴、刮水器、变速器、转向机构等。通过对平面连杆机构的学习，能正确分析组成平面连杆机构的构件、构件之间形成的低副、高副，并绘制其机构简图、计算其自由度，以确定机构是否具备确定的运动，为以后的检测与维修工作打下良好的基础。

知识准备

一、平面机构

? 引导问题：什么是平面机构？什么是平面连杆机构？

所有运动构件都在同一平面，或相互平行的平面内运动的机构，称为平面机构。几个杆件由低副连接，且所有构件在同一平面或相互平行平面内运动的机构，称为平面连杆机构。连杆机构中的构件称为杆，一般连杆机构以所含杆件的数目来命名，如四杆机构、五杆机构、六杆机构等。平面四杆机构是平面连杆机构中最常见的形式，也是组成多杆机构的基础。

二、运动副及分类

> **引导问题**：什么是运动副？高副和低副各有哪些类型？各有何特点？

由两个构件直接接触而组成的，形成既具有一定约束又具有一定相对运动的连接，称为运动副。如图 3-1-1 所示的发动机的运动副，气缸体与活塞、活塞与连杆、连杆与曲轴均保持直接接触，并产生一定的相对运动，所以它们都是运动副。两构件组成的运动副是通过点、线或面接触来实现的，称之为运动副元素。

图 3-1-1　四缸发动机运动副

按照运动副之间的相对运动是在平面的还是空间的，可以分为平面运动副和空间运动副。平面运动副是指构件工作时在同一平面，或相互平行的平面内做相对运动；空间运动副是指构件可以在三维空间中做相对运动。大部分的常用机构都是平面机构，本模块仅就平面运动副和相关的平面机构进行介绍。

平面运动副按照接触方式不同，通常把运动副分为低副和高副两类。

（1）低副

两构件以面接触而形成的运动副。根据它们的相对运动是移动还是转动，又分为移动副和转动副。一个平面内的自由体通常具有三个自由度，即沿 X 方向和 Y 方向的移动，以及在 XY 平面内的转动。低副通常引入两个约束，减少 2 个自由度。

移动副的两个构件只能沿着某一轴线方向相对移动，如图 3-1-2a 所示。活塞和气缸体相互限制了沿 X 轴和在 XOZ 平面绕任一点的转动，只允许沿 Z 轴的移动。

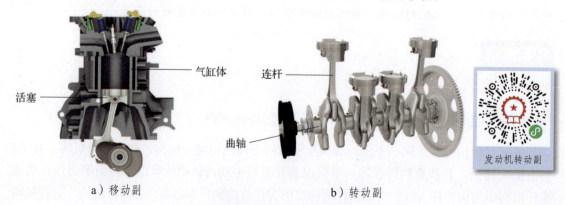

a）移动副　　　　　　　　　　b）转动副

图 3-1-2　移动副和转动副

转动副的两个构件只能绕着某一轴线相对转动，如图 3-1-2b 所示。连杆和曲轴相互限制了沿 X 轴和 Y 轴的移动，只允许沿 Z 轴转动。因而转动副又称为铰链。

（2）高副

两构件以点或线接触而构成的运动副，常见的高副有凸轮副、齿轮副等，如图 3-1-3 所示。高副的引入使构件可沿接触处公切线方向做相对移动，也能在回转平面内绕轴线转动，但沿接触处法线方向的相对移动受到约束。平面机构中的高副引入一个约束，保留了两个自由度。

凸轮副与齿轮副 1（凸轮副）

凸轮副与齿轮副 2（齿轮副）

图 3-1-3 凸轮副与齿轮副

三、平面机构自由度的计算

> **引导问题**：一个构件在平面具有 3 个自由度，将 n 个构件通过运动副相连后，该机构的自由度如何计算？

1. 平面机构自由度的计算

如一个平面机构由 n 个可动构件组成（不含固定不动的机架），未用运动副连接之前，这些可动构件的自由度总数应为 $3n$。同时假设机构中有 P_L 个低副和 P_H 个高副，由于引入 1 个低副，相应引入 2 个约束；引入 1 个高副，相应引入 1 个约束。若机构的自由度，以 F 表示，则有：

$$F=3n-2P_L-P_H \qquad (3-1-1)$$

由式（3-1-1）可知：机构自由度 F 取决于活动构件的件数与运动副的性质（高副或低副）和个数。

2. 平面机构具有确定相对运动的条件

当机构的结构确定之后，从动件的运动规律完全取决于原动件的运动规律。通常一个原动件只能给定一种独立运动规律，那么在一个机构中，应该给定几个原动件，才能使其具有确定运动？

下面利用式（3-1-1）计算图 3-1-4 和图 3-1-5 所示机构的自由度。

四杆铰链机构

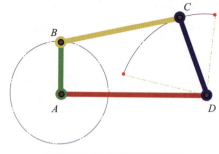

图 3-1-4 四杆铰链机构

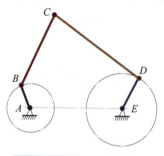

图 3-1-5 五杆铰链机构

四杆机构的自由度：$F=3n-2P_L-P_H=3\times3-2\times4-0=1$

五杆机构的自由度：$F=3n-2P_L-P_H=3\times4-2\times5-0=2$

四杆机构有一个原动件，一个自由度，具有确定运动；五杆机构有一个原动件，两个自由度，不具有确定运动。由此可知机构要具有确定的运动，就应当使独立运动数目等于机构的自由度，机构的独立运动数目等于原动件的数目。所以机构具有确定运动的条件为：

五杆铰链机构

1）机构自由度大于 0。

2）机构原动件数目等于机构自由度数目。

若自由度小于或等于 0，则会出现机构被卡死，无法运动，不能称之为机构。

3.计算平面机构自由度的注意事项

用式（3-1-1）计算图 3-1-6 所示的自由度，图中有 8 根杆、1 根固定，7 根杆活动、6 个转动副，根据公式可得：

$$F=3n-2P_L-P_H=3\times7-2\times6-0=9$$

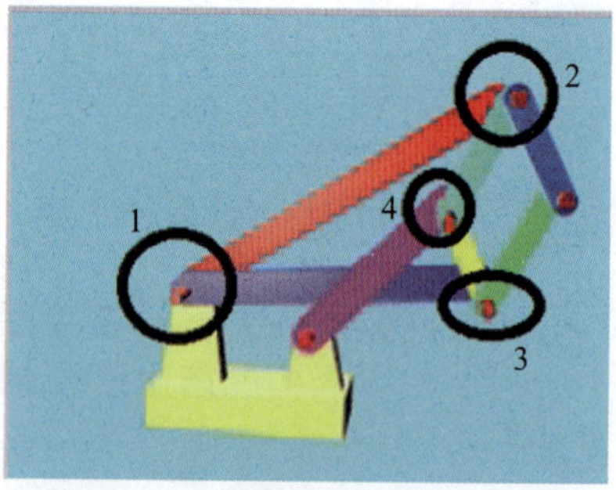

发现计算结果与原动件数目不对，计算错误。仔细分析，发现 1、2、3 和 4 处分别是 3 根杆件铰接在一起，此 4 处的转动副每处应该计算为 2 个，所以活动构件数为 7，转动副数为 10 个，计算结果应更正为：

图 3-1-6 锯床的直线进给机构简图

$$F=3n-2P_L-P_H=3\times7-2\times10-0=1$$

在应用式（3-1-1）时需要注意以下几个问题。

（1）复合铰链

由两个以上的构件在同一处以转动副相连而成的铰链称为复合铰链。图 3-1-7 所示为三个构件形成的两个转动副的复合铰链。可以推算为：有 n 个构件在一处组成复合铰链，应含有（$n-1$）个转动副。

例 计算图 3-1-8 所示摇杆机构的自由度。

解：机构中有 5 个构件，在铰链 C 处构成了复合铰链，此处有两个转动副，A、B、D、E、F 各有一个转动副，此机构一共 7 个转动副，高副为 0。

$$F=3n-2P_L-P_H=3\times5-2\times7-0=1$$

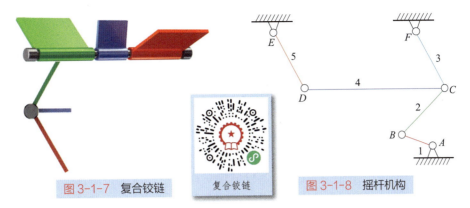

图 3-1-7　复合铰链　　　　图 3-1-8　摇杆机构

（2）局部自由度

在某些机构中，某个构件所能产生的局部运动不影响机构中其他构件相对运动，这种自由度称为局部自由度。在计算机构的自由度时，局部自由度不应计入。

图 3-1-9a 所示为滚子凸轮机构，滚子是为减少高副接触处的摩擦而设计的，这是平面机构中局部自由度最常见的形式。滚子的转动不会影响推杆的移动及凸轮的转动，在计算时可假想滚子与推杆是一体的，如图 3-1-9b 所示。

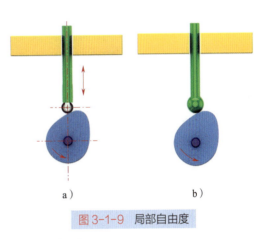

图 3-1-9　局部自由度

此机构中有 2 个构件，1 个转动副、1 个移动副、1 个高副。

（3）虚约束

在某些机构中，有些重复出现的，对机构运动不起独立限制作用的约束称为虚约束。在计算机构的自由度时，不应计算虚约束。虚约束经常出现在以下场合：

1）两构件连接点的运动轨迹互相重合。图 3-1-10a 中，由于 EF 平行且等于 AB 和 CD，杆 5 上的 E 点与杆 3 上的 E 点重合，EF 杆存在与否都不影响整个机构的运动。由此可判定 EF 杆引入的为虚约束，计算时应去掉，如图 3-1-10b 所示。

$$F=3n-2P_L-P_H=3\times3-2\times4-0=1$$

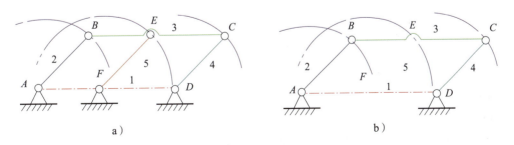

图 3-1-10　运动轨迹重合引入虚约束

2）当两构件组成多个移动副，且其导路互相平行或重合时，则只有一个移动副起约束作用，其余都是虚约束，如图 3-1-11 所示。

①若机构中两活动构件上某两点的距离始终保持不变，此时若用带两个转动副的构件来连接这两个点，则将会引入一个虚约束，如图 3-1-12 所示。

图 3-1-11 导路重合的虚约束

②对机构运动不起作用的对称部分引入虚约束。如图 3-1-13 所示的行星齿轮机构，只需要一个齿轮 2 便可传递运动。为了提高承载能力并使机构受力均匀，图中采用了 3 个行星轮对称布置。这里每增加一个行星轮（包括两个高副和一个低副），便引进一个虚约束。

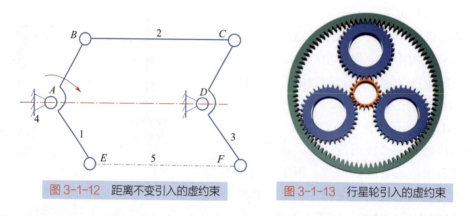

图 3-1-12 距离不变引入的虚约束　　图 3-1-13 行星轮引入的虚约束

虚约束虽然不影响机构的运动，但能增加机构的刚性，改善其受力状况，因而被广泛采用。但是虚约束对机构的几何条件要求较高，因此，对机构的加工和装配精度提出了较高的要求。

单元二　铰链四杆机构

学习目标

1. 能叙述铰链连杆机构定义。
2. 能掌握铰链四杆机构的分类。
3. 能根据杆长判断铰链四杆机构的种类。
4. 能探究分析汽车刮水器应用的四杆机构类型。
5. 能探究分析汽车转向器应用的四杆机构类型。

内容概要

铰链机构应用于汽车的刮水器、转向器中。通过对铰链四杆机构的学习，能正确定义铰链四杆机构，并能根据杆长对铰链四杆机构进行分类，掌握其应用，简单分析汽车上的铰链四杆机构的运动轨迹，为以后的检测与维修工作打下良好的基础。

知识准备

一、铰链四杆机构

? 引导问题：平面连杆机构中，构件与构件之间是以低副相连形成的。思考是否存在一种平面连杆机构，构件之间全部以移动副或者什么转动副相连？阅读下面资料，回答何为铰链四杆机构？

平面四杆机构是平面连杆机构中最常见的形式，也是组成多杆机构的基础。当平面四杆机构中的运动副都是转动副时，称为铰链四杆机构，如图 3-2-1 所示。它是平面四杆机构中最基本的形式。固定不动的杆 AD 称为机架；与机架相连的杆 AB、CD 称为连架杆；连接两连架杆 BC 的称为连杆，连杆与机架不相连。在铰链四杆机构中，由于杆长不同，导致连架杆可以形成两种不同的运动结果，一种是 360° 整周回转，另一种是往复摆动。当连架杆做整周回转时称之为曲柄，做摆动时称为摇杆。

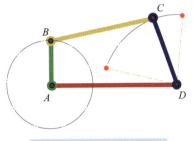

图 3-2-1 铰链四杆机构

铰链四杆机构

? 引导问题：铰链四杆机构中是否一定存在曲柄？铰链四杆机构有哪些基本类型。

根据铰链四杆机构中是否有曲柄可以分成三种基本形式。

1. 曲柄摇杆机构

两连架杆中一个为曲柄，另一个为摇杆的四杆机构，称为曲柄摇杆机构。如图 3-2-2 所示，两个连架杆中一个是曲柄（与机架组成周转副的连架杆 AB），一个是摇杆（与机架组成摆转副的连架杆 CD）的铰链四杆机构称为曲柄摇杆机构。汽车刮水器中曲柄的整周回转通过连杆转变为刮水器的往复摆动。

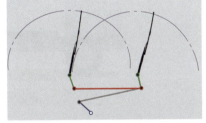

图 3-2-2 刮水器

刮水器

2. 双曲柄机构

两个连架杆都为曲柄的铰链四杆机构称为双曲柄机构，如图 3-2-3 所示。AD 固定不动为机架，连架杆 AB 和连架杆 CD 都可以绕机架做周转运动。当主动曲柄 AB 做匀速转动时，从动曲柄 CD 做周期性的变速转动，实现将主动曲柄的整周旋转运动，转换为从动曲柄的整周变速旋转运动。

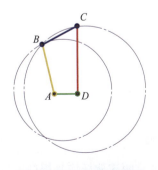

图 3-2-3 双曲柄机构

双曲柄机构

当两曲柄的长度相等而且平行，连杆与机架也等长时，这种机构称为平行四边形机构，如图 3-2-4 所示。此时从动曲柄 CD 跟随主动曲柄做周转运动，两条曲柄的运动速度相同，连杆做平动。例如，摄影平台车升降机构，如图 3-2-5 所示。这种机构当曲柄转到与机架共线的位置时，机构会处于一种运动不确定状态，可能会出现两曲柄转向相反，角速度不相等的状况，即逆平行四边形机构，又称为反向双曲柄机构，即两曲柄的长度相同，但互不平行，如图 3-2-6 所示。此时，两曲柄旋转方向相反，角速度不相等。为避免出现这种运动不确定状态，即成为反向双曲柄机构，一般会在机构中采取增加构件，以形成虚约束的方式进行改善，以确定机构运动状态。

平行四边形机构1

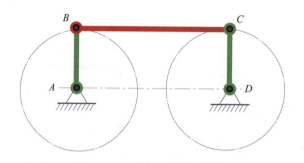

平行四边形机构2

图 3-2-4　平行四边形机构

摄影平台车升降机构

图 3-2-5　摄影平台车升降机构

反平行四边形机构

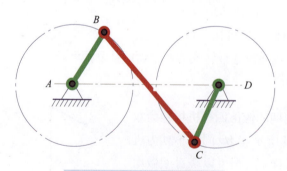

图 3-2-6　反平行四边形机构

3. 双摇杆机构

双摇杆机构就是两连架杆均是摇杆的铰链四杆机构，如图 3-2-7 所示。汽车前轮转向器中的等腰梯形机构也是双摇杆机构，如图 3-2-8 所示。

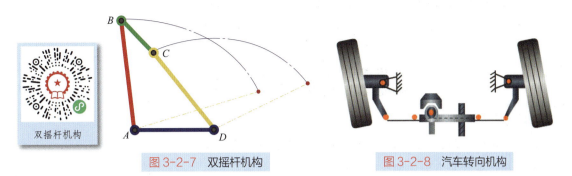

图 3-2-7 双摇杆机构　　　　图 3-2-8 汽车转向机构

二、铰链四杆机构中曲柄存在的条件

引导问题：铰链四杆机构存在曲柄摇杆、双曲柄和双摇杆三种不同机构，阅读资料，回答存在曲柄的条件是什么？

通过对铰链四杆机构的三种基本形式的分析可以看到，铰链四杆机构三种类型是由是否存在曲柄或有几个曲柄来区分的。而曲柄是否存在是受杆长和机架的位置决定的。

如图 3-2-9 所示曲柄摇杆机构中，AB 为曲柄，BC 为连杆，CD 为摇杆，AD 为机架，分别用杆长 L_1、L_2、L_3 和 L_4 表示。AB 做整周回转过程中，必定存在两个位置与 AD 共线，形成两个三角形 B^NC^ND 和 B^FC^FD。为了使 AB 能成为曲柄，它必须能顺利通过这两个共线位置。由三角形的边长关系可得到铰链四杆机构中曲柄存在的条件为：

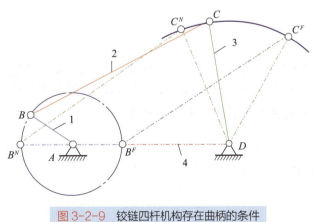

图 3-2-9 铰链四杆机构存在曲柄的条件

1~4—杆

1）连架杆与机架中必有一杆为最短杆。
2）最短杆与最长杆长度之和小于或等于其余两杆长度之和。

以上两条件是曲柄存在的必要条件，这个结论称为杆长之和条件。当满足以上两条件，根据机架的位置又可分为以下三种：

1）以最短杆的邻边为机架时，铰链四杆机构为曲柄摇杆机构。

2)以最短杆为机架时,铰链四杆机构为双曲柄机构。
3)以最短杆的对边为机架时,铰链四杆机构为双摇杆机构。
若机构不满足杆长之和条件,则只能成为双摇杆机构。

单元三 铰链四杆机构的演化

学习目标

1. 叙述铰链四杆连杆机构常用的两种演化方法及对应机构。
2. 能判断自卸式汽车的翻斗机构采用的演化机构类型。
3. 通过学习探究,能总结曲柄滑块机构的演化。
4. 通过学习探究,能解释汽车上的活塞连杆机构采用的演化方法。

内容概要

铰链四杆机构是平面四杆机构的基本形式,在实际机械中,平面四杆机构的形式是多种多样的。当铰链四杆机构尺寸关系发生变化,或者取不同的杆件作为机架时,可演化为其他四杆机构形式。通过学习铰链四杆机构的演化,会简单分析汽车上机构是如何由铰链四杆机构演化而来的,为以后的检测与维修工作打下良好的基础。平面四杆机构广泛应用于机械结构中,这些机构虽然外形和构造不尽相同,但都可看作是铰链四杆机构演化而来的。四杆机构的演化方法是通过运动副的转换和机架的变换等方法实现的。

知识准备

一、曲柄滑块机构

引导问题:铰链四杆机构虽然应用广泛,但并不能适合所有传动需要。思考如果将铰链四杆机构中某一个转动副转变为移动副是否可行?阅读下面资料,回答铰链四杆机构演化的方法种类。

铰链四杆机构通过改变其中某些构件的形状和运动尺寸,可将其演化为曲柄滑块机构。如图3-3-1所示,将铰链四杆机构中的摇杆 CD 做成滑块形式,使其沿圆弧 β 导轨往复滑动时,该机构可以演化为有曲线导轨的曲柄滑块机构。

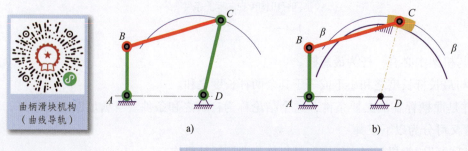

图 3-3-1 曲柄滑块机构(曲线导轨)

再将摇杆 CD 的长度延长至无穷大，机构就演化为具有偏距 e 的偏置曲柄滑块机构，如图 3-3-2 所示。当 e=0，则为对心曲柄滑块机构，如图 3-3-3 所示。

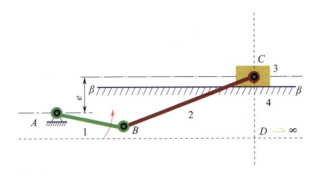

图 3-3-2　偏置曲柄滑块机构

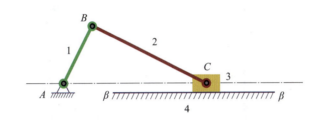

图 3-3-3　对心曲柄滑块机构

曲柄滑块机构可将连续的回转运动转变为往复的直线运动，或做相反的转换。当曲柄滑块机构中滑块为原动件时，此机构运用在汽车的发动机中，如图 3-3-4 所示。

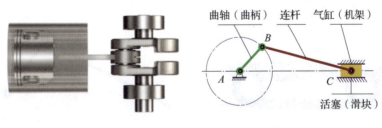

图 3-3-4　汽车发动机中的活塞连杆

二、导杆机构

❓ **引导问题**：图 3-3-5 和图 3-3-6 均是将曲柄滑块中的曲柄定为机架演变而来的，有何不同？

导杆是与滑块组成移动副的杆件。导杆机构是改变曲柄滑块机构中的机架演化而来，改变曲柄滑块机构中的机架可演化得到不同类型的导杆机构。将图 3-3-5 中的曲柄 AB 作为机架，当 BC 杆的长度大于 AB 杆长度时，就演化为图 3-3-5 所示的转动导杆机构。该类型机构中，曲柄和导杆都可以做周转运动。如果杆 BC 长度小于 AB 的长度，则演化为图 3-3-6

所示的摆动导杆机构，BC 是主动件，做整周回转，AC 是从动件，只能做摆动。

将图 3-3-3 中的连杆 BC 作为机架，机构演化为图 3-3-7 所示的摇块机构。自卸货车翻斗机构就采用了摇块机构。其中的液压缸 3 绕铰链 C 摆动，即为摇块，如图 3-3-8 所示。若以滑块为机架，则演化为图 3-3-9 所示的移动导杆机构（又称定块机构或直动滑块机构）。

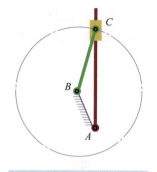

转动导杆机构

图 3-3-5 转动导杆机构

摆动导杆机构

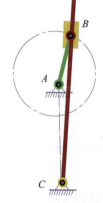

图 3-3-6 摆动导杆机构

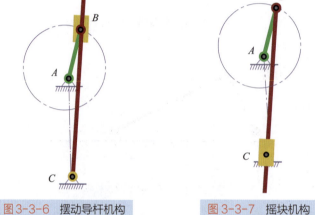

图 3-3-7 摇块机构

摇块机构

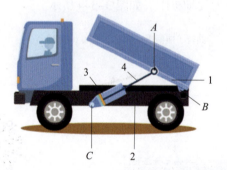

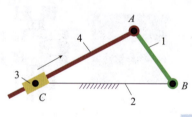

图 3-3-8 自卸货车翻斗机构及机构简图

1~4—杆

自卸货车翻斗机构及机构简图

移动导杆机构

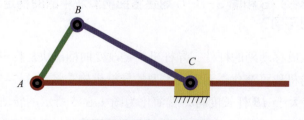

图 3-3-9 移动导杆机构

单元四 平面四杆机构的特性

学习目标

1. 能叙述平面四杆机构的三种特性。
2. 能识别压力角与传力角,并判断对机构传力性能的影响。
3. 能识别死点位置并分析其在汽车上的应用。

内容概要

平面四杆机构广泛应用于汽车机构中,如发动机中的曲柄连杆组、转向机构等机构中。通过对平面四杆机构特性的学习,能叙述平面四杆机构的急回特性,并能判定机构是否具有急回特性;识别机构的压力角、传动角,并能判定其对机构的传力性能的影响;识别机构死点位置,并能了解其在汽车上的应用,为以后的检测与维修工作打下良好的基础。

知识准备

一、急回特性

引导问题: 曲柄摇杆机构中,曲柄做匀速整周回转时,摇杆做往复的摆动,请同学们思考:往复摆动的速度是否一样?为何要如此设计?

曲柄摇杆机构中主动件曲柄做匀速回转时,摇杆做变速的往复摆动。在往复运动中,一般只用一个行程完成工作,称为工作行程;另外一个行程不承受工作载荷,称为空回行程。

图3-4-1所示的曲柄摇杆机构,设定曲柄 AB 为原动件,摇杆 CD 为从动件。在曲柄回转一周的过程中,曲柄 AB 与连杆 BC 有两次共线,这时摇杆 CD 分别处于左、右两个极限位置 C_1D 和 C_2D,摆角为 ψ。当摇杆处于两极限位置时,曲柄在两极限相应位置时所夹的锐角 θ 称为极位夹角。

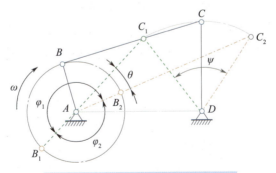

图3-4-1 曲柄摇杆机构的急回特性

曲柄摇杆机构的急回特性

曲柄以匀角速度 ω 从 AB_1 转到 AB_2,转过角度 $\varphi_1=180°+\theta$,所需的时间为 $t_1=\dfrac{180°+\theta}{\omega}$,摇杆从 C_1D 转到 C_2D,此为工作行程,C 点的平均速度为 $v_1=\dfrac{\psi}{t_1}$;曲柄以同等速度 ω 从 AB_2 转到 AB_1,转过角度 $\varphi_1=180°-\theta$,所需时间为 $t_2=\dfrac{180°-\theta}{\omega}$。摇杆从 C_2D 转到 C_1D,C 点的平

均速度为 $v_2=\dfrac{\psi}{t_2}$。显然 $t_1>t_2$，则有 $v_1<v_2$。这种空回行程的平均速度比工作行程的平均速度大的运动特性，称为曲柄摇杆机构的急回特性。

机构的急回特性常用行程速比系数 K 表示，即

$$K=\dfrac{\text{从动件回程平均速度}}{\text{从动件工作行程平均速度}}=\dfrac{v_2}{v_1}=\dfrac{\psi/t_2}{\psi/t_1}=\dfrac{t_1}{t_2}=\dfrac{180°+\theta}{180°-\theta} \quad (3-4-1)$$

从式（3-4-1）可见，在曲柄摇杆机构中，有无急回特性取决于极位夹角 θ，θ 值越大，K 值越大，急回特性越明显。平面机构应用急回特性可以节省空间，提高生产率。

将式（3-4-1）变形可得：

$$\theta=180°\dfrac{K-1}{K+1} \quad (3-4-2)$$

式（3-4-2）一般用于设计有急回特性的机构时，求极位夹角 θ。

二、压力角与传动角

> **引导问题**：曲柄摇杆机构中，曲柄做主动件，摇杆做从动件时，连杆与摇杆之间所夹锐角 γ 称为传动角。实际应用中，为了度量方便，通常以 γ 来判断机构的传力性能。请思考在曲柄摇杆机构的一个工作循环中，传动角最小值处于什么位置？

在图 3-4-2 所示的曲柄摇杆机构中，设曲柄 AB 为原动件，摇杆 CD 为从动件。若忽略各构件的质量和运动副中的摩擦，则曲轴通过连杆作用于摇杆上 C 点的力 F 沿 BC 方向，它与受力点 C 的绝对速度 v_C 之间所夹的锐角称为压力角，用 α 表示。力 F 沿 v_C 方向的分力 $F_t=F\cos\alpha$，是推动从动件运动的有效分力；而沿摇杆轴心线方向的分力 $F_n=F\sin\alpha$，会增大运动副中的摩擦和磨损，对传动机构不利，故称为有害分力。显然压力角 α 越小，有效分力 F_t 越大，F_n 越小，机构的传动性能越好。连杆与摇杆之间所夹锐角 γ 称为传动角，与压力角互

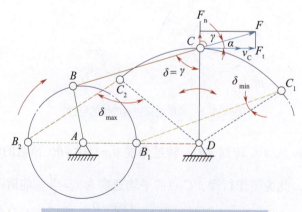

图 3-4-2　曲柄摇杆机构的压力角与传动角

为余角。压力角和传动角是反映机构传动性能的重要标志。压力角越小,传动角越大,机构的传力效果越好。传动角 γ 越小则摩擦与磨损越大,传动效率越低,甚至可能使机构发生自锁现象。实际应用中,为了度量方便,通常以 γ 来判断机构的传力性能。

三、死点位置

> **引导问题**:在曲柄摇杆机构中,如果摇杆 CD 为原动件,曲柄 AB 为从动件时,当从动件 AB 与连杆共线时,传动角为多少度?此时会发生什么现象?

如图 3-4-3 所示的曲柄摇杆机构中,若摇杆 CD 为原动件,曲柄 AB 为从动件,则当摇杆 CD 处于两极限位置时,从动曲柄 AB 与连杆 BC 共线,主动摇杆 CD 通过连杆 BC 传给从动曲柄 AB 的作用力通过曲柄的转动中心 A。此时,曲柄的压力角 $\alpha=90°$(曲轴通过连杆作用于摇杆上 C 点的力 F 沿 BC 方向,它与受力点 C 的绝对速度 v_C 之间所夹的锐角称为压力角),传动角 $\gamma=0°$(上述压力角的余角),连杆作用于曲柄上的力对转动中心 A 点不产生力矩,无法推动曲柄传动,所以曲柄不能转动。曲柄摇杆机构所处的这个位置,称为死点位置。当机构处于死点位置时,从动件将出现不能转动或运动方向不确定的现象。为使机构能通过死点位置继续运动,需对从动曲轴施加外力或采用安装飞轮以增大从动件的惯性力,使机构顺利通过死点位置。汽车发动机的曲柄连杆组中在曲轴上安装飞轮,以保证机构顺利通过死点位置。

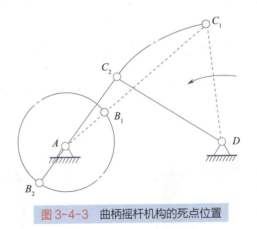

图 3-4-3 曲柄摇杆机构的死点位置

曲柄摇杆机构的死点位置

单元五 凸轮机构

学习目标

1. 能叙述凸轮机构的组成及特点。
2. 能叙述凸轮机构的分类。
3. 能解释凸轮机构的基本参数。
4. 通过探究活动,能分析凸轮机构的运动过程。

内容概要

凸轮机构在机械结构上应用广泛，特别是在自动化和半自动化机械中，如汽车发动机配气机构、柴油机柱塞式喷油泵。汽车发动机的配气机构，它通过连续转动的凸轮的轮廓，驱动气门杆往复运动，从而按预定的时间打开或关闭气门，完成配气要求。学好凸轮机构可以为日后发动机的维修打下良好的基础。

知识准备

一、凸轮机构的组成及特点

引导问题：分析图3-5-1所示的气门启闭凸轮机构，判断凸轮机构中一般哪个构件是主动件。

图3-5-1所示为内燃机中用以控制气门开闭的凸轮机构。凸轮1作等速旋转，当凸轮的凸起部分与摇臂2接触时，推动摇臂绕摇臂轴做顺时针旋转，摇臂克服气门弹簧3的作用力，迫使气门杆向下移动，气门4打开。当凸轮的凸起部分离开摇臂时，在气门弹簧力的作用下，气门杆向上移动，气门关闭。气门开启和关闭的时间长短，以及开闭速度的变化，取决于凸轮的轮廓曲线形状。

从上例可知，凸轮机构是由凸轮、从动件和机架三个基本构件组成的高副机构，如图3-5-2所示。凸轮是一个具有曲线轮廓或凹槽的构件。凸轮机构中，主动件一般为凸轮，凸轮通常作等速转动或往复的直线运动，从动件做往复摆动或往复直线运动。通过凸轮与从动件的直接接触，驱使从动件获得预期运动规律。因从动件的运动规律取决于凸轮轮廓线的形状，能获得较为复杂的运动规律，所以凸轮机构广泛应用于各种自动化机械、自动控制装置和仪表中。

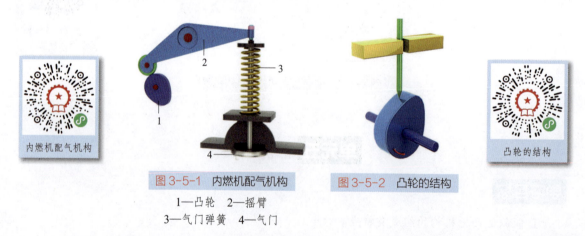

图3-5-1 内燃机配气机构
1—凸轮 2—摇臂
3—气门弹簧 4—气门

图3-5-2 凸轮的结构

凸轮机构结构简单、紧凑、设计方便，可以高速起动，动作准确可靠；但凸轮与从动件之间为点或线接触，属于高副机构，接触应力大，容易磨损。因此，凸轮机构一般用于传递动力不大的场合。

二、凸轮机构的分类

> **引导问题**：凸轮机构按凸轮的形状可以分为几类？能做往复直线移动的凸轮是什么凸轮？

根据凸轮和从动件的不同形状和运动方式，凸轮机构有下面几种分类方式。

1. 按凸轮的形状不同分类

（1）盘形凸轮机构

盘形凸轮是一个绕固定轴线转动并具有径向廓线尺寸变化的盘形构件，如图3-5-2所示。它是凸轮的最基本形式、结构简单、应用广泛，但从动件的行程不能太大，否则将导致结构庞大。

（2）移动凸轮机构

移动凸轮可视为回转中心趋近于无穷远的盘形凸轮，它相对机架做直线往复移动，如图3-5-3所示。

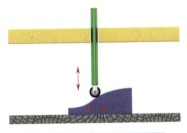

图3-5-3　移动凸轮机构

（3）圆柱凸轮机构

圆柱凸轮是一个在圆柱面上开有曲线凹槽或在圆柱端面上制出曲线轮廓的构件，并绕其轴旋转。它的从动件可以获得较大的行程。轮廓曲线位于柱体端部，并绕其轴线旋转的凸轮称为端面凸轮，如图3-5-4所示。轮廓曲线位于柱体面上，并绕其轴线旋转的凸轮称为圆柱凸轮，如图3-5-5所示。

图3-5-4　端面凸轮机构　　图3-5-5　圆柱凸轮机构

2. 按从动件的运动形式分类

（1）移动从动件

从动件在直线位置做往复移动，如图3-5-2、图3-5-3和图3-5-4所示，其对应的凸轮机构称为移动从动件凸轮机构。

（2）摆动从动件

摆动从动件就是从动件只做往复摆动，如图3-5-5和图3-5-6所示，其对应的凸轮机构称为摆动从动件凸轮机构。

3. 按从动件端部的结构形式分类

（1）尖顶从动件凸轮机构

尖顶从动件结构简单，如图3-5-2所示。它能与复杂的凸轮轮廓保持点或线接触，因而从动件可以实现复杂的运动规律。因为尖顶易磨损，故只适用于传递动力不大的低速凸轮机构中。

摆动平底推杆凸轮机构

图3-5-6 摆动平底推杆凸轮机构

（2）平底从动件凸轮机构

平底从动件受力方向始终与底面垂直，因此受力较平稳，如图3-5-6和图3-5-7所示。在高速工作时，底面与凸轮之间较易形成油膜，从而减少摩擦、磨损，故在高速凸轮机构中应用较多。

（3）滚子从动件凸轮机构

如图3-5-8所示，滚子从动件的滚子与凸轮做滚动摩擦，摩擦阻力小，不易磨损，因此可用来传递较大的动力。滚子从动件的滚子与凸轮耐磨损，承载力大，是最常用的一种形式。

平底从动件凸轮机构

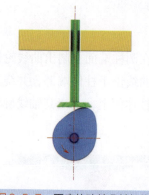

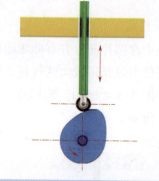

滚子从动件凸轮机构

图3-5-7 平底从动件凸轮机构　　图3-5-8 滚子从动件凸轮机构

三、凸轮机构的基本参数与运动过程

引导问题： 凸轮机构从动件的运动规律取决于凸轮轮廓线的形状，因而能获得较为复杂的运动规律。那么凸轮轮廓需要设计哪些参数？

在凸轮机构中，从动件的运动规律是指从动件的位移 s 随时间 t 变化的规律，它是由凸轮轮廓曲线的形状决定的。当凸轮做匀速转动时，其转角 δ 与时间 t 成正比（$\delta=\omega t$），所以，从动件的运动规律也可以用从动件位移 s 随凸轮转角 δ 而变换的规律来描述。通常将从动件

位移 s 随凸轮转角 δ 而变化的直角坐标曲线，称为从动件的运动线图，它可直观反映从动件的运动规律。对心尖顶盘形凸轮的从动件位移曲线图，如图 3-5-9 所示。

凸轮的基本参数包括：

（1）基圆

以凸轮轴心 O 为圆心，以最小半径 r_0 为半径，所做的圆称为凸轮的基圆，r_0 为基圆半径。

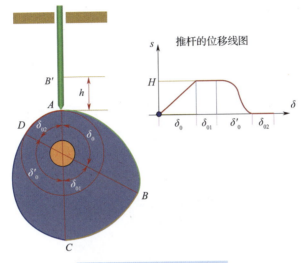

图 3-5-9　凸轮的运动过程

（2）推程

当凸轮以逆时针转过 δ_0 时，凸轮轮廓 AB 段按一定运动规律将从动件顶尖由起始位置 A 点推到最远位置 B'，推杆由最低位置推到最高位置，这一运动过程称为推程。而相应的凸轮转角 δ_0，称为推程运动角。从动件移动的距离 h 称为从动件的升程。

（3）远休

当凸轮继续转过 δ_{01} 时，对应的凸轮轮廓为 BC 段圆弧，推杆处于最高位置而静止不动，这一运动过程称为远休。而相应的凸轮转角 δ_{01}，称为远休止角。

（4）回程

当凸轮继续转过 δ_0' 时，推杆在重力或弹簧力作用下按一定运动规律沿 CD 段回落到初始位置。这一运动过程称为回程。而相应的凸轮转角 δ_0'，称为回程运动角。

（5）近休

当凸轮继续转过 δ_{02} 时，因凸轮轮廓 DA 段为圆弧，推杆将处于最低位置不动，这一运动过程称为近休。而相应的凸轮转角 δ_{02}，称为近休止角。

当凸轮继续回转时，从动件重复上述的升—停—降—停的运动循环。

模块四　汽车常用连接

模块导读

汽车的机械部分通常是由若干个零部件组成的，而零部件之间需要一定形式的连接才能构成具有一定功能的机构。长期的实践表明，机器或机构的损坏常发生在连接部位。连接种类很多，按连接拆开后连接是否损坏，可分为可拆连接与不可拆连接，螺纹连接、键连接为前者，铆接、焊接与粘接为后者。本项目主要学习螺纹连接与键连接。

通过本模块的学习，学生应能够了解螺纹连接和键连接的特点，以及螺纹连接和键连接的使用范围。

单元一　螺纹连接

学习目标

1. 能叙述螺纹的类型与特点。
2. 能识别螺纹的主要参数，并能正确识读螺纹标记。
3. 能正确选用螺纹连接类型。
4. 能举例说明螺纹连接在汽车上的应用情况。
5. 能分析总结螺纹连接的失效形式和原因。

内容概要

汽车是由各种不同的零件、部件和总成，经螺纹连接件或采用铆接、焊接、粘接等方法连接而成的。螺纹连接件由于具有拆装方便、形式多样、运用灵活等优点而在汽车上得到广泛应用。一辆普通的汽车上有上千个螺纹连接件，如汽车发动机气缸盖和气缸体的连接，车轮和轮毂的连接等。汽车作为一种高速运动的交通工具，与人们的生命、财产安全息息相关，如果不重视其螺纹连接件的正确使用和维护，后果可能不堪设想。通过学习了解螺纹的主要参数；螺纹连接的类型与特点；能正确分析螺纹连接失效形式与原因，为以后的检测与维修工作打下良好的基础。

知识准备

一、螺纹的形成与类型

引导问题：生活中各种螺纹都是根据螺旋线形成的原理加工而成的，那么螺旋线和螺纹究竟是如何形成的呢？螺纹都有哪些类型呢？

1. 螺纹的形成

如图 4-1-1 所示，将一直角三角形的底边与一圆柱体底面圆周重合，绕在圆柱体上，则三角形的斜边在圆柱体表面上形成螺旋线。再取一个通过圆柱轴线的牙型平面（如矩形、三角形、梯形），使其沿螺旋线移动，则此牙型平面的空间轨迹即构成螺纹。

螺旋线与螺纹的形成1（螺旋线的形成）

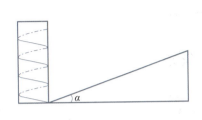

螺旋线与螺纹的形成2（螺纹的形成）

图 4-1-1 螺旋线与螺纹的形成

在圆柱体外表面形成的螺纹称为外螺纹，在空心圆柱体的内表面形成的螺纹称为内螺纹，其牙顶与牙底，如图 4-1-2 所示。

2. 螺纹的类型

1）根据螺纹的牙型，可分为三角形螺纹、矩形螺纹、梯形螺纹和锯齿形螺纹等，见表 4-1-1，其特点和应用见表 4-1-2。

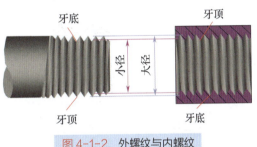

图 4-1-2 外螺纹与内螺纹

表 4-1-1 螺纹的牙型

普通螺纹（三角形）	锯齿形螺纹
梯形螺纹	矩形螺纹

表 4-1-2 常见螺纹的特点与应用

螺纹分类	牙型	特征代号	应用
连接螺纹	普通螺纹	M	普通螺纹应用最广，一般连接多用粗牙。细牙用于薄壁零件或受变载、振动及冲击载荷的连接，还可用于微调机构的调整

(续)

螺纹分类		牙型	特征代号	应用
连接螺纹	米制密封管螺纹		ZM	多用于压力为 1.57MPa 以下的水、煤气管道、润滑和电线管道系统
传动螺纹	矩形螺纹		Tr	一般用于力的传递，例如千斤顶、小的压力机等
	梯形螺纹		Tr	梯形螺纹是传动螺旋的主要螺纹形式，常用于丝杠、刀架丝杆等
	锯齿形螺纹		B	用于承受单向压力，例如螺旋压力机、起重机的吊钩等

2）根据螺旋线绕行方向，可分为左旋螺纹和右旋螺纹，如图 4-1-3 所示。

3）按照圆柱表面上螺旋线的数目，又可将螺纹分为单线螺纹和多线螺纹，如图 4-1-4 所示。为制造方便，螺纹线数一般不超过 4。单线螺纹自锁性能好，常用于连接；多线螺纹传动效率较高，常用于传动。

图 4-1-3　螺纹旋向　　　　　　　　　　图 4-1-4　螺纹线数

4）根据螺纹是分布在内圆柱面上还是在外圆柱面上，可以将其分为圆柱内螺纹和圆柱外螺纹，两者共同组成螺旋副。一般内螺纹的尺寸参数用大写字母表示，外螺纹的尺寸参数用小写字母表示。

二、螺纹的主要参数

引导问题：如果想要在五金店购买到需要的螺栓，我们就必须要了解螺纹的相关参数，那么螺纹的参数有哪些呢？

下面以普通螺纹为例说明螺纹的基本参数和几何尺寸，如图4-1-5所示。

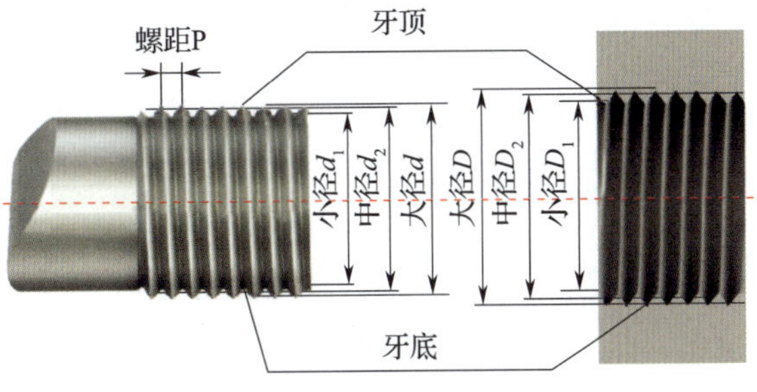

1. 牙型

在通过螺纹轴线的剖面区域上，螺纹的轮廓形状称为牙型。图4-1-5中所示为三角形牙型的内、外螺纹。

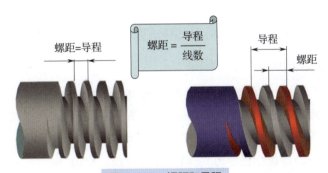

图4-1-5 螺纹的基本参数

2. 直径

螺纹直径有大径（d、D）、中径（d_2、D_2）和小径（d_1、D_1）之分，如图4-1-5所示。其中外螺纹大径d和内螺纹小径D_1也称顶径。螺纹的公称直径一般为大径。

① 大径（d、D）：螺纹的最大直径，与外螺纹牙顶或内螺纹牙底相重合的假想圆柱直径。

② 小径（d_1、D_1）：螺纹的最小直径，与外螺纹牙底或内螺纹牙顶相重合的假想圆柱直径。

③ 中径（d_2、D_2）：螺纹的牙厚和牙间相等的假想圆柱直径。

3. 线数（n）

螺纹有单线和多线之分，沿一条螺旋线所形成的螺纹称单线螺纹；沿多条螺旋线所形成的螺纹称多线螺纹。图4-1-5所示为单线螺纹。

4. 螺距（P）与导程（P_h）

螺距是指相邻两牙在中径线上对应两点间的轴向距离。导程是指在同一条螺旋线上，相邻两牙在中径线上对应两点的轴向距离，如图4-1-6所示。

图4-1-6 螺距和导程

螺距、导程、线数三者之间的关系式：单线螺纹的导程等于螺距，即$P_h=P$；多线螺纹的导程等于线数乘以螺距，即$P_h=nP$。

5. 旋向

螺纹有右旋与左旋两种。顺时针旋转时旋入的螺纹，称右旋螺纹；逆时针旋转时旋入的螺纹，称左旋螺纹。将外螺纹垂直放置，螺纹的可见部分是右高左低时为右旋螺纹，左高右低时为左旋螺纹。工程上常用右旋螺纹。

螺纹的牙型、大径、螺距、线数和旋向称为螺纹五要素，只有五要素相同的内、外螺纹才能互相旋合。

三、螺纹的标注

> **引导问题：** 由于螺纹的规定画法不能表达出螺纹的种类和螺纹的要素，因此在图中需要对标准螺纹进行正确地标注，那么如何对螺纹进行标注呢？

1. 普通螺纹的标记

完整的普通螺纹标记由螺纹特征代号、尺寸代号、公差带代号及其他有必要做进一步说明的个别信息组成。普通螺纹的标注如下所示：

牙型代号公称直径 × 螺距 — 螺纹公差带代号 — 旋合长度代号 — 旋向

国标规定：

1）粗牙螺纹不标注螺距。

2）单线螺纹的尺寸代号为"公称直径 × 螺距"，公称直径和螺距数值的单位为 mm。对于粗牙螺纹，可以省略标注其螺距项。

3）多线螺纹的尺寸代号为"公称直径 ×P_h 导程 P 螺距"，公称直径、导程和螺距数值的单位为 mm。

4）对于左旋螺纹，应在旋合长度代号之后标注"LH"代号。旋合长度代号与旋向代号间用"—"号分开。右旋螺纹不标注旋向代号。

5）对于短旋合长度组和长旋合长度组的螺纹，宜在公差带代号后分别标注"S"和"L"代号。旋合长度代号与公差带间用"—"号分开。中等旋合长度组螺纹不标注旋合长度代号（N）。

6）中径和顶径公差带代号相同时，只标注一次。

2. 普通螺纹的标注示例

例1：公称直径为 8mm、螺距为 1mm 的单线细牙螺纹：M8×1。

例2：公称直径为 16mm、螺距为 1.5 mm、导程为 3 mm 的双线螺纹：M16×Ph3P1.5。

例3：中径公差带为 5g、顶径公差带为 6g 的外螺纹：M10×1-5g6g。

例4：中径公差带和顶径公差带为 6g 的粗牙外螺纹：M10-6g。

例5：公称直径 6mm、螺距 0.75mm、短旋合长度、左旋外螺纹：M6×0.75-5h6h-S-LH。

四、螺纹连接的基本类型

> **引导问题：** 常见螺纹连接件有哪些？螺纹连接的基本类型有哪些？各适用于什么场台？

1. 螺纹连接件

如图 4-1-7 所示，常用的螺纹连接件有螺栓、双头螺柱、螺钉、螺母等。一端制有外螺纹且头上无槽的螺纹制件称为螺栓；一端制有外螺纹且头上有槽的螺纹制件称为螺钉；两端均制有外螺纹的螺纹制件称为双头螺柱；制有内螺纹与螺栓、螺柱相配的螺纹制件称为螺母；紧定螺钉属于无头螺钉。连接件之间的垫圈主要作用是保护接触面，防止其在拧紧螺母时被擦伤，并可扩大接触面积以减小表面的挤压力；有的垫圈还起螺纹连接的防松作用，例如弹簧垫圈。垫圈的公称尺寸与相配螺栓的公称尺寸一致。

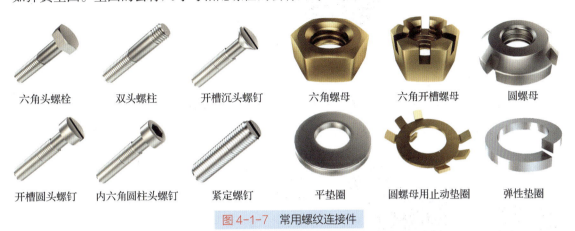

图 4-1-7 常用螺纹连接件

2. 螺纹连接基本类型

（1）螺栓连接

螺栓连接常用于连接两件都不太厚的零件。它又分为以下两种情况：一是普通螺栓连接，如图 4-1-8 所示。被连接件的孔无须切制螺纹，所以结构简单、装拆方便，应用广泛；二是铰制孔螺栓连接，如图 4-1-9 所示。孔与螺栓杆之间没有间隙，常采用基孔制过渡配合。铰制孔螺栓连接能精确固定被连接件的相对位置，并能承受横向载荷，但螺栓制造成本较高，对孔的加工精度要求也较高。

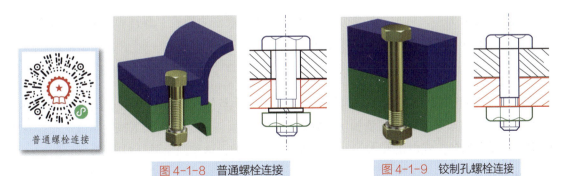

图 4-1-8 普通螺栓连接　　图 4-1-9 铰制孔螺栓连接

（2）双头螺柱连接

如图 4-1-10 所示，双头螺柱连接常用于连接一厚一薄两零件。拆装时只需拆螺母，而不需将双头螺柱从被连接件中拧出。

（3）螺钉连接

如图 4-1-11 所示，螺钉连接适用于被连接件之一太厚且不宜经常装拆的场合。

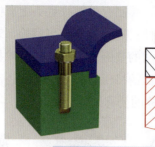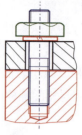

图 4-1-10　双头螺柱

（4）紧定螺钉连接

如图 4-1-12 所示，紧定螺钉连接是利用拧入被连接件螺纹孔中的螺钉末端，顶住另一被连接件的表面相应的凹坑中，以固定两零件的相对位置，并传递不大的力和转矩。

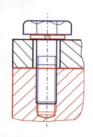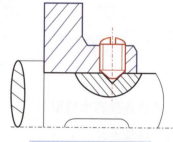

图 4-1-11　螺钉连接　　　　　　　　图 4-1-12　紧定螺钉

五、螺纹连接在汽车上的应用

引导问题：螺纹连接件在汽车结构中应用广泛，所起的作用重要且复杂，那么螺纹连接在汽车上具体有哪些应用呢？又分别起着怎样的作用呢？

螺纹连接件种类多，汽车上经常使用的主要是各种规格的螺栓、螺钉和螺母。根据螺纹连接件在汽车中的不同作用，螺纹连接在汽车上的应用有以下几种。

1. 固定作用

螺纹连接件可以将 2 个零件或部件紧密地组成一个整体，例如把气缸盖固定在气缸体上；把车厢固定在车架上和把曲轴轴承盖固定在轴承座上等。这种情况下螺栓承受的是拉应力作用，只要它的抗拉强度足够大，且固定部位没有松动，这种固定就是可靠的。

2. 传力作用

两个转动着的零件，通过螺纹连接件连接起来后，一个零件的转矩便通过螺纹连接件传递给另一个零件。例如，汽车上用螺栓把前后两段传动轴、半轴凸缘跟轮毂、轮辋跟轮毂连接起来等。这种情况下，螺栓除了承受拉应力的作用外，还要承受剪切应力的作用。

3. 连接作用

经常需要拆卸的零件之间往往采用螺纹连接件，以便拆装。如汽车发动机油底壳与曲轴箱的连接、空气滤清器跟化油器上体的连接、各种导线与电气零件的连接等。这种连接件一般承受的载荷不大，但是连接必须牢固、可靠，才能保证被连接件的正常工作。

4. 定位作用

汽车上有些零件之间保持着严格的相对位置关系，且这种关系经常需要变化或调整，调整之后依靠螺栓或螺钉固定它们的相对位置。例如，某缸气门间隙调整完毕，用相应气门摇臂上的螺母锁紧，以防气门间隙发生变化；离合器分离杠杆调整螺栓的固定、制动踏板拉杆调整之后的固定等。

5. 密封作用

汽车上许多经常需要更换介质的零件，如油底壳、变速器壳体、后桥壳转向机壳、燃油箱等，其底部都有放油螺塞。它与相应的壳体紧密结合，有的还被预先磁化而具有吸附微小金属磨屑的功能。这种螺塞虽然不承受大的载荷，但因为需要经常拆装，其尺寸一般较大，使之具有足够的强度。在螺塞与基体零件之间放置铜垫圈起密封作用。

6. 调整作用

例如：汽车发动机润滑系和底盘制动系中使用的许多止回阀，都可以通过调整螺钉来调节弹簧的预紧力；离合器拉杆、驻车制动器拉杆、离合器分离杠杆和气门摇臂等均利用螺钉进行调整。以螺纹连接件作为调整载体，既方便又实用。

综上所述，螺纹连接件在汽车上的应用非常广泛，深刻理解和分析这些作用，可更恰当地使用和维修汽车，请扫二维码观看。

六、螺纹连接失效形式原因分析

> **? 引导问题：** 生活中，任何有螺栓连接的地方都有连接失效的危险，一旦发生失效，轻则机器停止运转，重则机毁人亡。那么是什么引起螺纹连接失效呢？

在汽车装配或后期维护中，由于人们认为螺栓体积小且非常廉价，常常忽视其重要性，在螺纹紧固件的制造、选型、使用操作，以及后续的维护等方面都缺少相应的重视，这使得螺纹连接件存在很大的潜在失效风险，许多重大事故背后的直接诱因，都是由于螺纹紧固件连接失效造成的。例如：2012年4月某汽车公司召回6万余辆汽车，其召回的主要原因是后桥螺栓拧紧力矩不足，存在螺栓断裂的风险；2014年3月某汽车公司在中国市场召回23.2万辆汽车，其召回原因是汽车发动机运转过程中，凸轮轴螺栓可能松脱甚至断裂。

1. 失效形式

螺纹连接失效发生的部位通常在螺纹、螺栓杆。

1）受静载荷螺栓的失效形式多为部分的塑性变形或螺栓被拉断。

2）受交变载荷的螺栓的失效形式多为螺栓的疲劳断裂。

3）受横向载荷的铰制孔用螺栓连接，其失效形式主要为螺栓杆剪断，栓杆或被连接件孔接触表面挤压破坏。

4）如果螺纹精度低或者连接时常拆装，很可能发生滑扣现象。

5）螺纹连接件发生电化学腐蚀或空气氧化，锈蚀严重时降低连接件强度。

图 4-1-13 展示了部分螺纹连接失效的形式。

a）断裂

b）螺纹滑扣

c）锈蚀

图 4-1-13 螺纹连接失效形式

2. 失效原因分析

1）普通螺纹连接在拧紧时，螺栓因承受拉力引起伸长，导致螺母支撑面附近的螺栓承受很大的载荷，而且螺母承受的压缩载荷也同样产生载荷集中效应。当外载荷增加时，螺栓继续弹性伸长，被连接件的压缩变形相应减少（即紧固力减小），甚至消失；或因螺栓伸长超过了弹性极限，因塑性屈服而产生永久变形，使紧固力减小，导致连接失效（畸变、断裂、丧失紧固性）。这种因载荷过大引起的失效是螺纹连接失效形式之一。

2）交变载荷作用在紧连接的螺栓上时，螺栓因受较大的交变应力产生疲劳裂纹甚至断裂。疲劳破坏是螺纹连接最常见的失效形式。疲劳失效常位于螺母的支撑面、螺纹尾部或螺栓头与杆的过渡圆角处。螺纹连接受交变载荷，也会使连接中的预紧力变化以致螺纹松脱。

3）因材料蠕变造成的螺纹连接失效。在高温下，螺栓承载能力会随时间而降低。此时，螺栓承载的应力并未超过材料的弹性极限。金属材料在恒定温度和恒定应力的长期作用下，随着时间的延长材料缓慢地发生塑性变形，因此造成在高温下螺栓连接失效。

单元二 螺纹连接预紧与防松

学习目标

1. 能叙述螺纹连接预紧的目的。
2. 能正确使用测力矩扳手和定力矩扳手。
3. 能正确选用螺纹防松类型。
4. 能举例说明汽车螺纹连接件防松措施。

内容概要

螺纹连接因其结构紧凑、装拆容易等优点，在汽车行业中得到广泛运用。但预紧和松动问题一直是螺纹紧固件的最大难题。传统的螺纹连接在静载荷作用且温度变化不大的条件下，一般不需要另外引入防松方法阻止松脱发生。但是螺纹连接在受到较大振动、冲击作用或温度变化较大时，易发生松动、松脱，在安全和关键的应用中，这种故障可能是灾难性的，比如连杆螺栓、气缸盖螺母、车轮螺栓等。通过对螺纹连接预紧与防松的学习，能掌握汽车关键螺栓的拧紧与放松方法，为以后的检测与维修工作打下良好的基础。

知识准备

一、螺纹连接的预紧

引导问题：为什么螺纹连接需要预紧？如何确定螺纹连接的预紧力？在螺纹连接装配过程中，如何控制螺栓预紧力？

1. 螺纹连接预紧目的

大多数螺纹连接在装配时都必须拧紧，使连接件在承受工作载荷之前，预先受到力的作用。这个预加作用力称为预紧力。预紧的目的在于增强螺纹连接的可靠性、紧密性，以防止受载后被连接件之间出现缝隙或发生相对滑移。经验证明，适当选用较大的预紧力对提高螺纹连接的可靠性以及连接件的疲劳强度都是有效的，特别是对于像气缸盖、齿轮箱、轴承盖等紧密性要求较高的螺纹连接，预紧更为重要。对螺纹连接件进行装配拧紧时，若预紧力达不到规定要求就会造成零部件的松动，甚至使整机无法正常工作。如果预紧力过大就会引起人为的零部件损坏。例如，采用 O 形圈密封处如果预紧力过大就会挤坏 O 形圈，使密封失效。

2. 测力矩扳手、定力矩扳手

对于普通连接，可由操作者凭经验控制预紧力的大小；对于较重要的普通螺栓连接，可采用测力矩扳手（图 4-2-1）或定力矩扳手（图 4-2-2），利用控制拧紧力矩的方法来控制预紧力的大小。

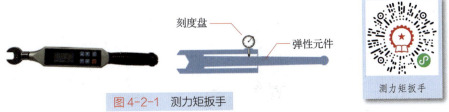

图 4-2-1 测力矩扳手

测力矩扳手的工作原理是根据扳手上弹性元件，在拧紧力的作用下所产生的弹性变形来指示拧紧力矩的大小。为方便计量，可将指示刻度直接以力矩值标出。

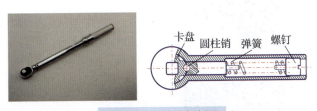

图 4-2-2 定力矩扳手

二、螺纹连接防松

引导问题：螺纹连接一旦出现松脱，不仅会影响机器的正常运转，还会造成严重事故。因此为了防止连接松脱，可以采取哪些有效的防松措施呢？

在静载荷作用下，连接螺纹的升角较小，故能满足自锁条件。但在受冲击、振动或变载荷以及温度变化大时，连接有可能自动松脱，这就容易发生事故。防松目的是防止内、外螺纹间产生相对转动。按工作原理可分为三类：摩擦防松、机械防松、不可拆卸防松，具体见表 4-2-1。

表 4-2-1　螺纹连接的防松

防松方法		结构形式	特点和应用
摩擦防松	对顶螺母		两螺母对顶拧紧后，使旋合螺纹间始终受到附加的压力和摩擦力作用 结构简单，适用于平稳、低速和重载的固定装置上的连接
	弹簧垫圈		螺母拧紧后，靠垫圈压平而产生的弹性反力使旋合螺纹间压紧。同时垫圈斜口的尖端抵住螺母与被连接件的支撑面之间也有防松作用 结构简单，使用方便。但由于垫圈弹力不均，在冲击、振动等工作条件下，其防松效果较差，多应用于不重要的连接
	自锁螺母		螺母一端制成非圆形收口或开封后径向收口。当螺母拧紧后，收口胀开，利用收口的弹力使旋合螺纹间压紧 结构简单，防松可靠，可多次拆装而不降低防松性能
机械防松	开口销与开槽螺母		开槽螺母拧紧后，将开口销穿入螺栓尾部小孔和螺母的槽内 适用于较大冲击、振动的高速机械中运动部分的连接
	止动垫圈/单耳止动垫圈		螺母拧紧后，将单耳或双耳止动垫圈分别向连接件的侧面折弯，即可将螺母锁紧 结构简单、使用方便、防松可靠

（续）

防松方法		结构形式	特点和应用
不可拆卸防松	冲点		用冲头在螺栓杆末端与螺母的旋合缝处打冲，利用冲点防松。 防松可靠，拆卸后连接件不能重复使用
	粘接防松		在旋合螺纹间涂以液体胶黏剂，拧紧螺母后，胶黏剂硬化、固着、防止螺纹副的相对运动
	端铆		螺栓杆末端外螺长度为（1~1.5）P（螺距），当螺母拧紧后把螺栓末端伸出部分铆死。 防松可靠，拆卸后连接件不能重复使用

三、气缸盖螺钉的拧紧

? 引导问题：汽车发动机大修中，在拧紧汽车气缸盖螺钉时需要注意哪些问题？

在安装气缸盖时，常见一些修理人员对气缸盖螺栓都是根据螺栓直径的粗细不同，凭经验估定转矩大小，用扭力扳手拧紧。有时安装中因转矩过大将螺栓拧断，或者拧紧力矩不均匀，以及未按照规定顺序松紧气缸盖螺栓造成气缸盖翘曲变形。因此，在拆装气缸盖螺栓过程中，应在常温下按照规范要求进行操作。

1. 气缸盖螺栓拧紧顺序

拧紧气缸盖螺栓时，拧紧顺序如图 4-2-3 所示，按标示的顺序分两次从中间到两边对称对角地对气缸盖螺栓进行拧紧。

注意：安装气缸盖螺栓时，需对气缸盖螺栓进行润滑，即在气缸盖螺栓的螺纹与螺栓头处涂抹适量的机油。

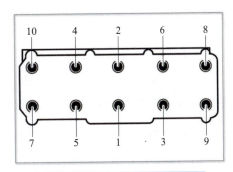

图 4-2-3 气缸盖螺栓拧紧顺序

2. 气缸盖螺栓拧紧方法

气缸盖螺栓的拧紧方法有 2 种，即转矩拧紧法和"转矩 + 角度"拧紧法。装配拧紧的本质是通过螺栓的轴向预紧力将 2 个工件（如气缸盖与气缸体）可靠地连接在一起。因此，对轴向预紧力的准确控制是保证装配质量的基础。

转矩拧紧法是通过控制拧紧转矩间接地实施预紧力，由于受到摩擦系数等多种不确定因素的影响，导致对轴向预紧力控制精度低，且轴向预紧力小而分散，容易造成材料利用率低和可靠性差。

"转矩+角度"拧紧法主要通过将螺栓拉长到超弹性极限,达到屈服点,以实现既充分利用材料强度,又完成了高精度拧紧控制的目的。

螺栓在两种拧紧方法中获得的转矩相当,区别在于使用转矩拧紧法时,螺栓产生的预紧力的分散度,是正确的"转矩+角度"拧紧法的2~3倍。因此,建议采用"扭矩+角度"拧紧法。

如图4-2-4所示,气缸盖螺栓的拧紧一般采用转矩法+转角法,具体操作步骤如下:

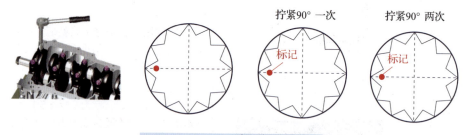

图4-2-4 气缸盖螺栓的拧紧操作

① 用规定的转矩拧螺栓。
② 螺栓顶上做油漆标记。
③ 螺栓先拧紧到规定力矩,然后再拧紧转动90°或180°。

四、螺纹连接预紧不当后果及原因分析

引导问题：在螺纹连接装配中，如果螺纹紧固件拧得过紧或过松能正常使用吗？如果不能又会造成什么样的后果呢？

合适的预紧力是增强连接可靠性和紧密性的重要前提。不合适的预紧力会带来以下后果。

1. 螺纹连接零件的静力破坏

若螺纹紧固件拧得过紧,即预紧力过大,就会引起人为的零部件损坏,螺栓可能被拧断,连接件被压碎、咬粘、扭曲或断裂,也可能使螺纹牙形被剪断而脱扣。

2. 被连接件滑移、分离或紧固件松脱

对于承受横向载荷的普通螺栓连接,预紧力使被连接件之间产生正压力,依靠摩擦力抵抗外载荷,因此预紧力的大小决定了它的承载能力。若预紧力不足,被连接件将出现滑移,从而导致被连接件错位、歪斜、折皱,螺栓有可能被剪断。对于受轴向载荷的螺栓连接,预紧力使接合面上产生压紧力,受外载荷作用后的剩余预紧力是接合面上工作时的压紧力。若预紧力不足将会导致接合面松动,甚至导致两被连接件分离的严重后果,同时预紧力不足还将引起强烈的横向振动,致使螺母松脱等现象发生。

3. 螺栓疲劳破坏

不合适的预紧力在大多数情况下会使螺栓因疲劳而失效。减小预紧力虽然能使螺栓上循

环变化的总载荷的平均值减小，但却使载荷变幅增大，所以总的效果大多数是使螺栓疲劳寿命下降，引起疲劳破坏。

因此在装配工艺中一定要确定预紧力的范围。根据被连接件的重要程度、受力情况、运动方式、结构特点、螺纹规格与等级、被连接件材料与连接的目的等方面综合考虑，确定科学合理的预紧力矩范围；在装配时严格遵守工艺规定的力矩要求。只有这样才能真正提高螺纹连接的可靠性，以及连接件的抗疲劳强度。

单元三 键与花键

学习目标

1. 能叙述键连接的类型、结构及特点。
2. 能根据已知条件进行计算，正确选用键连接类型。
3. 能举例说明键连接在汽车上的应用情况。
4. 能分析总结键连接的失效形式及原因。

内容概要

键和花键主要用于轴和带毂零件（如齿轮、蜗轮、带轮、链轮等），实现周向固定以传递转矩的轮毂连接。键连接分为松键连接和紧键连接两大类。松键连接包括平键连接和半圆键连接，紧键连接包括楔键连接和切向键连接。键连接属于可拆连接，具有结构简单、工作可靠、拆装方便等优点。通过学习，了解键连接的结构与形式、工作特性，熟悉键连接的失效形式，掌握键连接在汽车上的应用以及拆装。

知识准备

一、键连接的类型与结构

引导问题：键通常用来实现轴和轮毂之间的周向固定以传递转矩，常见键连接有哪些类型？具有什么样的结构特点？

键是一种标准零件，通常用来实现轴和轮毂之间的周向固定以传递转矩，有的还能实现轴上零件的轴向固定或轴向滑动的导向。键连接的主要类型有：平键连接、半圆键连接、楔键连接和切向键连接。

1. 平键连接

平键的上下表面和两侧面各互相平行，横截面为正方形或矩形，键的两侧面是工作面，键的上面与轮毂槽底之间留有间隙，为非工作面，如图 4-3-1 所示。由于平键连接具有结构简单、对中性好、拆装方便等优点，因而得到广泛应用，

图 4-3-1 平键连接

平键连接

但这种键连接对轴上零件不能起到轴向固定作用，不能承受轴向力。平键按用途可分为普通平键、导向平键和滑键。

（1）普通平键

普通平键用于轴毂之间无相对轴向移动的静连接，普通平键的断面尺寸宽和高是根据轴的直径按国家标准选取的；普通平键的长度应该比轮毂的宽度略短，最长和轮毂的宽度一样大。按键的端部形状分为圆头（A型）、平头（B型）和单圆头（C型）三种形式，分别如图4-3-2a、b、c所示。A型和B型都用在轴的中间部位，C型键应用较少，一般用在轴端的连接。

a）圆头平键（A型）　　b）平头平键（B型）　　c）单圆头平键（C型）

图4-3-2　普通平键

（2）导向平键和滑键

导向平键和滑键用于动连接，即轴与轮毂间有轴向相对移动的连接。导向平键较长，需用螺钉固定在轴槽中，为便于拆装，在键中部制出起键螺纹孔，如图4-3-3所示，请扫二维码观看其结构。

图4-3-3　导向平键

导向平键

轴上零件滑移距离越大，导键越长，制造越困难，这时宜采用滑键。滑键固定在轮毂上，轮毂带动滑键在轴槽中作轴向滑动，轴上应冲出较长的键槽。滑键在轮毂上固定可采用不同方式，主要有双钩头滑键和单圆钩头滑键两种结构形式。图4-3-4和图4-3-5所示是滑键的两种典型的结构。双钩头滑键的结构特点是轮毂嵌在两个钩头之间，单圆钩头滑键的特点是单圆钩头嵌入轮毂中。汽车变速器中滑移齿轮与轴的连接就采用滑键连接。

双钩头滑键

单圆钩头滑键

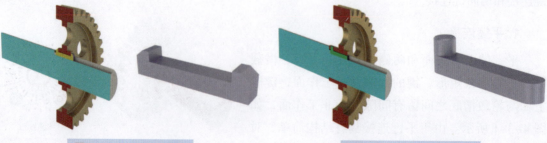

图4-3-4　双钩头滑键　　　　　　图4-3-5　单圆钩头滑键

2. 半圆键连接

半圆键用于静连接，键的侧面是工作面。半圆键的上表面与轮毂键槽底面间有间隙，两侧面为半圆形，键在轴槽中能绕其几何中心摆动，以适应轮毂上键槽的斜度，如图 4-3-6 所示。

图 4-3-6 半圆键连接

半圆键连接工作时，也是靠键的侧面受挤压传递运动和转矩，但其传递的转矩不能太大。轴与轮毂同轴度精度好，但轴上的键槽较深，对轴的强度削弱较大。它主要用于轻载或锥形轴头的场合。

平键和半圆键连接制造简易，拆装方便，在一般情况下不影响被连接件的定心，因而引用相当广泛。平键和半圆键不能实现轴上零件的轴向固定，所以不能传递轴向力。

3. 楔键连接

楔键用于静连接。如图 4-3-7 所示，键的上下两面为工作面，键与键槽的两侧面并不接触，键被楔紧在轴与轮毂间，工作时主要靠键和键槽之间，以及轴与轮毂之间的摩擦力来传递转矩。楔键的上表面和毂槽底面均有 1∶100 的斜度。楔键分为普通楔键和钩头楔键。这种键连接的优点是能轴向固定零件和承受单方向轴向力，缺点是在楔紧时破坏了轴与轮毂的对中性，又由于是靠摩擦力工作，在冲击、振动或变载荷作用下键易松动，因此主要用于定心精度要求不高、载荷平稳和低速的场合。

a）普通楔键　　　　b）钩头楔键

图 4-3-7 楔键

4. 切向键连接

切向键是由两个具有 1∶100 斜度的普通楔键组成，如图 4-3-8 所示，两键以其斜面相互贴紧，上、下两个工作面是平行的轴和轮毂键槽并无斜度。切向键中一个工作面在通过轴线的平面内。当连接工作时，工作面上的挤压力沿轴的切线方向，靠挤压传递转矩。由于键的楔紧作用，轴与轮毂间存在一定的摩擦力，但主要不依靠摩擦力传递转矩。

一个切向键只能传递单向转矩，当需要传递双向转矩时，要用两个切向键。为不致严重削弱轴的强度，两个键槽通常错开 120°~135°，如图 4-3-9 所示。切向键的承载能力很大，适于传递较大的转矩，但由于键槽对轴的削弱较大、故常用于轴径大于100mm，且对中精度要求不高的重型机械上。

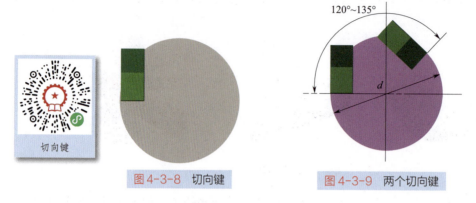

图4-3-8 切向键　　　　　　图4-3-9 两个切向键

从键的结构特点可知，楔键和切向键都属于斜键，其主要缺点是引起轴上零件与轴的配合偏心，在冲击、振动或变载作用下容易松动，因此不宜用于要求准确定心、高速和承受冲击、振动或变载荷的连接。

二、键的选用和键连接的计算

引导问题：键是一种标准件，类型和尺寸不一，在实际应用中，应该如何根据工作条件正确选用键连接类型？如何确定键的尺寸呢？

键的选用包括类型选择和尺寸选择两方面。
1）根据键连接的结构特点、使用要求和工作条件，确定键的类型。
2）按轴的直径 d 查标准（表4-3-1）确定键的截面尺寸 $b×h$。
3）按轮毂宽度 B 确定键的长度 L。普通平键的长度 L 按轮毂的长度而定；导向平键的长度 L 按轮毂的长度及其滑动距离而定。轮毂长度 B 约为 $(1.5～2)d$。

表4-3-1　普通平键的主要尺寸　　　　　　　　　　（单位：mm）

轴的直径 d	6～8	>8～10	>10～12	>12～17	>17～22	>22～30	>30～38	>38～44
键宽 b× 键高 h	2×2	3×3	4×4	5×5	6×6	8×7	10×8	12×8
轴的直径 d	>44～50	>50～58	>58～65	>65～75	>75～85	>85～95	>95～100	>100～130
键宽 b× 键高 h	14×9	16×10	18×11	20×12	22×14	25×14	28×16	32×18
键的长度系列 L	6,8,10,12,14,16,18,20,22,25,28,32,36,40,45,50,56,63,70,80,90,100,110,125,140,180,200,220,250,…							

三、花键连接

引导问题：单键连接在受重载荷、定心精度要求高或经常出现滑动的场合中，满足不了要求，需要选用花键连接，那么花键连接都有哪些特点呢？

1. 花键连接结构特点

花键连接是由带有多个纵向键齿的轴与毂组成的，花键可视为由多个平键组成，键齿侧面为工作面。如图 4-3-10 所示。

a）花键轴

b）花键毂

c）花键连接

图 4-3-10　花键连接

花键连接齿数多，受力均匀，槽浅，应力集中小，对轴和毂的强度削弱小，对中性和导向性好，适用于载荷较大、定心精度要求较高的静连接和动连接中。但是花键结构复杂，加工需专门的刀具和设备，成本较高。

与平键连接比较，花键连接有以下优点：

1）齿对称布置，使轴毂受力匀称。

2）齿轴一体而且齿槽较浅，齿根的应力集中较小，被连接件的强度削弱较少。

3）齿数多，总接触面积大，压力分布较均匀。这些都使花键连接具有较高的承载能力。此外，齿可以利用较完善的制造工艺，因而被连接件能得到较好的定心，并且轴上零件沿轴移动时能得到较好的引导，而且零件的互换性也容易保证，特别是作为轴毂的动连接更有独特的优越性，以上各点使花键连接的应用日趋广泛。

2. 花键连接类型

花键连接用于静连接或动连接。按齿形不同分为矩形花键和渐开线花键。

（1）矩形花键

如图 4-3-11a 所示，齿侧边为直线，廓形简单，加工方便，应用广泛。国家标准 GB/T 10952—2005 规定，其尺寸规格用 $N×d×D×b$ 表示键数、小径、大径和键宽；按齿高的不同，分为四个尺寸系列，即轻系列、中系列、重系列及补充系列。轻系列的承载能力小，多用于静连接；中系列适用于中等载荷的静连接或仅在空载下移动的动连接。重系列的承载能力较大，多用于动连接。标准还规定矩形花键采用小径定心，这种定心方式的定心精度高、稳定性好，内、外花键小径均可在热处理后磨削加工，以消除热处理变形。

（2）渐开线花键

如图 4-3-11b 所示，两侧边齿形为渐开线。国家标准 GB/T 5105—2004 规定，渐开线花键齿形的标准压力角为 30°。渐开线花键连接的定心方式有按齿宽定心和按外径定心两种。齿宽定心方式具有自动定心作用，各齿受力均匀，应用较广；外径定心方式常用于径向载荷较大的动连接，其制造需用专用滚刀和插刀切齿。渐开线花键可用加工齿轮的方法制造，工艺性好，易获得较高的精度和互换性，齿根强度高，应力集中小，寿命长。因此，它常用于载荷较大、定心要求较高,以及尺寸较大的连接。

a)矩形花键

b)渐开线花键

图 4-3-11　花键齿形

四、键连接失效形式及原因分析

引导问题:键连接用于传递机械转矩,如果发生故障则不能正常传递转矩,那么是什么原因引起键连接失效的呢?

1. 平键连接失效形式及原因分析

平键连接的理想状态是可以长时间准确传递转矩,而不出现松动和轴向窜动。如果键连接发生故障则不能正常传递转矩,会出现松动等现象。

平键连接传递转矩时,连接中各零件的受力情况如图 4-3-12 所示。由图中可以看出,键连接的工作面受挤压力,键的截面受剪应力,因此普通平键连接(静连接)的主要失效为工作面被压溃、被挤压破坏;如图 4-3-13 所示,如果有严重过载,可能会出现键的剪断(沿图中 a–a 面剪断)。对于导向平键和滑键连接(动连接),其主要失效形式为工作面的过度磨损。

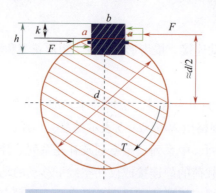

图 4-3-12　平键连接受力分析

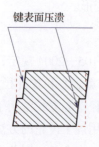
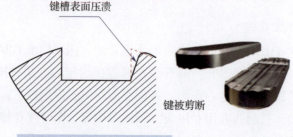

图 4-3-13　键连接失效模式

（1）键的工作面被压溃、被挤压破坏

键的两侧面是工作面，靠键同键槽侧面的挤压进行工作。如果键的工作面太粗糙，受力不均匀和强度不够，键的工作面之间存在间隙，键在脉动挤压应力作用下逐渐磨损，出现松动等现象。

（2）键被剪断

键的设计宽度和长度不够，在严重过载的情况下，键承受的剪应力超过最大极限应力，或因周期性剪应力使键出现疲劳破坏。

2. 花键连接失效形式及原因分析

花键连接的理想状态为可以长时间定心精度高、对中性好、正常传递转矩而不出现松动和轴向窜动。如果花键连接发生故障，则不能正常传递转矩，会出现松动、花键轴断裂等现象。

花键连接各零件的受力情况如图4-3-14所示，其主要失效形式为工作面挤压破坏和剪切破坏（静连接），或工作面过度磨损（动连接），如图4-3-15所示。

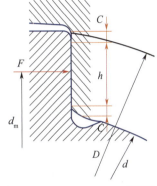

图 4-3-14　花键连接受力分析

a）花键轴套磨损

b）花键轴套损坏

c）花键轴断裂

图 4-3-15　花键连接失效形式

1）内外花键齿工作面磨损，传动失效。

2）由于花键连接存在着间隙，在脉动载荷和振动作用下，内外键齿间发生相对运动，出现摩擦磨损。当磨损增大到一定量时，由于间隙增大，冲击加剧，而花键齿已被削弱，其最薄弱的部分相继出现局部断裂，从而加速花键连接的破坏，最终导致整个连接失效。

3）内外花键齿出现剪切断裂，机构停止工作。由于瞬间的工作载荷过大，出现突然断裂；或者由于脉动应力幅过大，出现疲劳破坏。

4）内外花键齿出现变形，缝隙增大。瞬间或长期的应力集中，导致键齿变形。

5）花键轴出现断裂，键连接失效。

6）瞬间工作转矩过大，花键轴扭转刚度太小，花键轴出现扭曲或断裂。

五、键连接在汽车上应用

> 引导问题：除螺纹连接外，键、花键连接是汽车中最常用的连接，能否举例说出键及花键连接在汽车上的具体应用？

1. 平键连接在汽车上应用

汽车带轮与轴的配合，曲轴颈上通常会使用平键进行装配，如图 4-3-16 所示。

a）带轮的平键连接　　b）曲轴颈端的平键应用

图 4-3-16　平键连接在汽车上应用

2. 半圆键连接在汽车上应用

汽车的中间轴上会用半圆键进行装配，如图 4-3-17 所示。

图 4-3-17　中间轴的半圆键

3. 花键连接在汽车上应用

花键连接适用于定心精度要求高、载荷大，或经常要求滑动的连接，如汽车传动轴万向节叉、汽车半轴、变速器中同步器等部位的连接，如图 4-3-18 所示。

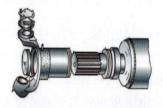

a）万向节叉花键　　b）汽车半轴花键

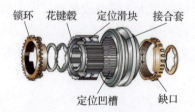

c）同步器花键

图 4-3-18　花键连接在汽车上应用

模块五 汽车常用传动

模块导读

机械传动是机械传递运动和动力的方式之一，汽车上很多地方用到机械传动。机械传动主要可分为以下两类。

1）靠机件间的摩擦力传递动力和运动的摩擦传动，包括带传动、绳传动和摩擦轮传动等。摩擦传动容易实现无级变速，大都能适应轴间距较大的传动场合，通过过载打滑还能起到缓冲和保护传动装置的作用，但这种传动一般不能用于大功率的场合，大多数也不能保证准确的传动比。

2）靠主动件与从动件啮合或借助中间件啮合传递动力或运动的啮合传动，包括齿轮传动、链传动等。啮合传动能够用于大功率的场合，传动比准确，但一般要求较高的制造精度和安装精度。

通过本模块的学习，学生应该能够了解带传动、链传动、齿轮传动和轮系、蜗轮蜗杆传动的结构、原理与传动特性。

单元一 带传动装置

学习目标

1. 能叙述带传动装置的分类、组成与特点。
2. 能叙述带传动装置的工作原理与传动比的计算。
3. 能叙述带传动有效拉力的影响因素。
4. 能分析带传动装置的失效形式和原因。
5. 能够对带传动装置进行正确使用与维护。

内容概要

汽车传动带是发动机的重要部件，带传动在汽车上的应用主要有以下几类：用于凸轮轴与曲轴之间的正时传动的同步带；用于驱动发动机前端辅件如发电机、转向助力泵、风扇、水泵，以及空调压缩机等部件传动的V带和多楔带；用于无级变速器（CVT）传动的变速传动橡胶带或钢带。通过对带传动的学习，能正确分析带传动的故障与失效的原因，为以后的检测与维修工作打下良好的基础。

知识准备

一、带传动的组成与分类

？ 引导问题： 带传动装置由哪些部件组成？传动带的类型有哪些？分别有什么特点？

带传动是一种常用的机械传动装置，利用张紧在带轮上的传动带与带轮之间的摩擦或啮合来传递运动和动力。它的主要作用是传递转矩和改变转速。

如图 5-1-1 所示，带传动一般由主动带轮、从动带轮、紧套在两轮上的挠性带组成。当原动机驱动主动带轮转动时，依靠带与带轮接触面间产生的摩擦力或啮合力的作用，使从动带轮一起转动，从而实现运动和动力的传递。

图 5-1-1　带传动的组成

1—从动带轮　2—挠性带　3—主动带轮

按工作原理的不同带传动可分为摩擦带传动和啮合带传动两大类。

1）摩擦带传动：如图 5-1-2a 所示，带传动靠传动带与带轮间的摩擦力实现动力传递，当主动轮转动时，带和带轮之间将产生摩擦力而驱动带运动，带又通过摩擦力使从动轮克服阻力而转动。摩擦带按截面形状不同可以分为：平带、V 带、多楔带、圆带等。

2）啮合带传动：如图 5-1-2b 所示，啮合带传动靠带内侧凸齿与带轮外缘上的齿槽相啮合实现传动，啮合带的内周制成齿状，使其与齿形带轮啮合。由于带与带轮间无相对滑动，能保持两轮的圆周速度完全一致，故称为同步带传动。啮合带具有柔韧性好、传递的功率大、传动比准确等优点，多用于要求传动平稳、传动精度较高的场合。

带传动的类型与应用范围见表 5-1-1。

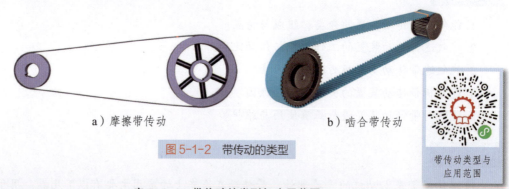

a）摩擦带传动　　　　　　　b）啮合带传动

图 5-1-2　带传动的类型

带传动类型与应用范围

表 5-1-1　带传动的类型与应用范围

名称	动画二维码	截面形状	应用
平带			主要应用于两轴平行、转向相同、中心距较大的场合

(续)

名称	动画二维码	截面形状	应用
V带			V带传动产生的摩擦力比平带大,传递功率大,传动能力强,结构紧凑,应用非常广泛
多楔带			可避免多根V带长度不等、传力不均的缺点,常用于传递功率较大,且要求结构紧凑的场合
圆带			只用于小功率传动,常用于如缝纫机、仪表等低速、小功率传动的场合
同步带			常用于数控机床、纺织机械等需要速度同步的场合,以及汽车上部分发动机配气机构中的正时传动场合

如图 5-1-3 所示,传动带轮的典型结构有:实心式、腹板式和轮辐式三种。带轮的结构设计主要是根据带轮的基准直径选择结构形式。直径较小时选用实心式;中等直径 $d \leqslant 350mm$,选用腹板式;$d > 350mm$,选用轮辐式。根据带的截面形式确定轮槽尺寸。带轮的其他结构尺寸通常按经验公式计算确定。

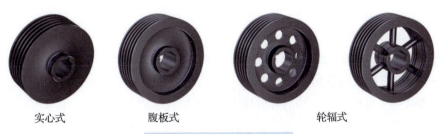

实心式　　　　　腹板式　　　　　轮辐式

图 5-1-3　传动带轮的结构

二、带传动的特点与受力分析

? 引导问题:带传动和齿轮传动相比具有哪些优缺点?带传动的有效拉力取决于哪些因素?带传动的传动比如何计算?

带传动的优点:传动带具有良好的弹性、能吸收振动、缓和冲击,因而传动平稳、噪声小;结构简单、制造、安装、维护方便,无须润滑,成本低;对于摩擦带传动,过载时带会在带轮上打滑,可防止其他零件破坏,起到过载保护作用;适合于较大中心距的两轴间的传动。

带传动的缺点：带与带轮之间存在一定的弹性滑动，故不能保证恒定的传动比；传动精度和传动效率低；由于带工作时需要张紧，带对带轮轴有很大的压轴力；带传动装置外廓尺寸大，结构不够紧凑；带的寿命较短，需要经常更换；不适用于高温、易燃及有腐蚀介质的场合。

为保证带传动正常工作，传动带必须以一定的张紧力安装在带轮上。如图 5-1-4 所示，当传动带不工作时，带两边所承受拉力相等，称为初拉力 F_0。当传动带传动时，由于带与带轮接触面之间摩擦力的作用，带两边的拉力不再相等，一边被拉紧，拉力由 F_0 增大到 F_1，称为紧边；一边被放松，拉力由 F_0 减少到 F_2，称为松边。设环形带的总长度不变，则紧边拉力的增加量 F_1-F_0 等于松边拉力的减少量 F_0-F_2。即

$$F_1 - F_0 = F_0 - F_2 \qquad (5\text{-}1\text{-}1)$$

可得：
$$F_1 + F_0 = 2F_0 \qquad (5\text{-}1\text{-}2)$$

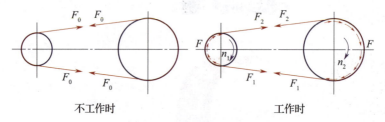

图 5-1-4 带传动的受力分析

带与带轮之间是通过摩擦力传动的，摩擦力 F 即为有效拉力 F_e。

$$F_e \ F = F_1 - F_2 \qquad (5\text{-}1\text{-}3)$$

若带速小于 10m/s 时，F_1 与 F_2 的满足欧拉公式，即

$$\frac{F_1}{F_2} = e^{f\alpha} \qquad (5\text{-}1\text{-}4)$$

式中：e——自然对数的底；

f——带与带轮间的摩擦系数；

α——带在带轮上的包角（弧度）。

从式（5-1-4）可推出带传动的有效拉力 F_e 的大小为：

$$F_e = 2F_0 \frac{e^{f\alpha}-1}{e^{f\alpha}+1} \qquad (5\text{-}1\text{-}5)$$

由式（5-1-5）可知，带传动的有效拉力与初始拉力、摩擦系数、包角等参数相关。当要求传递的力大于有效拉力时，带就出现打滑现象。

带传动所能传递的功率 P（kW）、有效拉力 F_e（N）和带速 v（m/s）之间的关系为：

$$P = \frac{F_e v}{1000} \qquad (5\text{-}1\text{-}6)$$

带传动的传动比是主动轮的转速 n_1（r/min）与从动轮的转速 n_2（r/min）的比值，也是主、从动轮基准直径的反比。即

$$i_{12}=\frac{n_1}{n_2}=\frac{d_{d2}}{d_{d1}} \qquad (5\text{-}1\text{-}7)$$

由于带传动存在弹性滑动现象，以及过载时出现打滑现象，所以不能保证恒定的传动比，由式（5-1-7）计算的是在不打滑的情况下，带传动的平均传动比。

三、V 带

引导问题：普通 V 带的结构是怎样的？普通 V 带具有哪些参数，如何正确使用 V 带？

1. V 带的结构

汽车发动机附件如发电机、空调压缩机和水泵等，均由曲轴带轮通过 V 带驱动。V 带的横截面为等腰梯形，其工作面是两侧面。V 带安装在带轮相应的槽内，仅与轮槽的两侧接触，而不与槽底接触。经测试证明，V 带的传动摩擦力可达平带传动摩擦力的三倍，且 V 带无接头，并已经标准化，所以 V 带的应用更为广泛，在汽车上普遍采用。

V 带的结构如图 5-1-5 所示，由包布、顶胶、抗拉体和底胶四部分组成。V 带包布材料为胶帆布，顶胶和底胶材料为橡胶。抗拉体是 V 带工作时的主要承载部分，结构有绳芯和帘布芯两种。帘布芯结构的 V 带抗

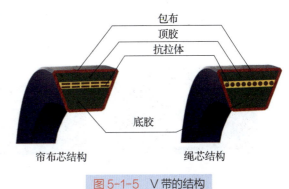

图 5-1-5　V 带的结构

拉强度高，制造方便；绳芯结构的 V 带柔韧性好，抗弯强度高，适用于转速较高、带轮直径较小的场合。现代生产中，绳芯结构的 V 带使用越来越广泛。最常用的 V 带两侧面的楔角 ϕ 为 40°。

2. 汽车 V 带的分类

驱动汽车内燃机辅助设备（例如：风扇、发电机、水泵、压缩机、动力转向泵等）的汽车 V 带的型式根据其结构分为包边 V 带和切边 V 带两种。切边 V 带又分为普通切边 V 带、有齿切边 V 带和底胶夹布切边 V 带 3 种型式，如图 5-1-6 所示。

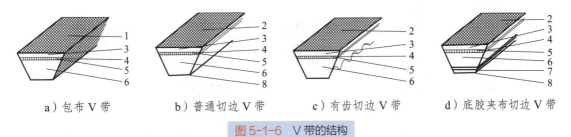

a）包布 V 带　　b）普通切边 V 带　　c）有齿切边 V 带　　d）底胶夹布切边 V 带

图 5-1-6　V 带的结构

1—包布　2—顶布　3—顶胶　4—缓冲胶　5—芯绳　6—底胶　7—底胶夹布　8—底布

驱动汽车内燃机辅助设备的 V 带应具有对称的梯形横截面，其型号根据 V 带的顶宽分为 AV10、AV13、AV15、AV17、AV22 等 5 种，如表 5-1-2 所示。

表 5-1-2　汽车 V 带的公称顶宽　　　　　　　　　（单位：毫米）

项目	符号	AV10		AV13		AV15		AV17		AV22	
		包边带	切边带	包边带	切边带	包边带	切边带	包边带	切边带	包边带	切边带
公称顶宽	W	10	10	13	13	15	—	17	17	22	22

注：AV15 为老型号，主要是包布带，承载能力较低，不推荐采用。

汽车 V 带的标记内容和顺序为型号、有效长度公称值、标准号。

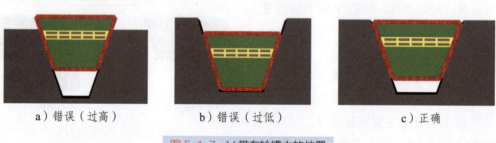

3. 普通 V 带的正确使用

1）V 带在轮槽中的安装位置要正确。应正确选用 V 带的型号，使其与轮槽的装配位置关系如图 5-1-7c 所示；V 带在轮槽中位置过高或过低都不利于 V 带正常工作，应及时纠正，如图 5-1-7a、b 所示。

a）错误（过高）　　b）错误（过低）　　c）正确

图 5-1-7　V 带在轮槽中的位置

2）安装带轮时，各带轮的周线应相互平行。各带轮相对应的 V 形槽的对称平面要在同一平面内，误差不得超过 20°，如图 5-1-8 所示。

3）V 带的张紧程度要适当，不宜过松或过紧。实践经验表明，V 带安装后用大拇指能将带按下 15mm 左右，则张紧程度较合适，如图 5-1-9 所示。

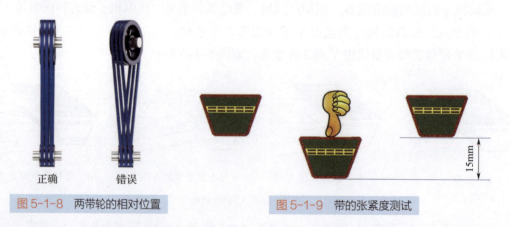

正确　　错误

图 5-1-8　两带轮的相对位置　　　　图 5-1-9　带的张紧度测试

四、多楔带

多楔带又称复合三角带，它是在平带基体下附有若干纵向三角形楔的环形带，其结构如

图 5-1-10 所示，楔形面是工作面。相对于单根 V 带，多楔带具有厚度小、宽度大、工作面多等特点。

由于多楔带结合了平带的柔软、强韧和普通 V 带的紧凑、高效的性能，所以多楔带具有以下优点：

1）多楔带与带轮的接触面积和摩擦力较大，载荷沿带宽的分布较均匀，因而传动能力更大。

2）由于带体薄而轻、柔性好、结构合理，故弯曲应力小，可在较小的带轮上工作。

3）多楔带还具有传动振动小、散热快、运转平稳、使用伸长小、传动比大和极限线速度高等特点，同时寿命更长。

4）传动效率高，节能效果明显传动紧凑，占据空间小。

此外，多楔带的背面也能传动，而且可使用自动张力调整器，使传动更加安全、可靠。多楔带特别适用于结构要求紧凑、传动功率大的高速传动。由于多楔带性能优于普通 V 带，所以汽车发动机的附件越来越多地采用多楔带传动。

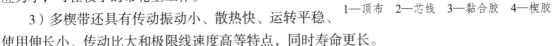

图 5-1-10 多楔带结构图

1—顶布　2—芯线　3—黏合胶　4—楔胶

五、同步带

发动机正常工作依赖于各部件之间精密的时间配合，每个气门的开闭时间和火花塞的点火时间是由发动机的正时系统来保证的，曲轴每转两圈，凸轮轴就转一圈，各气门就正好动作一次，而且两轴角度相对位置也是非常严格的，这样才能保证气门不仅是曲轴每转两圈开闭一次，而且要在合适的时间，即活塞运动到适当的位置时才能开闭。由于普通 V 带具有弹性滑动以及过载打滑现象，所以无法确保精确且恒定的传动比。所以，大部分汽车的发动机曲轴与凸轮轴间的传动（正时传动）均采用同步带传动。发动机用同步带称为正时带。

同步带的结构如图 5-1-11 所示，同步带传动属于啮合传动，传动带工作面上的凸齿和带轮外缘上的齿槽进行啮合传动，同步带具有传动比恒定、不打滑、效率高、初张力小、对轴及轴承的压力小，以及允许采用较小的带轮直径、较短的轴间距、较大的速比，使得传动系统具有结构紧凑的特点。

图 5-1-12 所示为科鲁兹发动机的同步带传动，用以实现曲轴与凸轮轴之间的定时、定传

图 5-1-11 同步带结构

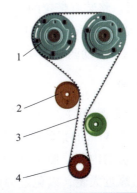

图 5-1-12 发动机同步带传动

1—凸轮轴同步带轮　2—张紧轮　3—同步带　4—曲轴同步带轮

动比传动。曲轴与凸轮轴的传动比为2∶1，所以从动轮凸轮轴上的带轮齿数是曲轴带轮齿数的2倍。张紧轮2的作用是使同步带保持一定的张紧力，以便传动带不致松脱。采用同步带传动，可以减少噪声和机构的重量，并且降低了成本，目前在高速汽车发动机上广泛使用。

六、带传动的张紧装置

由于带传动长期在拉力作用下，导致出现塑性变形从而使带的长度增加，张紧力随之减小，传动能力下降。为了保证带传动正常工作，必须调整带的张紧度。常用的张紧度调整方法有以下两种：调整中心距张紧和采用张紧轮张紧。

1. 调整中心距张紧

当带传动的中心距可调时，采用改变中心距的方法调节带的初拉力。调整中心距常采用定期张紧和自动张紧。

1）定期张紧：定期调整中心距以恢复张紧力。图5-1-13所示为常见的定期张紧装置，有滑道式图5-1-13a和摆架式图5-1-13b两种。滑道式用调节螺钉推动电动机沿滑道移动，从而将带张紧。滑道式适用于水平传动或倾斜不大的场合。摆架式用螺杆的调节螺母使电动机在托架上绕定点摆动，从而将带张紧。

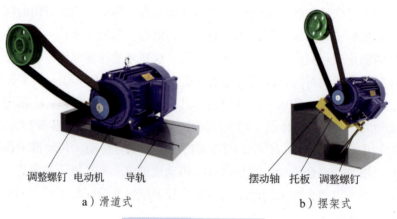

a）滑道式　　　　　　　　b）摆架式

图5-1-13　定期张紧装置

2）自动张紧。将装有带轮的电动机安装在浮动的摆架上，使带轮绕固定轴摆动，利用电动机的自重张紧传动带，通过载荷的大小自动调节张紧力，如图5-1-14所示。

2. 张紧轮张紧

当中心距不能调节时，可采用张紧轮将带张紧。图5-1-15a所示为V带的张紧轮布置图。V带传动的张紧轮一般放在松边的内侧，使V带只受单向弯曲，同时张紧轮还应尽量靠近大轮，以免过分影响V带在小轮上的包角。张紧轮的轮槽尺寸与带轮的相同，且直径小于小带轮的直径。这样，张紧轮受力小，带的弯应力也不改变方向，能延长带的使用寿命。

图5-1-14　自动张紧装置

图 5-1-15b 为平带的张紧轮布置图，与 V 带相比，平带厚度较小，所受弯曲应力小，平带的张紧以增加包角为主，所以平带传动的张紧轮宜装在松边外侧，靠近小轮处，以增加小轮上平带的包角。

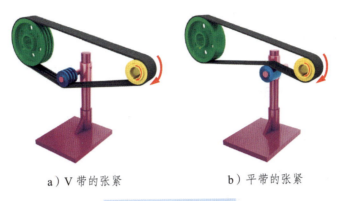

a）V 带的张紧　　　　　　　b）平带的张紧

图 5-1-15　张紧轮张紧

七、带传动的失效形式及原因分析

引导问题：带传动的失效形式及原因有哪些？

发动机附件传动带检查是汽车定期维护中的一项内容。检查时发现传动带出现龟裂等老化现象，则需更换传动带。

带传动工作的失效形式主要有打滑和传动带的疲劳破坏等两种。

1. 传动带打滑与异响

带传动是靠摩擦工作的，当初拉力 F_0 一定时，传动带与带轮之间的摩擦力总和有一个极限值。当传递的有效圆周力 F 的值超过了极限摩擦力时，传动带将在带轮的轮面上产生明显的滑动，这种现象称为打滑。传动带打滑时通常会伴有啸叫的异响。正常情况下打滑将使传动失效并加剧带的磨损，应予以避免；但过载时打滑则可以起到保护其他零件的作用。

2. 传动带的疲劳破坏

传动带在交变应力状态下工作，当应力循环次数达到一定值时，传动带将发生疲劳破坏，如脱皮、撕裂和拉断，从而使传动失效，如图 5-1-16 所示。

a）拉断　　　　　　　　　b）撕裂

图 5-1-16　传动带的失效形式

八、带传动在汽车上的应用

> **引导问题**：V 带、同步带、多楔带分别用在汽车上的什么地方呢？

1. V 带在汽车上的应用

轿车发动机中很少使用 V 带传动。在有些一些大型客车上，许多设备使用 V 带传动，主要用在发动机的曲轴与冷却风扇，水泵、发电机、空调压缩机等设备之间的传动上。

2. 同步带在汽车上的应用

同步带不仅具有一般带传动的优点，同时具有不打滑、能保证固定的传动比，所以在汽车上广泛应用于配气系统的正时机构上，又称正时带，如图 5-1-17 所示。

3. 多楔带在汽车上的应用

多楔带，有些车型又称空调传动带，如图 5-1-18 所示。它的作用是带动发电机、空调压缩机、转向助力泵等。它挂在曲轴传动带轮上，由空调传动带张紧轮张紧。

图 5-1-17　汽车发动机正时带

图 5-1-18　汽车发动机带传动

单元二　链传动

学习目标

1. 能叙述链传动的特点及滚子链的结构。
2. 能分析链传动装置的传动比，并且进行传动比计算。
3. 能调整链的张紧度，会给链传动装置润滑。
4. 能概括链传动的失效形式。

内容概要

链传动常用于距离较远传动的机构，在汽车上主要应用于配气机构的正时链。链传动比起正时带传动更加坚固，不易折断。但是它也有其突出的缺陷，长期使用的传动链会出现噪声，一旦损坏更换难度也更大。通过学习链传动，能正确分析链传动的故障与失效的原因，为以后的检测与维修工作打下良好的基础。

知识准备

一、链传动的应用

引导问题： 汽车发动机的曲轴与凸轮轴之间要达到定时、定传动比传动，常有的传动方式有齿轮传动、正时带传动和链传动，那么正时链与正时带的结构有什么区别？

1. 链传动在发动机中的应用

链传动是由链条和具有特殊齿形的链轮组成的传递运动和（或）动力的装置。它是一种具有中间挠性件（链条）的啮合传动。图 5-2-1 所示是利用链传动来驱动凸轮轴的配气机构。

正时链传动装置

图 5-2-1　正时链传动装置

1—排气凸轮轴正时链轮　2—进气凸轮轴正时链轮　3—传动链　4—链条振动阻尼器
5—自动张紧器　6—张紧器导板　7—曲轴正时链轮

2. 链传动的应用特点

链传动常用于两轴平行、中心距较远、传递功率较大且平均传动比要求准确、不宜采用带传动或齿轮传动的场合。与同属挠性类（具有中间挠性件的）传动的带传动相比，链传动具有下列特点：

1）无滑动，能保证准确的平均传动比，且张紧力小，作用在轴和轴承上的力小。
2）传递功率大，传动效率高，一般可达 0.95~0.98。
3）能在低速、重载和高温条件下，以及尘土飞扬、淋油等不良环境中工作。
4）链条的铰链磨损后，链条节距将变大，工作时链条容易脱落。
5）由于链节的多边形运动，所以瞬时传动比是变化的，瞬时链速不是常数，传动中会产生动载荷和冲击，因此不宜用于要求精密传动的机械上。
6）安装和维护要求较高，无过载保护作用。

二、链传动的组成与结构

1. 链传动的组成

链传动通常是由安装在两根平行轴上的主动链轮和从动链轮，以及链条组成的。它是靠链轮轮齿与链条的啮合来传递运动和动力的，如图 5-2-2 所示。

设主、从动链轮的齿数分别是 z_1、z_2，主、从动链轮的转速分别是 n_1、n_2。主动链轮每转过一个齿，从动链轮被链条带动转过一个齿。单位时间内，主动链轮转过的齿数（z_1 与转速 n_1 的乘积）等于从动链轮转过的齿数（z_2 与转速 n_2 的乘积）即：

图 5-2-2 链传动

$$z_1 n_1 = z_2 n_2 \qquad (5\text{-}2\text{-}1)$$

链传动的传动比是主动链轮转速与从动链轮转速的比值，也等于两链轮齿数的反比。即：

$$i_{12} = \frac{n_1}{n_2} = \frac{z_2}{z_1} \qquad (5\text{-}2\text{-}2)$$

2. 滚子链的结构

如图 5-2-3 所示，滚子链由外链板 1、内链板 2、滚子 3、套筒 4 和销轴 5 组成。销轴与外链板用过盈配合组成外链节，套筒与内链板用过盈配合组成内链节，销轴与套筒之间的转动副使得当链条屈伸时，内外链节能相对转动。滚子套在套筒上可自由转动，滚子与链轮轮齿相对滚动，摩擦阻力小，减小磨损。

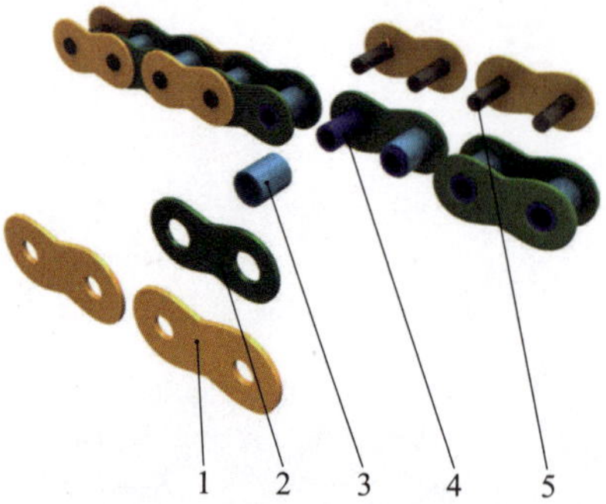

节距 P 是相邻两链节转动副理论中心距。节距 P 是链传动的主要参数之一，节距 P 越大，链的各部分尺寸也越大。

图 5-2-3 滚子链的结构

1—外链板　2—内链板　3—滚子
4—套筒　5—销轴

滚子链的连接方法有连接链节和过渡链节两种。当链条两端均为内链节时使用由外链板和销轴组成的可拆卸连接链节。用开口销（钢丝锁销）或弹性锁片锁止（图 5-2-4a 和图 5-2-4b），连接后链条的链节数应为偶数。当链条一端为内链节另一端为外链节时，使用过渡链节连接（图 5-2-4c），连接后的链条的链节数为奇数。由于过渡链节不仅制造复杂，而且抗拉强度较低，一般情况应尽量不用。

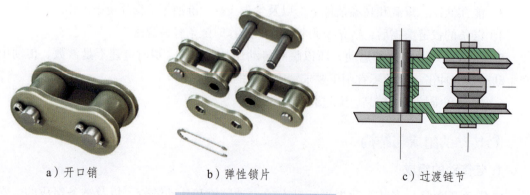

a）开口销　　　　　b）弹性锁片　　　　　c）过渡链节

图 5-2-4 滚子链的连接形式

三、链传动的张紧

链传动中如松边垂度过大,将引起啮合不良和链条振动,所以链传动张紧的目的和带传动不同,张紧力并不决定链的工作能力,而只是决定垂度的大小。

张紧的方法很多,最常见的是移动链轮以增大两轮的中心矩。但如中心距不可调时,也可以采用张紧轮张紧,如图5-2-5a和图5-2-5b所示。张紧轮应装在靠近主动链轮的松边上。不论是带齿的还是不带齿的张紧轮,其分度圆直径最好与小链轮的分度圆直径相近。此外,还可以用压板或托板张紧5-2-5c和5-2-5d。特别是中心距大的链传动,用托板控制垂度更为合理。

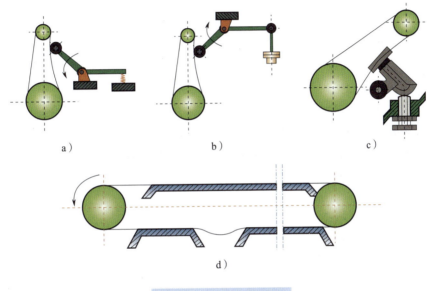

图5-2-5 链传动的张紧

四、链传动的失效

❓ 引导问题: 发动机正时链是怎么保证其使用寿命的,其损坏的形式主要有哪些?

链传动的失效形式主要有以下几种:

1)链板疲劳破坏。链在松边拉力和紧边拉力的反复作用下,经过一定的循环次数,链板会发生疲劳破坏。正常润滑条件下,链板疲劳强度是限定链传动承载能力的主要因素。

2)滚子、套筒的冲击疲劳破坏。在反复多次的冲击下,经过一定的循环次数,滚子、套筒可能会发生冲击疲劳破坏。这种失效形式多发生于中、高速闭式链传动中。

3)销轴与套筒的胶合。润滑不当或速度过高时,销轴和套筒的工作表面会发生胶合。胶合限定了链传动的极限速度。

4)链条铰链磨损。铰链磨损后链节变长,容易引起跳齿或脱链。开式传动、环境条件恶劣或润滑密封不良时,容易引起铰链磨损,从而急剧降低链条的使用寿命。

5)过载拉断。这种形式的失效常发生于低速重载的传动中。

单元三 齿轮传动

学习目标

1. 能叙述齿轮传动的特点与分类。
2. 能识别渐开线直齿圆柱齿轮各部分的名称与代号，并且分析它们之间的计算关系。
3. 能对标准直齿圆柱齿轮主要参数进行计算。
4. 能叙述斜齿圆柱齿轮传动的特点和啮合条件。
5. 能叙述齿条传动的机构特点，并且能够对运动速度进行计算。
6. 能分析蜗杆传动的组成、传动比及特点，并能判断蜗杆传动方向。
7. 能解释各种齿轮传动的失效形式。

内容概要

齿轮是汽车变速器、减速器、差速器等重要部件的组成部分，齿轮传动是利用两个或多个相互啮合的齿轮来传递运动和动力的。本学习任务主要学习齿轮传动的类型与特点，各种齿轮传动在汽车上的应用，以及齿轮传动的失效形式，为以后深入学习汽车检测与维修打下良好的基础。

知识准备

一、齿轮传动的特点与分类

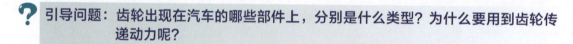
引导问题：齿轮出现在汽车的哪些部件上，分别是什么类型？为什么要用到齿轮传递动力呢？

齿轮传动由主动轮、从动轮和支撑件等组成，是利用两齿轮的轮齿相互啮合传递动力和运动的传动机构。具有结构紧凑、效率高、寿命长等优点，在汽车动力传递中应用非常广泛。

1. 齿轮传动的特点

1）传动比稳定，且能保证瞬时传动比恒定，传动比范围较宽。
2）传动平稳、准确、可靠，传递的功率和速度范围较大。
3）传动效率高、结构紧凑、寿命长。
4）齿轮的制造和安装要求较高，且不宜用于中心距较大的场合。

2. 齿轮传动的分类

各齿轮传动的类型见表 5-3-1。

表 5-3-1　齿轮传动的类型与特点

类型		图示	动画二维码	特点
平行轴	直齿圆柱齿轮　外啮合			轮齿分布在圆柱体外表面且与其轴线平行，两轮的转动方向相反
	直齿圆柱齿轮　内啮合			两轮的轮齿分别排列在圆柱体的内、外表面上，两轮的转动方向相同
	齿轮齿条			齿数趋于无穷多的外齿轮演变成齿条，它与外齿轮啮合时，齿轮转动，齿条直线移动
	斜齿圆柱齿轮			 轮齿与其轴线倾斜一个角度，沿螺旋线方向排列在圆柱体上。两轮转向相反，传动平稳，适合于高速重载传动，但有轴向力
	人字齿轮传动			 它相当于两个全等、但螺旋方向相反的斜齿轮拼接而成，其轴向力被相互抵消。适合高速和重载传动，但制造成本较高
相交轴	直齿锥齿轮			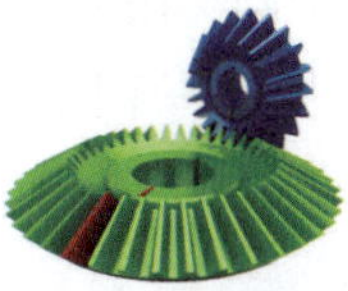 轮齿沿圆锥母线排列于截锥表面，用来传递两轴相交的旋转运动和动力，常见轴相交为90°，制造较为简单
	斜齿锥齿轮			 与直齿锥齿轮相似，传动更为平稳
交错轴	交错轴斜齿轮传动			 两螺旋角数值不等的斜齿轮啮合时，可组成两轴线任意交错传动，两轮齿为点接触，且滑动速度较大，主要用于传递运动或轻载传动
	蜗杆传动			 两轴垂直交错，传动比大。广泛应用于机床、汽车、起重设备等传统机械中

二、直齿圆柱齿轮各部分的名称与主要参数

❓ 引导问题：直齿圆柱齿轮有哪些重要参数？直齿圆柱齿轮正确啮合的条件是什么？

1. 渐开线的形成

如图 5-3-1 所示，当一直线 n-n 沿一个半径为 r_b 的圆的圆周作纯滚动时，该直线上任一点 K 的轨迹 AK 称为该圆的渐开线。该圆称为基圆，该直线称为渐开线的发生线。

2. 直齿圆柱齿轮各部分的名称

直齿圆柱齿轮各部分的名称如图 5-3-2 所示。

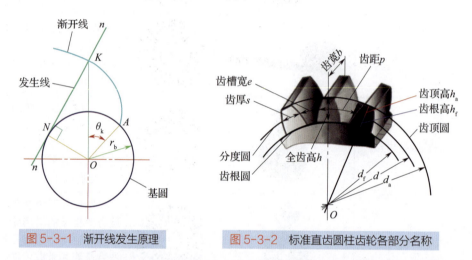

图 5-3-1 渐开线发生原理   图 5-3-2 标准直齿圆柱齿轮各部分名称

1）齿顶圆。过齿轮所有轮齿顶端的圆称为齿顶圆，用 r_a 和 d_a 分别表示其半径和直径。

2）齿根圆。过齿轮所有齿槽底的圆称为齿根圆，用 r_f 和 d_f 分别表示其半径和直径。

3）分度圆。在齿顶圆和齿根圆之间，人为规定一个圆作为计算齿轮各部分尺寸的基准，分度圆直径为 d（半径为 r），渐开线标准直齿圆柱齿轮的分度圆位于齿廓的中部，齿槽宽与齿厚相同的位置。

4）基圆。形成渐开线的圆。

5）齿槽宽。齿轮相邻两齿之间的空间称为齿槽，在任意圆周上所量得齿槽的弧长称为该圆周上的齿槽宽，以 e_i 表示，分度圆上的齿槽宽用 e 表示。

6）齿厚。沿任意圆周上所量得的同一轮齿两侧齿廓之间的弧长称为该圆周上的齿厚，以 s_i 表示。分度圆上的齿厚用 s 表示。

7）齿距。沿任意圆周上所量得相邻两齿同侧齿廓之间的弧长称为该圆周上的齿距，以 p_i 表示。分度圆上的齿距用 p 表示。

8）齿顶高、齿根高、全齿高。轮齿被分度圆分为两部分，轮齿在分度圆和齿顶圆之间的部分称为齿顶，其径向高度称为齿顶高，以 h_a 表示。介于分度圆和齿根圆之间的部分称为齿根，其径向高度称为齿根高，以 h_f 表示，轮齿在齿顶圆和齿根圆之间的径向高度称为全齿高，以 h 表示。为了方便记忆，通常我们将齿轮参数归纳为"四圆、三弧、三高"。

3. 直齿圆柱齿轮的主要参数

1）齿数。在齿轮整个圆周上轮齿的总数称为该齿轮的齿数，用 z 表示。

2）模数。分度圆圆周长为 πd，齿距为 p，齿数为 z，可得：

$$\pi d = pz$$

由于 π 为无理数，为了设计、制造和计算方便，人为把 p/π 规定为有理数，即齿距 p 除以圆周率 π 所得的商称为模数，用 m 表示，单位为 mm。

$$m = \frac{p}{\pi} = \frac{d}{z} \tag{5-3-1}$$

得

$$d = mz \tag{5-3-2}$$

由式（5-3-2）可知，当齿数相同时，模数越大，齿轮的直径越大，轮齿的承载能力也越大，如图 5-3-3 所示。两个齿轮相啮合，其模数必须相同。

模数是齿轮几何尺寸计算的重要参数，其值已经标准化，见表 5-3-2。

表 5-3-2　渐开线圆柱齿轮模数　　　　　　　　　　　（单位：mm）

第一系列	0.1	0.12	0.15	0.2	0.25	0.3	0.4	0.5	0.6	0.8	1
	1.25	1.5	2	2.5	3	4	5	6	8	10	12
	16	20	25	32	40	50					
第二系列	0.35	0.7	0.9	1.75	2.25	2.75（3.25）		3.5（3.75）		4.5	5.5
	(6.5)	7	9	(11)	14	18	22		28	36	45

注：优先选用第一系列，括号内的模数尽可能不用，对于斜齿轮是指法向模数，摘自 GB/T 1357—2008。

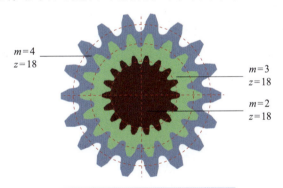

图 5-3-3　不同模数对应的齿轮

3）齿顶高系数 h_a^* 和顶隙系数 c^*。齿顶高用模数的倍数表示，标准齿顶高为

$$h_a = h_a^* m \tag{5-3-3}$$

系数 h_a^* 称为齿顶高系数，已标准化，其值见表 5-3-3。

一对齿轮相啮合时，为了避免一齿轮的齿顶与另一轮的齿槽底相抵触，并留有一定空隙储存机油以便润滑，应使一齿轮齿顶圆与另一齿轮齿根圆之间留有一定的间隙。此间隙沿径向度量，称为顶隙，用 c 表示。顶隙也可用模数的倍数表示，标准顶隙为

$$c = c^* m \tag{5-3-4}$$

式中，c^* 为称为顶隙系数，已标准化，其值见表 5-3-3。

表 5-3-3　齿顶高系数和顶隙系数　　　　　　　　　　（单位：mm）

系　数	正常齿		短齿
	$m \geqslant 1$	$m < 1$	
h_a^*	1	1	0.8
c^*	0.25	0.35	0.3

根据齿根高的定义可知，齿根高等于齿顶高加顶隙，即：

$$h_f = m(c^* + h_a^*)$$

4）齿形角 α。齿轮齿廓上某点径向直线与齿廓在该点的切线所夹的锐角，称为该点的齿形角。通常所说的齿形角即为分度圆上的齿形角，且我国国标规定标准直齿圆柱齿轮的齿形角为 20°，如图 5-3-4 所示。

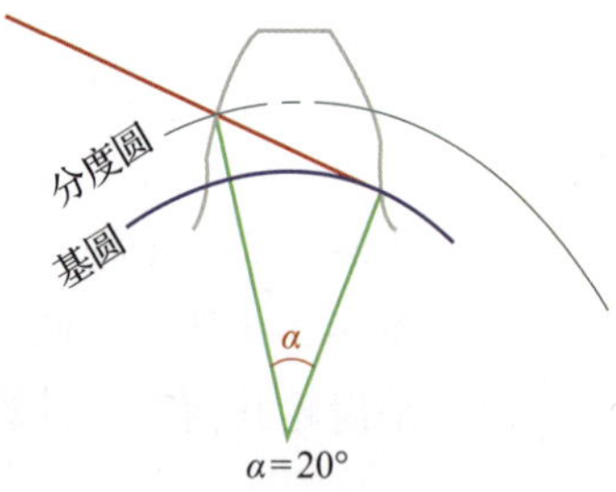

图 5-3-4　齿形角示意图

4. 标准直齿圆柱齿轮的正确啮合条件和连续传动条件

（1）齿轮副的正确啮合条件

一对齿轮能连续顺利地传动，需要各对轮齿依次正确啮合互不干涉。为保证传动时不出现因两齿廓局部重叠或侧隙过大，而引起卡死或冲击现象，必须使两齿轮的基圆齿距相等。由此可得齿轮副的两个正确啮合条件如下：两齿轮的模数必须相等，即 $m_1 = m_2$；两齿轮分度圆上的压力角必须相等，即 $α_1 = α_2$。

（2）齿轮副的连续传动条件

前一对轮齿啮合终止的瞬间，后继的一对轮齿正好开始啮合，齿轮副即能连续传动，称之为重合度，用 ε 表示。正好连续传动时，ε=1。但由于制造、安装误差的影响，实际上必须使 ε>1，才能可靠地保证传动的连续性，重合度 ε 越大，传动越平稳。

对于一般齿轮传动，连续传动的条件 ε ≥ 1.2。对直齿圆柱齿轮（α=20°，$h_a^*=1$）来说，1<ε ≤ 2。标准齿轮传动均能满足上述条件。应注意，中心距加大时，重合度会降低。

三、斜齿圆柱齿轮传动

? 引导问题：在手动变速器中广泛采用了斜齿轮，分析各档位的传动线路为什么需要采用斜齿轮？

图 5-3-5　变速器齿轮结构

如图 5-3-5 所示，在汽车变速器中使用的齿轮大多数都为斜齿轮传动。而直齿圆柱齿轮使用较少，其主要原因是：直齿圆柱齿轮啮合时，轮齿接触线是一条平行于轴线的直线，并沿齿面移动，如图 5-3-6a。因此在传动过程中，两轮齿将沿着整个齿宽同时进入啮合或同时退出啮合，从而使轮齿上所受载荷也是突然加上或突然卸下，传动平稳性差，易产生冲击和噪声。

斜齿圆柱齿轮啮合时，其瞬时接触线是斜直线，且长度变化。一对轮齿从开始啮合起，接触线的长度从零逐渐增加到最大，然后又由长变短，直至脱离啮合，如图 5-3-6b 所示。因此，轮齿上的载荷也是逐渐由小到大，再由大到小，所以传动平稳，冲击和噪声较小。此外，一对轮齿从进入到退出，总接触线较长，重合度大，同时参与啮合的齿对多，故承载能力高。斜齿轮在传动过程中会产生轴向力。

斜齿圆柱齿轮的轮齿并不平行于齿轮轴线，其齿廓曲面与任意圆柱面的交线都是一个螺旋线，该螺旋线的切线与过切点的圆柱母线间所夹的锐角，称为该圆柱面上的螺旋角。螺旋角越大，轮齿越倾斜，传动平稳性越好，但轴向力也越大。

斜齿轮按轮齿的旋向可以分为左旋和右旋两种。如图 5-3-7 中，齿轮 1 为右旋，齿轮 2 为左旋。

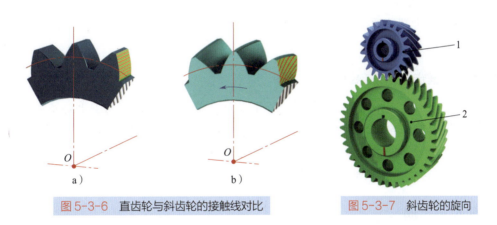

图 5-3-6 直齿轮与斜齿轮的接触线对比

图 5-3-7 斜齿轮的旋向

四、锥齿轮传动

? 引导问题：传动桥上为什么要用到锥齿轮？它起到了什么作用？

如图 5-3-8 所示为锥齿轮，可用于传递两轴相交的旋转运动。在汽车的驱动桥中常用锥齿轮将动力旋转平面改变 90°，使其与驱动轮转动方向一致。锥齿轮传动时它的轮齿分布在圆锥面上，所以锥齿轮的轮齿从大端渐渐向锥顶缩小，沿齿宽各截面尺寸都不相等，大端尺寸最大。锥齿轮种类较多，在汽车中常见的有直齿锥齿轮和曲线齿锥齿轮，如图 5-3-9 所示。

图 5-3-8 传动桥的锥齿轮

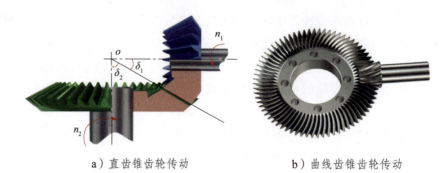

a）直齿锥齿轮传动　　　　　b）曲线齿锥齿轮传动

图 5-3-9　锥齿轮传动

1. 直齿锥齿轮

（1）直齿锥齿轮的几何特点

分度圆锥面上的齿线是直母线的锥齿轮称为直齿锥齿轮。直齿锥齿轮用于相交轴齿轮传动，两轴的交角通常为90°（即 $\Sigma =90°$），如图 5-3-9a 所示。

（2）直齿锥齿轮的正确啮合条件

标准直齿锥齿轮副的轴交角 $\Sigma =90°$，直齿锥齿轮的正确啮合条件如下：

1）两齿轮的大端端面模数相等，即 $m_1=m_2$。

2）两齿轮的压力角相等，即 $\alpha_1=\alpha_2$。

2. 曲线齿锥齿轮（俗称螺旋锥齿轮）

图 5-3-9b 所示为曲线齿锥齿轮传动，它克服了直齿锥齿轮传动中重叠系数小、传动不平稳、承载能力低的缺点，现代汽车的主减速器中广泛采用曲线齿锥齿轮传动（如解放 CA1092 型汽车等）。曲线齿锥齿轮的轮齿是弯曲的，按齿面线（齿面与分度圆锥面的交线）的形状分为圆弧齿锥齿轮和延伸外摆线锥齿轮两种。

五、齿轮齿条传动

? 引导问题： 齿条传动用在转向机上有什么优势？

如图 5-3-10 所示，当齿轮的基圆半径增大到无穷大时，渐开线变成一条直线，这时的齿轮就变成了齿条。其分度圆、齿顶圆、齿根圆和基圆变成了相互平行的直线，即分度线、齿顶线、齿根线、基准线。

图 5-3-10　齿轮齿条传动

齿轮齿条啮合传动时，把齿条的直线往复运动变为齿轮的回转运动，或将齿轮的回转运动变为齿条的直线往复运动。齿条上各点速度大小和方向都是一致的。齿廓上各点的压力角相等，如果是标准齿条，压力角 $\alpha=20°$，齿条上各齿同侧齿廓线平行且齿距相等。

齿轮齿条传动应用在汽车的转向器上。图 5-3-11 所示的汽车转向器，是以齿轮为主动件，齿条为从动件。它的结构简单，传动比不可变而且较小。在微型汽车上应用较多（如长安奥拓轿车等）。采用转向加力器后，齿轮齿条转向器的应用更为广泛。

图 5-3-11　汽车的转向器

六、蜗杆传动

? 引导问题：蜗杆传动中蜗轮和蜗杆方向怎么确定？

蜗杆传动在汽车上的应用主要有蜗轮蜗杆转向器、驱动桥的主减速器、车速表中的驱动蜗轮蜗杆、电动刮水器中的减速机构等。

1. 蜗杆传动的组成、传动比及特点

（1）蜗杆传动的组成

蜗杆传动由蜗杆、蜗轮和机架组成。通常蜗轮、蜗杆的轴线在空间成直角交错，如图 5-3-12 所示。它用来传递空间两轴的运动和动力。通常蜗杆为原动件，蜗轮为从动件，做减速传动。

图 5-3-12　蜗杆传动

（2）蜗杆传动的传动比

蜗杆轴向剖面和梯形螺纹相似。蜗杆也有左旋和右旋之分，如图 5-3-13 所示。一对相啮合的蜗轮蜗杆传动，其蜗轮和蜗杆的轮齿旋向是相同的，且螺旋角之和为 90°。

蜗杆的齿数称为头数，用 z_1 表示。蜗杆的头数相当于蜗杆上的螺旋线的线数，如图 5-3-14 所示。蜗杆常用的为单线或双线，即蜗杆转一圈，蜗轮只转过一个齿或两个齿。蜗杆头数的选择与传动比、传动效率及制造的难易程度等因素有关，头数越多，其传动效率越高，但加工越困难。

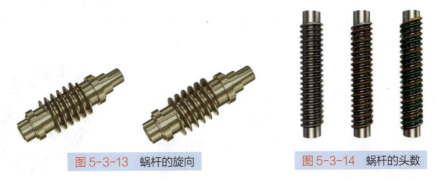

图 5-3-13　蜗杆的旋向　　　图 5-3-14　蜗杆的头数

设蜗杆的头数为 z_1，蜗轮的齿数为 z_2。当蜗杆的转速为 n_1 时，则蜗轮的转速 $n_2=n_1z_1/z_2$，故蜗轮蜗杆的传动比为：

$$i_{12}=n_1/n_2=z_2/z_1 \tag{5-3-5}$$

蜗杆的头数一般取 z_1=1~4。当传动比大于 40 或要求蜗杆自锁时，常取 z_1=1；当传递功率较大时，常取 z_1=2~4。

（3）蜗杆传动的特点

与其他机械传动相比，蜗杆传动具有以下特点：传动比大，结构紧凑；传动平稳，无噪声；有自锁性，蜗杆的螺旋升角很小时，蜗杆只能带动蜗轮传动；蜗杆传动效率低，一般认为蜗杆传动效率比齿轮传动低；发热量大，齿面容易磨损，成本高。

2.蜗轮旋转方向的判断

在蜗杆传动机构中，蜗轮和蜗杆的轮齿旋向是相同的。当蜗杆的螺旋方向和转动方向为已知时，可以根据螺旋副的运动规律，用"左右手法则"确定蜗轮的旋转方向。如图 5-3-15 所示，当蜗杆为右旋时，则用右手法则：右手握拳，四指顺着蜗杆的旋转方向，与大拇指方向相反的方向则为蜗轮上在啮合处的线速度方向；当蜗杆为左旋时，则用左手按同样的方法判断，如图 5-3-16 所示。

图 5-3-15 右旋蜗杆传动　　图 5-3-16 左旋蜗杆传动

七、齿轮传动的失效形式

引导问题：变速器中出现异响，是什么原因造成的，如何避免出现这样的情况？

齿轮传动就其装置而言，有开式、半开式及闭式；就其使用情况来说，有低速、高速及轻载、重载；就齿轮材料及热处理工艺的不同，有较脆或较韧，齿面有较硬或较软等。因此，齿轮的失效形式也不同。一般来说，齿轮传动的失效主要是轮齿的失效，其主要失效形式有轮齿折断、齿面点蚀、齿面磨损、齿面咬合及齿面塑性变形等。

（1）轮齿折断

因为轮齿受力时齿根弯曲应力最大，而且有应力集中，因此，轮齿折断一般发生在齿根部分，如图 5-3-17 所示。轮齿因短时意外的严重过载而引起的突然折断，称为过载折断。

（2）齿面疲劳点蚀

齿轮传动工作时，齿面间的接触相当于轴线平行的两圆柱

图 5-3-17 轮齿折断

滚子间的接触，在接触处将产生变化的接触应力，在应力反复作用下，轮齿表面出现疲劳裂纹，疲劳裂纹扩展的结果，使齿面金属脱落而形成麻点状凹坑，这种现象称为齿面疲劳点蚀，如图 5-3-18 所示。

实践表明，疲劳点蚀首先出现在齿面节线附近的齿根部分。发生点蚀后，齿廓形状遭破坏，齿轮在啮合过程中会产生剧烈振动，噪声增大，以至于齿轮不能正常工作而使传动失效。提高齿面硬度、降低齿面粗糙度、合理选用润滑油黏度等，都能提高齿面的抗点蚀能力。

（3）齿面磨损

当啮合齿面间落入磨料性物质（如砂粒、铁屑等）时，轮齿工作表面被逐渐磨损，使齿轮失去原有的曲面形状，同时轮齿变薄而导致传动失效，这种磨损称磨粒磨损，如图 5-3-19 所示。它是开式传动的主要失效形式之一。改用闭式传动是避免齿面磨损最有效的办法。

图 5-3-18 齿面疲劳点蚀

图 5-3-19 齿面磨损

（4）齿面胶合

在高速重载传动中，常因啮合区温度升高而引起润滑失效，致使两齿面金属直接接触并发生黏着，当两齿面相对运动时，较软的齿面沿滑动方向被撕下而形成沟纹，这种现象称为齿面胶合，如图 5-3-20 所示。在低速重载传动中，由于齿面间的齿轮油膜不易形成也可能产生胶合破坏。提高齿面硬度和减小粗糙度值能增强抗胶合能力。对于低速传动采用黏度较大的润滑油；对于高速传动齿轮副，采用含抗胶合添加剂的专用润滑油也很有效。

（5）齿面塑性变形

若轮齿的材料较软，载荷及摩擦力又都很大时，齿面材料就会沿着摩擦力的方向产生塑性变形，如图 5-3-21 所示。这种情况一般发生在硬度较低的齿面上。提高齿面硬度和采用黏度较高的润滑油，都有助于防止或减轻齿面的塑性变形。

图 5-3-20 齿面胶合

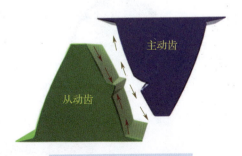

图 5-3-21 齿面塑性变形

单元四 轮系

学习目标

1. 能辨别轮系的种类。
2. 能计算定轴轮系的传动比。
3. 能分析手动变速器传动链。
4. 能叙述周转轮系的组成与类型。
5. 能计算周转轮系的传动比。

内容概要

轮系是汽车底盘传动系统的主要构成形式，轮系传动不但可以准确地传递动力，而且可以分解动力输出状态，是解决多种运动方式输出的重要结构设计。本学习任务主要学习各种轮系的类型与特点、传动比计算和在汽车上的应用，为以后深入学习汽车检测与维修打下良好的基础。

知识准备

轮系按照运转时各轮轴线的位置相对于机架是否固定，可分为定轴轮系、周转轮系和混合轮系。汽车上的手动变速器用的就是定轴轮系，大多数自动变速器用的是周转轮系。

一、定轴轮系

引导问题： 齿轮传动如何能实现远距离传动？汽车传动系统中常常使用一组齿轮传动，为什么这样设计，要完成哪些功能？

1. 定轴轮系的分类

在传动中，若轮系中各齿轮的几何轴线均是固定的，则这种轮系称为定轴轮系，各齿轮轴线相互平行的定轴轮系称为平面定轴轮系，如图 5-4-1a 所示。而轴线不平行的定轴轮系称为空间定轴轮系，如图 5-4-1b 所示。

定轴轮系 a）
平面定轴轮系

a）平面定轴轮系

b）空间定轴轮系

定轴轮系 b）
空间定轴轮系

图 5-4-1　定轴轮系

2. 定轴轮系传动比的计算

定轴轮系的传动比是指轮系中首、末两构件的角速度之比。包括传动比的大小和首、末两构件的转向关系两方面的内容。

如果定轴轮系是由两个齿轮组成的，如图5-4-2所示，其中轮1是主动轮，齿数为z_1；轮2是从动轮，齿数为z_2，则该轮系的传动比为：

$$i_{12}=\omega_1/\omega_2=z_2/z_1$$

两轮的转动方向如图5-4-2所示。若定轴轮系是由多个齿轮组成的，如图5-4-3所示，设已知各轮的齿数，轮1为主动轮，轮5为从动轮，此轮系的传动比为：

$$i_{15}=\omega_1/\omega_5$$

图5-4-2　齿轮转动方向

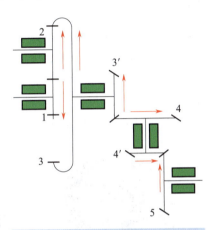
图5-4-3　齿轮系各齿轮的转动方向

从图5-4-3中可知，轮1与轮2为外啮合，轮2与轮3为内啮合，轮3′与轮4为外啮合，轮4′与轮5为外啮合。轮3和轮3′为同轴的两个齿轮，二者的角速度相同。同理，轮4与轮4′的角速度也相同。该轮系中各对齿轮的传动比分别为：

$$i_{12}=\omega_1/\omega_2=z_2/z_1$$
$$i_{23}=\omega_2/\omega_3=z_3/z_2$$
$$i_{3'4}=\omega_{3'}/\omega_4=z_4/z_{3'}$$
$$i_{4'5}=\omega_{4'}/\omega_5=z_5/z_{4'}$$

将以上各式两边分别连乘，即得

$$i_{15}=\frac{\omega_1}{\omega_5}=\frac{z_2 z_3 z_4 z_5}{z_1 z_2 z_{3'} z_{4'}} \tag{5-4-1}$$

式（5-4-1）表明：定轴轮系的总传动比等于组成该轮系的各对啮合齿轮传动比的连乘积，其大小等于各对齿轮中从动轮齿数的连乘积与各对齿轮中主动齿轮齿数的连乘积之比，即

$$定轴轮系的传动比=\frac{所有从动齿轮齿数的连乘积}{所有主动齿轮齿数的连乘积} \tag{5-4-2}$$

定轴轮系的首、末两轮的转向关系，一般用标注箭头的方法来确定。两齿轮相啮合，箭

头方向要么同时指向啮合点,要么同时背离啮合点。如图5-4-3所示,该轮系首、末两轮的转向相反。

对于平行轴轮系,可用"+"与"-"来表示一对啮合齿轮的转向关系。两轮的转向相同用"+"表示;两轮转向相反,用"-"表示。通常,外啮合的两个齿轮转向相反,内啮合的两个齿轮转向相同。如果首末两轮的轴平行,可以根据轮系中外啮合的次数来确定首末两轮的转向关系。外啮合的数量为偶数,则首末两轮的转向相同;外啮合的数量为奇数,则首末两轮转向相反。

二、周转轮系

1. 周转轮系的组成

请先扫二维码观察周转轮系与定轴轮系的区别。如图5-4-4所示,在周转轮系中,外齿轮(太阳轮)和内齿轮(齿圈)的几何轴线为固定轴线,行星轮系中几何轴线固定的外齿轮称为中心轮或太阳轮。齿轮空套在构件上,构件可以绕固定轴线转动,此构件称为行星架。齿轮既可绕自身几何轴线转动,又能绕太阳轮的固定几何轴线转动,就像行星一样,兼做自转和公转,习惯上称这种齿轮为行星轮。

定轴轮系与周转轮系a(定轴轮系)

a) 定轴轮系

b) 周转轮系
太阳轮
行星轮
齿圈
行星架

定轴轮系与周转轮系b(周转轮系)

图5-4-4 定轴轮系与周转轮系

2. 周转轮系的分类

根据自由度数量的不同可以将周转轮系分为行星轮系和差动轮系。可扫二维码观看视频,比较二者的区别。

如图5-4-5所示,在行星轮系中,内齿圈固定不动,轮系只有一个自由度。当轮系有一

行星轮系与差动轮系a(行星轮系)

a) 行星轮系

b) 差动轮系

行星轮系与差动轮系b(差动轮系)

图5-4-5 行星轮系与差动轮系

个原动件时,轮系就具有确定运动。而在差动轮系中,轮系具有两个自由度,轮系需要两个原动件,才能具有确定运动。

3. 周转轮系的传动比计算

周转轮系的组成如图5-4-6所示。由前面的动画演示比较可知,周转轮系和定轴轮系的差别在于前者中有转动的行星架,使得行星轮既自转又公转,因此,周转轮系的传动比就不能直接按定轴轮系传动比的求法来计算。通常采用"转化机构法"来求周转轮系的传动比。

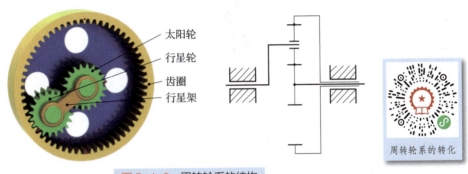

图5-4-6　周转轮系的结构

根据相对运动原理,设若给整个周转轮系加上一个"$-\omega_H$"使之绕行星架轴回转,此时各构件间的相对运动仍将保持不变,而行星架则"静止不动"了,这样周转轮系就转化成了定轴轮系。这种假想的定轴轮系就称为原周转轮系的转化轮系或转化机构。因此周转轮系的传动比是通过对其转化轮系传动比的计算而进行求解的。

周转轮系与其转化轮系各构件转速之间的关系见表5-4-1。

表5-4-1　周转轮系与其转化轮系各构件转速之间的关系

构件代号	周转轮系中的转速	转化轮系中的转速
1	n_1	$n_1^H = n_1 - n_H$
2	n_2	$n_2^H = n_2 - n_H$
3	n_3	$n_3^H = n_3 - n_H$
H	n_H	$n_H^H = n_H - n_H = 0$

在周转轮系的转化轮系中的传动比为:

$$i_{13}^H = \frac{\omega_1^H}{\omega_3^H} = \frac{\omega_1 - \omega_H}{\omega_3 - \omega_H} = -\frac{z_2 z_3}{z_1 z_2} = -\frac{z_3}{z_1} \quad (5\text{-}4\text{-}3)$$

式中的"-"号表示,首末两轮的旋转方向相反。

三、混合轮系

图5-4-7所示为混合轮系,其左侧为定轴轮系,右侧为周转轮系。对于混合轮系,既不能将其视为单一的定轴轮系来计算传动比,也不能将其视为单一的周转轮系来计算传动比,而是要将它们分开,分别计算出定轴轮系的传动比和周转轮系的传动比,进行联立求解。

因此，混合轮系传动比的计算方法和步骤可以概括为：正确划分轮系，分别列出算式，进行联立求解。其中正确划分轮系是关键，主要是要将周转轮系先划分出来。

例 在图 5-4-7 所示的混合轮系中，设已知各轮齿数，求该轮系的传动比 i_{1H}。

图 5-4-7 混合轮系

解：该轮系由定轴轮系（齿轮 1、2）和行星轮系（齿轮 2′、3、4 及行星架 H）组成。分别计算它们的传动比，即

$$i_{12} = \frac{n_1}{n_2} = -\frac{z_2}{z_1} = -\frac{40}{20} = -2$$

$$i_{2'H} = 1 - i_{2'4}^H = 1 - \left(-\frac{z_4}{z_{2'}}\right) = 1 + \frac{80}{20} = 5$$

$$i_{1H} = i_{1H} = i_{12} i_{2'H} = -2 \times 5 = -10$$

模块六　汽车轴系零部件

模块导读

轴系零部件是汽车机械的重要组成部分，主要包括轴、轴承、联轴器和离合器等。轴系零部件在汽车上应用广泛，例如汽车半轴、传动轴、发动机曲轴、手动变速器输入轴、输出轴、倒档轴等。发动机曲轴两端一般采用滑动轴承支承，变速器轴两端一般采用滚动轴承支承。联轴器和离合器都是用来连接两轴，传递轴与轴之间的运动和动力的。在实际应用的过程中，只有了解和掌握轴系零部件相关的组成、特点和工作原理，才能对汽车动力系统、传动系统进行正确的使用、检测和维护。

单元一　轴

学习目标

1. 能叙述轴的作用与轴的分类。
2. 能区分轴结构并归纳各种结构的作用。
3. 能识别轴的定位与轴的固定方法。
4. 能判断轴的失效形式。

内容概要

轴是机械中不可缺少的重要零件，轴的作用是支撑旋转零件（如齿轮、带轮、链轮等），并传递运动和转矩。根据承载情况不同，轴可分为心轴、转轴和传动轴三类。轴主要由轴颈、轴头和轴身三部分组成。轴上零件的定位和固定可分为轴向定位和周向定位两种。零件在轴上的轴向定位和固定可采用轴肩、轴环、套筒、圆螺母和弹性挡圈、轴端挡圈等。此外，轴承端盖常用来作为整个轴的轴向定位件。机器上所安装的旋转零件，如带轮、齿轮、联轴器和离合器等，都必须用轴来支撑，才能正常工作。

知识准备

一、轴的分类

❓ 引导问题：轴是组成机器的重要零件之一，那轴的作用是什么呢？不同类型的机器会采用不同结构的轴，那么轴是如何进行分类的？

凡是做回转运动的零件（例如带轮、齿轮、涡轮等），都必须用轴来支撑才能实现运动和动力的传递。轴具有两点功用：一是支撑轴上零件的作用；二是起传递运动和动力的作用。但具体情况下，轴有时仅起第一个作用，或仅起第二个作用。不过在大多数情况下，轴同时具有上述两种作用。

1. 根据承载情况分类

根据承载情况不同，轴可分为心轴、转轴和传动轴三类。

（1）心轴

心轴仅用来起到支承作用，而不传递动力。因此心轴只受弯矩作用而不受转矩作用。心轴按照其是否可以转动，分为转动心轴和固定心轴。铁路车辆的轴为旋转心轴，如图6-1-1所示；汽车的非驱动后桥则为固定心轴，如图6-1-2所示。自行车的前轮轴则为固定心轴，如图6-1-3所示。

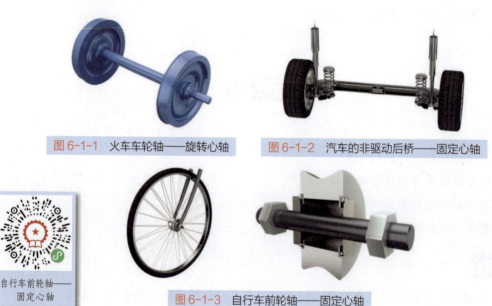

图6-1-1　火车车轮轴——旋转心轴

图6-1-2　汽车的非驱动后桥——固定心轴

图6-1-3　自行车前轮轴——固定心轴

（2）转轴

既承受弯矩又承受转矩的轴称为转轴，如图6-1-4所示。变速器的输入、输出轴都是转轴，如图6-1-5所示。

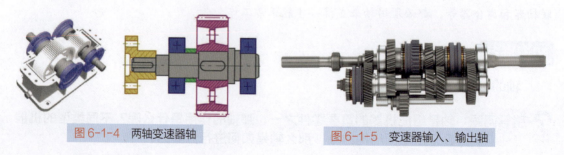

图6-1-4　两轴变速器轴

图6-1-5　变速器输入、输出轴

（3）传动轴

主要承受转矩，不承受或仅承受很小的弯矩的轴称为传动轴，汽车变速器和后桥之间的轴就是传动轴，如图 6-1-6 所示。

图 6-1-6　汽车传动轴

2. 根据轴线形状不同分类

根据轴线的形状不同，轴又可以分为直轴、曲轴、挠性钢丝轴。

（1）直轴

直轴应用较广，按照外形不同可分为光轴、阶梯轴及一些特殊用途的轴，如凸轮轴、花键轴、齿轮轴及蜗杆轴等，分别如图 6-1-7~图 6-1-9 所示。阶梯轴便于轴上零件的拆装和定位。

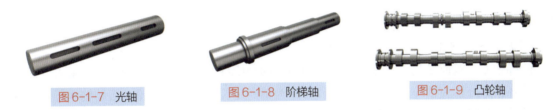

图 6-1-7　光轴　　　图 6-1-8　阶梯轴　　　图 6-1-9　凸轮轴

（2）曲轴

曲轴常用于往复式机械中，例如内燃机、空气压缩机等。它可以实现直线运动与旋转运动的转换，如图 6-1-10 所示。

图 6-1-10　曲轴

（3）挠性钢丝轴

挠性钢丝轴是由多组钢丝分层卷绕而成的，如图 6-1-11 所示。它的挠性好，能在轴线弯曲的状态下灵活地传递运动和转矩，主要用于两个传动件轴线不在同一直线或工作时彼此有相对运动的空间传动，还可用于受连续振动的场合，以缓和冲击。比如摩托车的里程表传感器轴，一些汽车的车速表传感器轴。

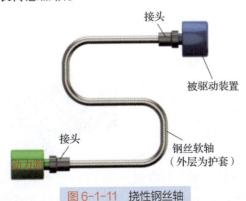

图 6-1-11　挠性钢丝轴

二、阶梯轴的结构

如图6-1-12所示，阶梯轴主要由轴头、轴颈、轴身、轴肩和轴环组成。

（1）轴头

轴上安装轮毂的部分称为轴头，轴头的长度应稍小于轮毂的宽度，以便实现回转件轴向固定。

（2）轴颈

轴和轴承配合部分称为轴颈，当用滑动轴承支撑轴时，轴承与轴颈之间通过轴瓦连接，为间隙配合；当用滚动轴承支撑轴时，轴承与轴颈之间多为过渡或过盈配合。

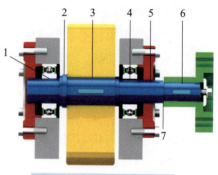

图6-1-12　阶梯轴的结构

1—轴颈　2—轴环　3—轴头　4—轴颈
5—轴身　6—轴头　7—轴肩

（3）轴身

连接轴头和轴颈等的非配合部分称为轴身。

（4）轴肩、轴环

阶梯轴上，截面变化的，用作零件轴向固定的台阶部分称为轴肩。轴上直径最大，而且最短的环形部分称为轴环。轴肩或者轴环可作为轴向定位面。它是齿轮、滚动轴承等轴上零部件的安装基准。轴肩或轴环的圆角半径，应小于毂孔的圆角半径或倒角高度，以保证零部件安装时准确到位。

三、轴上零件的定位与固定

? 引导问题：轴上的许多零件是如何在轴上进行定位和固定的？

轴上零件的定位和固定可分为轴向定位和周向定位两种。

1. 轴上零件的轴向定位

轴向固定的作用和目的是为了防止轴向移动造成串位，零件在轴上的轴向定位和固定可采用轴肩、轴环、套筒、圆螺母和弹性挡圈、轴端挡圈等。此外，轴承端盖常用来做整个轴的轴向定位。

（1）轴肩和轴环

图6-1-13中的齿轮就是利用轴环进行轴向定位的，而联轴器则是利用轴肩进行轴向定位的。用轴肩和轴环对轴上零件进行轴向定位，简单可靠，不需附加零件，能承受较大的轴向力，但会使轴径增大，阶梯处形成应力集中。阶梯过多时，不利于加工。为使零件与轴肩贴合，轴上圆角r应较轴上零件孔端的圆角半径R或倒角C稍小，如图6-1-13

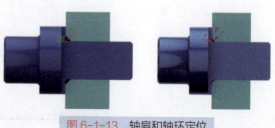

图6-1-13　轴肩和轴环定位

所示。

用轴肩对滚动轴承进行定位时，必须注意轴肩高度应小于滚动轴承内圈高度，如图 6-1-14 所示。

a）正确　　　　　　b）错误

图 6-1-14　轴肩高度应小于滚动轴承内圈高度

（2）套筒

如图 6-1-15 所示，右边的轴承内圈就是利用套筒进行轴向定位的。套筒定位可以简化轴的结构，减小应力集中，结构简单、定位可靠。多用于轴上零件间距离较小的场合。但由于套筒与轴之间存在间隙，所以在高速情况下不宜使用。

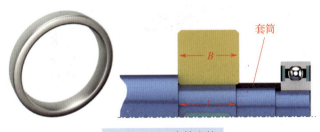

图 6-1-15　套筒定位

（3）圆螺母

当套筒过长或无法采用套筒，而轴上又允许车制螺纹时，可采用圆螺母固定，如图 6-1-16 所示。圆螺母可承受较大的轴向力，但切制螺纹处有较大的应力集中，会降低轴的疲劳强度。

图 6-1-16　圆螺母与止动垫圈定位

（4）弹性挡圈

如图 6-1-17 所示，弹性挡圈用于轴向定位。结构简单紧凑，常用于滚动轴承的轴向固定，但承受的轴向力较小。切槽尺寸需要一定的精度，否则可能出现与被固定件间存在间隙或弹性挡圈不能装入切槽的现象。

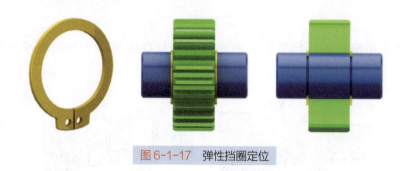

图 6-1-17 弹性挡圈定位

（5）轴端挡圈

轴端挡圈具有消除间隙的作用，能承受冲击载荷，对中精度要求较高，主要用于有振动和冲击的轴端零件的轴向固定，其结构如图 6-1-18 所示。

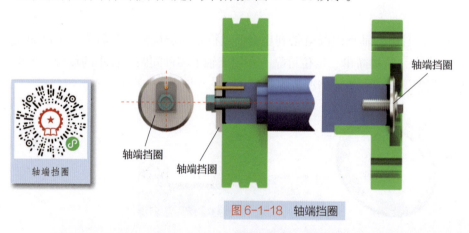

图 6-1-18 轴端挡圈

当用轴肩、轴环、套筒、圆螺母、轴端挡圈进行零件的轴向定位时，为保证轴向定位可靠，一般装配零件的轴头长度应比零件的轮毂长度短 2~3mm，即 $l_{轴} < L_{毂}$，如图 6-1-19 所示，以确保套筒、螺母或轴端挡圈能靠紧零件端面，否则容易造成定位不可靠，如图 6-1-20 所示。

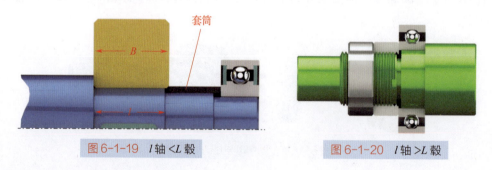

图 6-1-19 $l_{轴} < L_{毂}$　　　图 6-1-20 $l_{轴} > L_{毂}$

2. 轴上零件的周向定位和固定

周向固定的作用和目的是为了在零件传递转矩时，防止零件与轴产生相对转动。常用的定位和固定方法包括键连接、花键连接和过盈配合等。当传递的转矩很小时，可采用紧定螺钉连接或销连接，它们可同时实现轴向和周向固定（图 6-1-21）。

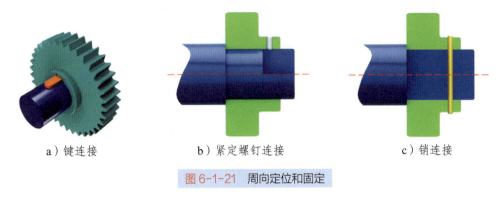

a）键连接　　　　　　b）紧定螺钉连接　　　　　　c）销连接

图 6-1-21　周向定位和固定

四、轴的失效和检查

引导问题：不同类型的轴有不同的功能，那么轴的失效形式及原因有哪些？

1. 轴的失效

轴的主要作用是承受弯矩与转矩，它在弯矩和转矩的作用下承受交变应力，轴肩处会发生应力集中，因此轴的失效形式主要有疲劳强度不足而产生的疲劳断裂；因静强度不足而产生的塑形变形或脆性断裂，磨损超过允许范围导致的变形和振动等。

不同级别和不同要求的汽车，其对轴的强度要求也是不一样的。在实际中提高轴的疲劳强度和刚度是降低轴的疲劳磨损的必要手段。在生产制造过程中，提高轴的疲劳强度和刚度的主要措施包括：

1）减小应力集中。
2）降低轴的表面粗糙度。
3）强化轴的表面，如碾压、喷丸、表面淬火、渗碳。

2. 轴的使用和检查

1）轴在使用前，应注意轴和轴上零件固连要可靠；轴与轴上有相对移动和转动的零件间的间隙应适；轴颈润滑应符合要求，润滑不当是使轴颈非正常磨损的重要原因。

2）轴在使用中，应避免突加、突减负荷或超载，尤其是对新配滑动轴瓦和使用已久的轴更应注意，以防止疲劳断裂和弯扭变形。

3）在机器大修或者中修时，通常应检查轴有无裂纹、弯曲、扭曲及轴径磨损等，如不符合要求应进行修复或更换。裂纹通常集中在应力集中处，由此导致轴的疲劳断裂，应予以注意。轴上的裂纹可用放大镜和磁力探伤器等检查。轴径的最大磨损量为测得的最小直径同公称直径之差，当超过规定值时应进行修磨。

4）对于液体润滑轴承中的轴颈，应检查其圆度和圆柱度，因为失圆的轴颈运转时，会使油膜的压力波动，不仅加速轴瓦材料的疲劳损坏，也增加了轴瓦和轴径的直接接触，使磨损加剧。轴上花键的磨损，可通过检查配合的齿侧间隙，或用标准花键套在花键轴上进行检查。

单元二 曲轴和传动轴

学习目标

1. 叙述曲轴的结构、定位和失效形式。
2. 概括十字万向节的传动原理与传动特点。
3. 叙述传动轴的分类和传动轴在汽车上的应用。
4. 通过学习探究、分析曲轴的结构特点和曲柄连杆机构的受力情况。

内容概要

曲轴是发动机最重要的器件之一，曲轴可以将活塞连杆组传来的推力转变成使曲轴旋转的转矩向外输出。曲轴由前端轴、曲拐、后端轴三部分组成。曲轴安装时需轴向定位和径向定位，以控制轴的窜动量。传动轴是汽车传动系统中传递动力的重要部件，它的作用是与变速器、驱动桥一起将发动机的动力传递给车轮，使汽车产生驱动力。传动轴是由轴管、伸缩管（伸缩花键）和万向节组成的。汽车半轴也称驱动轴，它是将差速器与驱动轮连接起来的轴。半轴的作用是将差速器传来的动力传递给左右驱动轮

知识准备

一、曲轴的结构

> **引导问题**：图 6-2-1 所示为典型的发动机曲轴，从结构上看，曲轴较直轴复杂，但发动机为什么不采用直轴而采用曲轴呢？

曲轴可将活塞连杆组传来的推力转变成使曲轴旋转的转矩向外输出；并驱动发动的配气机构及其他辅助装置（如发电机、水泵、风扇、机油泵、空调压缩机等）工作。在发动机工作时，曲轴承受着周期性变化的气体压力、往复运动质量惯性力、旋转运动离心力及摩擦力的共同作用。

典型的发动机曲轴

图 6-2-1 典型的发动机曲轴

典型发动机曲轴的结构如图 6-2-2 所示。

1. 前端轴和后端轴

1）前端轴。前端轴上有安装驱动附件传动装置的带轮轴颈，可用于驱动水泵、转向助力泵、空调压缩机、发电机等附属机构；还可以安装正时装置（齿轮、链轮或带轮）。

图 6-2-2 典型的曲轴结构图

1—带轮 2—曲轴油封 3—曲轴前端轴附件传动装置驱动轴径 4—连杆轴径
5—曲柄 6—主轴径 7—平衡重 8—后端轴 9—法兰盘 10—飞轮

2）后端轴。后端轴上安装有法兰盘的轴颈，用以连接飞轮。

3）前后段的密封。曲轴前后段均伸出了曲轴箱，为了防止机油沿轴颈外漏，在曲轴的前后段均设有防漏密封装置。常见的密封装置有挡油盘、填料油封、自紧油封、回油螺纹等。一般发动机多采用两种以上防漏装置组成复合式防漏结构。

2. 曲拐

每个连杆轴颈与两端的曲柄及主轴颈共同构成一个曲拐。一般的直列式发动机曲轴的曲拐数等于发动机的气缸数，而V型发动机曲轴的曲拐数是气缸数的一半。

1）连杆轴颈。连杆轴颈在曲轴上，与连杆大头通过连杆轴承装配在一起。在直列发动机上，连杆轴颈数与气缸数相等；在V型发动机上，一个连杆轴颈上安装两个连杆（推动相对的两个气缸），连杆轴颈数为气缸数的一半。连杆轴颈内部有机油道与主轴颈内部的机油道相通。

2）主轴颈。主轴颈是曲轴的支承部分。根据主轴颈的设置，可以把曲轴的支承方式分为：全支承和非全支承。全支承曲轴每个连杆轴颈两边各有一个主轴颈为支承点，故主轴颈数总是比连杆轴颈数多一个，如图 6-2-3 所示。非全支承曲轴主轴颈数等于或少于连杆轴颈数，结构较紧凑，但会降低曲轴的刚度和弯曲强度，只适合中小负荷的发动机，如图 6-2-4 所示。主轴颈和连杆轴颈是发动机中最关键的滑动运动副。为了提高轴颈的耐磨性，必须进行表面淬火，轴颈过度圆角处必须进行滚压处理，以提高抗疲劳强度。

图 6-2-3 全支承曲轴　　　　图 6-2-4 非全支承曲轴

3. 曲柄和平衡重

曲柄用来连接主轴颈和连杆轴颈。连杆、连杆轴颈和曲柄等质心不在曲轴转动中心上，容易引起振动。平衡重的作用是将偏离了转动中心的曲轴质心调整到转动中心，使发动机运转平稳，加平衡重会增加曲轴质量，使材料消耗增多，制造工艺复杂，成本上升。

曲轴在装配前必须经过平衡校验，对不平衡的曲轴，常在偏重或者曲柄上钻去一部分质量，以达到平衡要求。

二、曲轴的定位和故障形式分析

引导问题：曲轴如何实现轴向定位和径向定位？曲轴的失效形式及原因有哪些？

1. 轴向定位

曲轴安装时需进行轴向定位，必须采用轴向限位措施限制轴向间隙，以控制轴向窜动量。

曲轴的轴向定位一般采用止推片，如图6-2-5所示；或翻边轴瓦，如图6-2-6所示。定位装置可以装在前端第一道主轴承处或中部某主轴承处。为了保证曲轴在受热膨胀或冷却时能够自由伸缩，曲轴只能设置一个轴向定位装置。

图6-2-5 曲轴止推片　　　　　图6-2-6 翻边轴瓦

有的发动机采用全支承锻造曲轴，在第三道主轴承轴座两端加装环状整体止推片实现轴向定位。也有的发动机曲轴第一道主承轴座两端加装环状整体止推片实现轴向定位，如图6-2-7所示。

2. 径向定位

曲轴径向定位的任务由主轴承（俗称大瓦）担任，主轴承的基本结构与连杆轴承相同，主轴承把曲轴与机体连接在一起，将曲轴承受的全部载荷传给机体组，如图6-2-8所示。主轴承开有周向油槽和主油孔，在装配时两片轴瓦不能装错。

图6-2-7 曲轴整体止推片

曲轴主轴承

图6-2-8 曲轴主轴承

3. 失效形式与原因

1）曲轴轴颈磨损后与轴瓦配合间隙增大，可能是因为机油太少、机油变质或机油中存在着硬质磨料；或者轴颈与轴瓦的配合间隙过大或过小，致使油膜难以形成，发生干摩擦会早期磨损。曲轴旋转时，在离心力作用下，机油中机械杂质偏向油孔一侧，成为磨料，使轴颈磨损不匀，产生锥度等损伤。

2）曲轴轴颈表面划痕或拉伤，如图 6-2-9 所示。没有按时更换油底壳的机油，使机油中含有较大的金属物等磨粒混进轴瓦和轴颈的缝隙里，刻划和拉伤摩擦表面。

3）曲轴变形，曲轴的变形通常为弯曲变形和扭转变形，变形过大的曲轴会导致自身和相连零件的加剧磨损，加速疲劳，出现曲轴断裂和过大的机械振动。

4）曲轴断裂，如图 6-2-10 所示。如曲轴断裂也就代表着发动机的损坏，一般常见的断裂部位有轴颈两相邻圆角交接的曲柄臂处、连杆轴颈过油孔处等部位。

图 6-2-9 曲轴拉伤

图 6-2-10 曲轴断裂

三、汽车传动轴

? 引导问题：传动轴的作用是什么？传动轴在汽车上有哪些应用？

1. 万向节

万向节又称十字铰链联轴器，其结构如图 6-2-11 所示。它的中间是一个相互垂直的十字头，十字头的四端用铰链分别与两轴上的叉形接头相连。因此，当轴Ⅱ的位置固定后，轴Ⅰ可以在任意方向偏斜，角位移 α 可达 40°~45°。但是，单个万向节两轴的瞬时角速度并不是每一时刻都相等，即当轴Ⅰ以等角速度回转时，轴Ⅱ作变角速度转动，从而引起动载荷，对使用不利。

由于单个万向节存在着上述缺点，所以在机器中很少单个使用。实际上，常采用双万向节，即由两个单万向节串接而成，如图 6-2-12 所示。

图 6-2-11 单万向节　　　　图 6-2-12 双万向节

如图 6-2-13 所示，安装双万向节时，若要使主、从动轴的角速度相等必须满足三个条件：

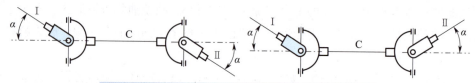

图 6-2-13　双万向节主、从动轴的角速度相等的条件

1）主动、从动、中间三轴共面。
2）主动轴、从动轴的轴线与中间轴的轴线之间的夹角应相等。
3）中间轴两端的叉面应在同一平面内。

万向节能补偿较大的角位移，结构紧凑，使用、维护方便，广泛应用于汽车、工程机械的传动系统中。比如汽车的传动轴和汽车的转向轴。

一些汽车根据总布置要求需将离合器与变速器、变速器与分动器之间拉开一段距离，考虑到它们之间很难保证轴与轴的同轴度及车架可能变形，所以常采用十字轴万向传动轴，如图 6-2-14 所示。对于转向驱动桥，左、右驱动轮需要随汽车行驶轨迹变化而改变方向，这时多采用等速万向传动轴。十字轴式刚性万向节因其结构简单，工作可靠，传动效率高，且允许相邻两传动轴之间有较大的交角（一般为 15°~20°），故普遍应用于各类汽车的传动系统中。

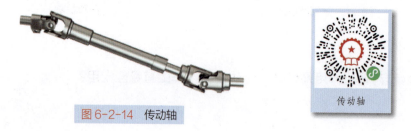

图 6-2-14　传动轴

2. 传动轴

传动轴是汽车传动系中传递动力的重要部件，它的作用是与变速器、驱动桥一起将发动机的动力传递给车轮，使汽车产生驱动力。

传动轴是由轴管、伸缩管（伸缩花键）和万向节组成，分段式需加中间支承。传动轴是万向传动装置的传动轴中能够传递动力的轴。它是一个高转速、少支承的旋转体，因此它的动平衡是至关重要的。一般传动轴在出厂前都要进行动平衡试验，并在平衡机上进行调整。传动轴一般均使用轻而且抗扭性好的合金钢管制成。

3. 半轴

汽车半轴也称驱动轴，它是将差速器与驱动轮连接起来的轴。半轴是变速器、减速器与驱动轮之间传递转矩的轴，如图 6-2-15 所示。它的内外端各有一个万向节，分别与万向节上的花键与减速器齿轮，以及轮毂轴承内圈连接。过去以实心轴居多，由于空心轴转动不平衡控制更容易，现在很多汽车上都采用了空心轴。

半轴是将差速器传来的动力传递给左右驱动轮,半轴的结构因驱动桥结构形式的不同而不同,非断开式驱动桥的半轴为刚性整轴,如图 6-2-16 所示。转向驱动桥和断开式驱动桥中的半轴分段利用万向节连接,如图 6-2-15 所示。

图 6-2-15 分段半轴

一般前驱式汽车采用断开式等速半轴,如图 6-2-17 所示。断开式半轴按照等速方式来分,又分为三球销式等速万向节、直滚道式等速万向节和斜滚道式等速万向节。

图 6-2-16 刚性整轴　　　　图 6-2-17 半轴

普通非断开式驱动桥的半轴,可根据外端支承形式不同分为全浮式、3/4 浮式、半浮式半轴三种形式。

单元三 轴承

学习目标

1. 能叙述滚动轴承的结构、分类与特点。
2. 能叙述滚动轴承的失效形式。
3. 能叙述滚动轴承的拆装方法。
4. 能叙述滑动轴承的结构特点与失效形式。
5. 能分析轴承的润滑方式与特点。

内容概要

轴承在汽车的动力系统和传动系统上有着广泛的应用,其作用是支承轴,并保持轴的旋转精度,减少轴与支承之间的摩擦和磨损。轴承根据摩擦性质不同分为滑动轴承和滚动轴承,滚动轴承主要由内圈、外圈、滚动体和保持架等四个部分组成。按滚动体的形状不同,可将滚动轴承分为球轴承和滚子轴承两种类型。常用的滚动体有球、圆柱滚子、圆锥滚子、球面滚子、滚针等。滚动轴承的失效形式有疲劳点蚀、塑性变形和磨损。滑动轴承的运动形式是以轴颈与轴瓦相对滑动为主要特征的,即摩擦性质为滑动摩擦。常用的径向滑动轴承有整体式、剖分式、调心式三种形式。

知识准备

一、滚动轴承的结构与分类

? 引导问题: 滚动轴承有哪些类型,其结构有何特点?

滚动轴承严格来说是一个组合标准件,其基本结构如图6-3-1所示。它主要由内圈、外圈、滚动体和保持架等四个部分组成。

通常其内圈用来与轴颈配合装配并与轴一起旋转;外圈的外径用来与轴承座或机架座孔相配合装配,起到支承的作用;有时也有轴承内圈与轴固定不动、外圈转动的场合;滚动体是借助保持架均匀地分布在内圈和外圈之间,它们的形状、大小和数量直接影响着滚动轴承的使用性能和寿命;保持架能使滚动体均匀分布,防止滚动体脱落,引导滚动体旋转。

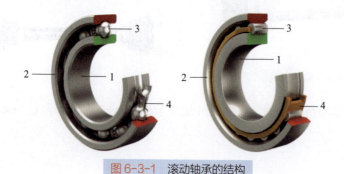

图6-3-1 滚动轴承的结构

1—内圈 2—外圈 3—滚动体 4—保持架

按滚动体的形状不同,可将滚动轴承分为球轴承和滚子轴承两种类型。如图6-3-2所示,常用的滚动体有球、圆柱滚子、圆锥滚子、球面滚子、滚针等。

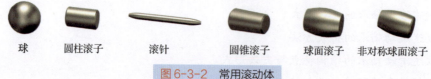

球 圆柱滚子 滚针 圆锥滚子 球面滚子 非对称球面滚子

图6-3-2 常用滚动体

球轴承的滚动体与内、外圈滚道为点接触,所以球轴承负荷能力低、耐冲击能力差,但摩擦阻力小、极限转速高、价格低廉。

滚子轴承的滚动体与内、外圈滚道为线接触,负荷能力高、耐冲击能力强,但摩擦阻力大、价格高。

按滚动体的列数，可分为单列、双列及多列，如图 6-3-3 所示。

图 6-3-3　滚动轴承按列数分类

按工作时是否能自动调心，可分为刚性轴承和调心轴承。轴承由于安装误差或轴的变形等，都会引起内外圈轴线发生相对倾斜，倾斜的角度越大，对轴承的正常工作影响越大，调心轴承允许存在一定的倾斜角度而不影响正常工作。

如图 6-3-4 所示，调心滚子轴承有两列滚子，外圈有一条共用的球面滚道，内圈有两条滚道相对于轴承轴线倾斜成一定角度，所形成的内组件可以跟随轴的偏转，在外圈滚道内的球面上偏转一定角度，因而具有自动调心性能。

图 6-3-4　调心滚子轴承

按所能承受负荷的方向或接触角不同，可分为深沟球轴承和推力轴承。轴承公称接触角是指滚动体与外圈轨道接触点的法线和轴承半径方向的夹角，用 α 表示，如图 6-3-5 所示。深沟球轴承主要用来承受径向载荷，其接触角从 0° 到 45°；推力轴承主要用来承受轴向载荷，其接触角从 45° 到 90°。

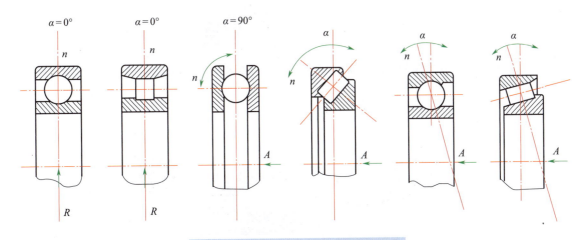

图 6-3-5　滚动轴承按接触角不同的分类

常见的滚动轴承类型、性能与特点见表 6-3-1。

表 6-3-1 常见滚动轴承类型

名称与代号	机构简图与承载方向	主要特征
调心球轴承（1）		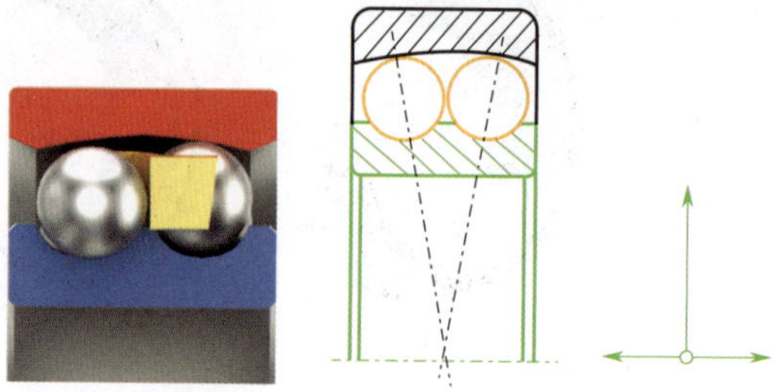
	主要承受径向载荷，同时也能承受少量轴向载荷 因为外滚道表面是以轴承中点为中心的球面，故能调心 极限转速——中；允许偏转角——2°~3°	
调心滚子轴承（2）	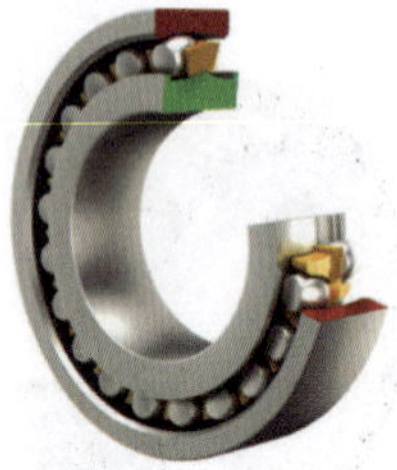	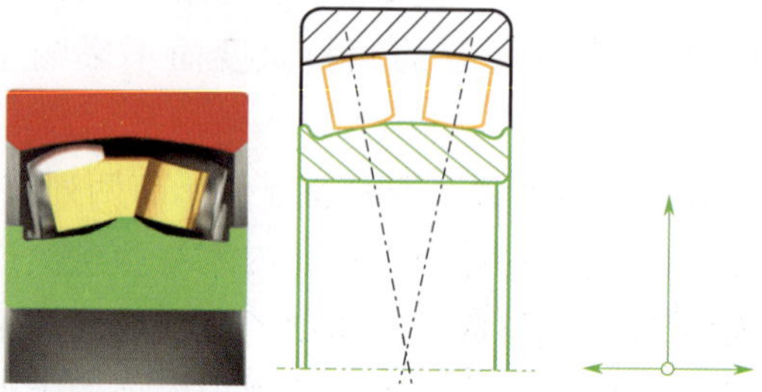
	能承受很大的径向载荷和少量轴向载荷。承载能力大，具有调心性能 极限转速——低；允许偏转角——0.5°~2°	
圆锥滚子轴承（3）		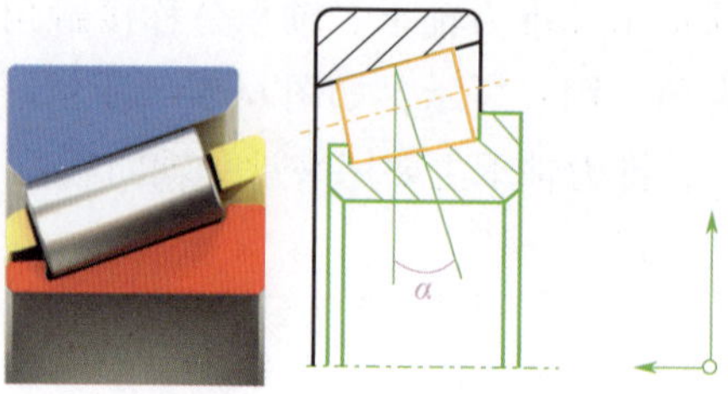
	能同时承受较大的径向、轴向联合载荷。因线性接触，承载能力大，内外圈可分离，装拆方便，对称成对使用 极限转速——中；允许偏转角——2′	
推力球轴承（5）		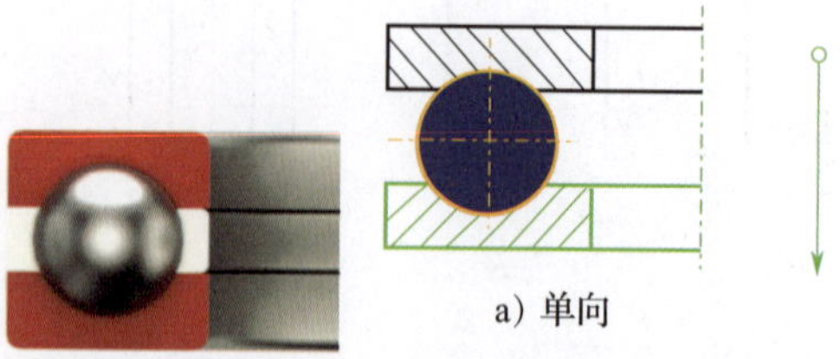 a）单向
	只能承受轴向载荷，且作用线必须与轴线重合。它又分为单向、双向两种 高速时，因滚动体离心力大，球与保持架摩擦发热严重，寿命降低，故极限转速很低 极限转速——低；允许偏转角——不允许	

（续）

名称与代号	机构简图与承载方向	主要特征
推力球轴承（5）		b) 双向
	只能承受轴向载荷，且作用线必须与轴线重合。分为单、双向两种。高速时，因滚动体离心力大，球与保持架摩擦发热严重，寿命降低，故极限转速很低 极限转速——低；允许偏转角——不允许	
深沟球轴承（6）		
	主要承受径向载荷，也可同时承受小的轴向载荷。当量摩擦系数最小。高速时，可用来承受纯轴向载荷。易于大量生产，价格最低 极限转速——高；允许偏转角——8′~16′	
角接触球轴承（7）		
	可同时承受径向及轴向载荷。α大的，承受轴向载荷的能力也高。由于一个轴承只能承受单向的轴向力，故一般成对使用 极限转速——较高；允许偏转角——2′~10′ 根据公称接触角不同，分三类： 70000C（α=15°）；70000AC（α=25°）；70000B（α=40°）	
圆柱滚子轴承（N）		
	外圈（或内圈）可分离，故不能承受轴向载荷，工作时允许内外圈有少量的轴向错动。有较大的径向承载能力，但因线性接触，内外圈轴线的允许偏斜量很小 极限转速——较高；允许偏转角——2′~4′	

二、滚动轴承的代号

滚动轴承的类型很多，每种类型又有不同的结构、尺寸、精度和技术要求。为了便于组织生产、设计和选用，国标 GB/T 272—1993 规定了滚动轴承代号的结构及表示方法。滚动轴承代号由前置代号、基本代号和后置代号构成，其代表内容和排列顺序见表 6-3-2。

表 6-3-2　滚动轴承代号的构成

前置代号	基本代号					后置代号						
	五	四		三	二 一							
轴承部件代号	类型代号	尺寸系列代号			内径代号	内部结构代号	密封和防尘结构代号	保持架及其材料代号	特殊轴承材料代号	公差等级代号	游隙代号	多轴承配置代号	其他代号
		宽度系列代号	直径系列代号									

1. 基本代号

基本代号用于表明滚动轴承的内径、直径、宽度系列和类型，一般最多五位。

1）内径代号。基本代号右起第一、二位数字表示，见表 6-3-3。

表 6-3-3　轴承内径表示方法

轴承内径 d/mm	内径代号	示例
10~17	10　　00 12　　01 15　　02 17　　03	深沟球轴承 6201 内径 d=12mm
20~495 （22、28、32 除外）	用内径除以 5 得到的商数表示。当商数只有个位数时，需要在十位数处用 0 占位	深沟球轴承 6210 内径 d=50mm
≥500 以及 22、28、32	用内径毫米直接表示，并在尺寸系列代号与内径代号之间用 "/" 号隔开	深沟球轴承 62/500，内径 d=500mm 62/22，内径 d=22mm

2）直径系列代号。基本代号右起第三位数字，表示结构、内径相同的轴承在外径和宽度方面的变化系列，如图 6-3-6 所示。轴承直径系列代号有 7、8、9、0、1、2、3、4、5，其外径和宽度尺寸依次递增。

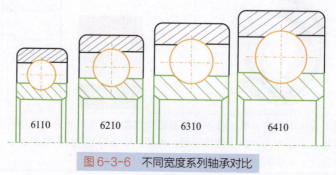

图 6-3-6　不同宽度系列轴承对比

3）宽度系列代号。基本代号右起第四位数字，表示结构、内、外径都相同的轴承，在宽度方面的变化系列，如图 6-3-7 所示。对于深沟球轴承，宽度系列代号有 8、0、1、2、3、4、5 和 6，宽度尺寸依次递增；对于推力轴承，代号有 7、9、1 和 2，高度尺寸依次递增。0 系列为正常系列，除圆锥滚子轴承、调心滚子轴承外，代号 0 可不标出。

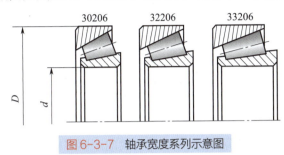

图 6-3-7 轴承宽度系列示意图

4）类型代号。轴承类型代号由基本代号右起第五位数字或字母表示，部分轴承的类型代号见表 6-3-1。

2. 前置代号

前置代号用字母表示，它是用以说明成套轴承的分部间特点的补充代号。例如，L 表示可分离轴承的内圈或外圈；K 表示滚动体和保持架组件。一般轴承无前置代号。

3. 后置代号

轴承的后置代号是用字母和数字表示轴承的内部结构、公差等级、游隙、材料等特殊要求，置于基本代号右边，并与基本代号空半个汉字距离或用符号"—"、"/"分隔。以下介绍几种常见后置代号。

1）内部结构代号。AC 表示角接触球轴承接触角 $\alpha=25°$。B 表示角接触球轴承接触角 $\alpha=40°$。C 表示角接触球轴承接触角 $\alpha=15°$。

2）公差等级代号。公差等级代号分为 /P0、/P6、/P6X、/P5、/P4、/P2 等 6 个等级，0 级为普通级，在代号中省略不标。

3）常用轴承径向游隙。分 1 组、2 组、0 组、3 组、4 组、5 组等 6 个级别，依次由小到大。其中 0 组为常用游隙组别，在代号中不标注，其游隙组别分别用 /C1、/C2、/C3、/C4、/C5 表示。

4）配置代号。配置代号中 /DB、/DF、/DT 表示安装方式，见表 6-3-4。

表 6-3-4 轴承配置代号

代号	/DB	/DF	/DT
含义	背对背安装方式	面对面安装方式	串联安装方式
示例			

例如：轴承 7210 C/P5/DF 所表示含义为：

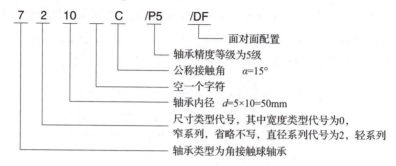

三、滚动轴承的失效形式

由于滚动轴承的结构和使用不同，导致其失效的原因多样化。主要包括：装配不良、润滑不良、过载、冲击、振动、磨料或有害液体的侵入、环境温度过高或过低、材质缺陷、制造精度低和散杂电流的作用等。

由于工作状况的复杂性，两种或多种失效机理可能同时起作用，在某些情况下表现为单一的失效形式，在另一些情况下表现出多种失效形式的组合，如图 6-3-8 所示。

图 6-3-8　滚动轴承失效形式

（1）疲劳点蚀

滚动轴承工作时，在滚动体、内圈、外圈的接触表面将产生接触应力。由于它们之间的相对运动及所受应力的周期性变化，使得其表面受脉动循环接触应力作用。当接触应力超过材料的极限应力时，滚动体、内圈或外圈的表面将发生疲劳点蚀。这使轴承运转时产生振动、噪声，温度升高，最后导致不能正常工作。

（2）塑性变形

在重载或冲击载荷的作用下，可能使滚动体和套圈滚道表面接触处的局部应力超过材料的屈服极限，产生永久性凹坑，出现振动、噪声，破坏轴承的正常工作。

（3）磨损

在润滑不良、密封不当的工况下，粉尘、杂质很可能进入轴承中，造成磨粒磨损使轴承失效。此外，由于安装、维护、使用不当，特别是在高速重载条件下工作的轴承，由于摩擦产生高温而使轴承产生咬合、卡死现象，或由于离心力过大而使保持架破坏，导致轴承不能正常工作，寿命缩短。

四、滚动轴承的安装与拆卸

引导问题： 不正确的轴承安装方式，会直接破坏轴的性能，从而影响整个机器的性能。那么滚动轴承是如何正确地进行安装与拆卸的呢？

轴承的安装要在干燥、清洁的环境中进行。安装前，应根据不同轴承尺寸大小和应用环境，采用不同的安装法；准备好安装所必需的部件、工具及设备；准备好所有需要安装的零件，并在安装前彻底地清洗；按图纸对所有需要安装的零件尺寸和形状精度进行检查。要注意的是，在安装准备工作没有完成前，不要拆开轴承的包装，以免使轴承受到污染。

轴承的安装方法主要有机械法（冷装）、加热法（热装）和液压法等。对于直径≤100mm 的轴承通常采用专用安装工具安装；直径>100mm 的圆柱孔轴承可采用加热法进行安装；直径>100mm 的圆锥孔轴承可采用液压法安装。

1. 机械法

由于轴承的配合较紧，安装时应使用专门的安装工具，安装、拆卸的压力应直接加在紧配合的挡圈端面上，不能通过滚动体传递压力，因为这样会在轴承工作表面造成压痕，影响轴承正常工作，甚至会使轴承损坏，如图6-3-9所示。

机械法安装轴承1（内圈过盈配合）

内圈过盈配合

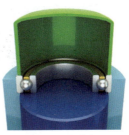
外圈过盈配合

机械法安装轴承2（外圈过盈配合）

内、外圈均过盈配合

机械法安装轴承3（内、外圈均过盈配合）

图6-3-9 机械法安装轴承

2. 加热法

对尺寸较大的轴承或安装过盈量较大时，可利用热胀冷缩原理，对轴承加热使其膨胀后，再安装在轴上，这样可以使轴承避免受到不必要的外力，可在短时间内完成安装作业。一般采用油浴加热或电磁感应加热方法，分别如图6-3-10和图6-3-11所示。

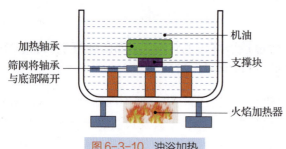

图 6-3-10 油浴加热

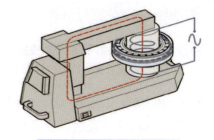

图 6-3-11 电磁感应加热

加热时应注意加热温度，一般加热至 80℃，最高不超过 100℃。超过 120℃时，容易导致轴承发生回火现象，致使轴承的硬度和精度降低，影响轴承的使用。

轴承与轴为紧配合、与轴承座为较松配合时，可将轴承与轴一起从轴承座中拆出，然后用压力机或其他拆卸工具将轴承从轴上拆下。拆卸内圈最简单的方法是轴承顶拔器拔出，此时应让内圈承受拔力，顶拔器如图 6-3-12 所示。大型轴承的内圈拆卸采用油压法。通过设置在轴上的油孔加以液压，可易于拉拔。拆卸宽度大的轴承则应液压法与顶拔器加力并用。

顶拔器应卡住轴承内圈均匀用力，如图 6-3-13 所示，顶拔器不能卡在轴承外圈，通过滚动体传力拉出轴承，这样会损坏轴承。

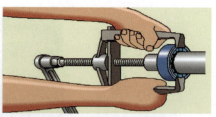

图 6-3-12 轴承顶拔器

图 6-3-13 顶拔器应卡住内圈而不能卡外圈

五、滑动轴承的类型与特点

引导问题：在某些工作场合，必须选用滑动轴承，而不能选用滚动轴承，滑动轴承有哪些特点，适用于哪些场合？

滑动轴承的运动形式是以轴颈与轴瓦相对滑动为主要特征的，即摩擦性质为滑动摩擦。滑动轴承具有承载能力高、工作平稳可靠、噪声小、径向尺寸小、流体润滑时摩擦和磨损都比较小、油膜具有一定的吸振能力等优点。滑动轴承在起动和载荷较大的情况下难以实现流体摩擦，导致摩擦较大，磨损严重。

滑动轴承广泛应用于高速、大功率（如汽轮机、燃气轮机、大型鼓风机）和低速重载、具有冲击载荷（如轧钢机、大型球磨机等），以及在结构上要求使用剖分式轴承的场合，如发动机曲轴。

滑动轴承根据所承受载荷的方向不同，可分为径向滑动轴承和推力滑动轴承。

1. 径向滑动轴承

常用的径向滑动轴承有整体式、剖分式、调心式三种形式。

（1）整体式滑动轴承

如图 6-3-14 所示，它由轴承座和轴瓦组成。它的特点是结构简单、成本低；轴套磨损后，间隙无法调整；装拆不便，只能从轴端装拆。它仅适用于低速、轻载的机器。

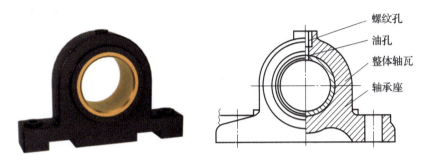

图 6-3-14 整体式滑动轴承

（2）剖分式滑动轴承

如图 6-3-15 所示，剖分式滑动轴承由轴承盖、轴承座、对开轴瓦和双头螺柱等组成。轴承座与轴承盖的剖分面常做成阶梯形定位止口，以便于对中定位和防止受力时产生相对位移。它的特点是装拆方便，还可以通过增减剖分面上的调整垫片的厚度来调整间隙。它适用于中、高速和重载机器。剖分式滑动轴承克服了整体式滑动轴承的主要不足，因此用处广泛。

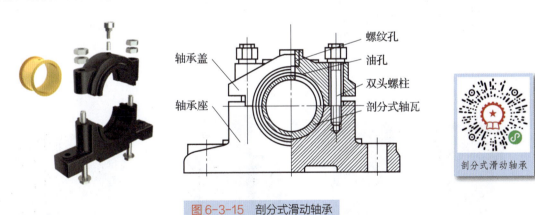

图 6-3-15 剖分式滑动轴承

（3）自动调心轴承

如果轴颈很长（宽径比 $L/d>1.5$）或轴的挠度较大时，由于轴颈的倾斜易使轴瓦端部边缘严重磨损，如图 6-3-16 所示。这时可采用自动调心滑动轴承。它的结构特点是轴瓦与轴承座以球面配合，轴瓦可随着轴的弯曲而转动，从而避免轴颈在轴弯曲时产生偏斜，使轴承端部由于载荷集中而产生过度磨损，如图 6-3-17 所示。

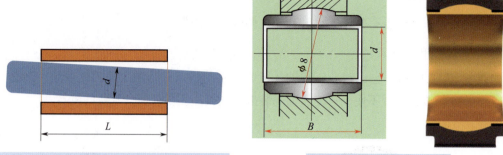

图 6-3-16 宽径比较大时轴瓦边缘严重磨损　　　图 6-3-17 自动调心轴承

2. 推力滑动轴承

推力滑动轴承用来承受轴向载荷，且能防止轴的轴向移动。按支撑面的结构，推力滑动轴承可分为实心、空心、单环和多环四种，如图 6-3-18 所示。实心端面推力滑动轴承由于工作时轴心与边缘磨损不均匀，以致轴心部分压强极高，所以极少采用；空心端面推力滑动轴承，在轴颈端面的中空部分能存油，压强也比较均匀，但承载能力不大；单环式推力轴承可以改善端面压力不均的现象，但只能承受较小的轴向载荷；多环推力滑动轴承，压强较均匀，能承受较大载荷，但各环承载能力不等，环数不能太多。

自动调心轴承

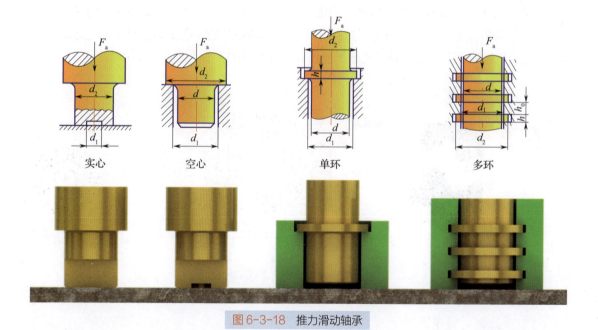

图 6-3-18 推力滑动轴承

滑动轴承的失效通常由多种原因引起，失效形式也多种多样，有时几种失效形式并存，相互影响。所以很难把各种失效形式截然分开，如图 6-3-19 所示。它的最常见的失效形式是轴瓦磨损、胶合（烧瓦）、疲劳磨损和由于制造工艺原因而引起的轴承衬脱落。其中最常见的是轴瓦磨损和胶合。

轴瓦磨损　　　　　　　　疲劳点蚀　　　　　　　　胶合

图 6-3-19　滑动轴承失效形式

六、轴承的润滑方式

引导问题：轴承在高温高速旋转的恶劣环境下工作，那它需要润滑吗？润滑方式有哪些呢？

轴承润滑的主要目的是为了减少摩擦和磨损，以提高轴承的工作性能和使用寿命，同时起冷却、防尘、防锈和吸振的作用。轴承设计的时候必须恰当地选择润滑剂和润滑装置。

润滑剂的选择有三种：润滑油、润滑脂，如图 6-3-20 所示。

润滑脂润滑　　　　　　　　润滑油润滑

图 6-3-20　轴承的润滑

1. 润滑油润滑

润滑油的内摩擦系数小，流动性好，是轴承中应用最为广泛的一种润滑剂。工业用润滑油有合成油和矿物油两类，其中矿物油资源丰富，价格便宜，适用广。润滑油的主要性能指标是黏度，它表示润滑油流动时内部摩擦力的大小，是选用润滑油的主要依据。选择黏度时，应考虑如下基本原则：

1）在压力大、温度高、载荷冲击变动大时，应选用黏度大的润滑油。
2）滑动速度高时，容易形成油膜（转速高时），为减少摩擦应选用黏度较低的润滑油。
3）加工粗糙或未经跑合的表面，应选用黏度较高的润滑油。

油润滑方式有：手工加油润滑、滴油润滑、油环润滑、飞溅润滑、压力循环润滑。

2. 润滑脂润滑

润滑脂又称干油，俗称黄油，是由润滑油、稠化剂等制成的膏状润滑材料。它的特点是稠度大，不易流失，因此轴承的密封简单。润滑脂需经常补充，而且稳定性差，摩擦功耗大，流动性差，无冷却效果，仅适于低速重载且温度变化不大处，难以连续供油的场合。润滑脂的主要性能指标是针入度、滴点和耐水性。它的选择原则如下：

1）轻载高速时选针入度大的润滑脂，反之选针入度小的润滑脂。

2）所用润滑脂的滴点应比轴承的工作温度高约 20~30℃。滴点温度较高的主要是钙基或复合钙基润滑脂。

3）在有水淋或潮湿的环境下应选择防水性强的润滑脂，如铝基润滑脂、钙基润滑脂。

3. 固体润滑剂润滑

轴承在高温，低速、重载情况下应用，不宜采用润滑油或润滑脂时，可采用固体润滑剂。它可以在摩擦表面形成固体膜，常用的有：石墨、聚四氟乙烯、二硫化钨等。

固体润滑剂可调配到油或脂中，涂敷或烧结到摩擦表面，或渗入轴瓦材料或成型镶嵌在轴承中使用。

滑动轴承是常用的传动方式，润滑油不仅要起到润滑的作用还要起到冷却的作用，因此需要采用润滑性能良好的低黏度的润滑油。同时需要具备良好的抗氧化、抗磨性、防锈性及抗泡沫性。对于精密磨床的磨石主轴所用的精密滑动轴承，因轴承间隙特别小（1μm），转速特别高（30000r/min 以上）应使用黏度很小，抗磨性极好的黏度为 2.0mm^2/s（40℃）的润滑油。

滚动轴承由于具有摩擦系数小，并运转安静等优点，因而现代机床上已大量采用滚动轴承，内径 25mm，转速 3000r/min 以下时，可用封入高速润滑脂。转速超过 3000r/min 时，则应该用强制润滑或喷雾润滑。需要注意的是滚动轴承除大型、工况恶劣的特殊情况，一般不能使用含固体润滑剂的润滑脂。

单元四 联轴器与离合器

学习目标

1. 能叙述联轴器的分类与性能要求。
2. 能区分常用联轴器的结构与特点。
3. 能总结常用离合器的类型与特点。
4. 能复述离合器在汽车上的应用。
5. 通过实践探究解释联轴器与离合器的故障机理。

内容概要

联轴器的主要作用是将连接不同部件的两条轴连在一起，传递运动和动力。不同工况的两根轴采用不同类型的联轴器。离合器主要用于轴与轴之间在机器运转过程中实现主、从动轴的分离与接合。离合器的种类很多，按实现两轴接合和分离的过程可以分为操纵离合器、自动离合器；按离合器的工作原理可分为嵌合式离合器、摩擦式离合器。汽车离合器位于发动机和变速器之间的飞轮壳内，用螺钉将离合器总成固定在飞轮的后平面上。汽车离合器是为了防止传动系统过载，并使汽车起步平稳、换档平顺，降低扭振冲击。目前，在汽车上广泛采用的是用弹簧压紧的摩擦离合器（简称为摩擦离合器）。

知识准备

一、联轴器的作用与分类

? 引导问题：联轴器的主要作用是将两条轴连在一起，传递运动和动力。那么联轴器有哪些性能要求？它是如何分类的？

联轴器是轴系中的常用部件，由于制造、安装误差、受载受热后的变形，以及传动过程中产生振动等因素影响，通常会出现两轴间存在轴向位移 x、径向位移 y、角位移 α 或这些位移相互组合的综合位移，如图 6-4-1 所示。所以联轴器除了传动外，还要有一定的位置补偿和吸振缓冲的能力。

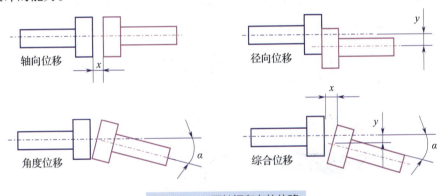

图 6-4-1 两轴间存在的位移

根据补偿两轴偏移位移的能力不同，可将联轴器分为刚性联轴器和挠性联轴器两大类。

刚性联轴器不具有缓冲性和补偿两轴线相对位移的能力，要求两轴严格对中，但此类联轴器结构简单，制造成本低，装拆、维护方便，能保证两轴有较高的对中性，传递转矩较大，一般用于两轴对中好，相对位移很小的场合。常用的类型包括凸缘联轴器、套筒联轴器和夹壳联轴器等。

挠性联轴器是利用联轴器中弹性元件的变形来补偿位移的，可以起到减轻振动和冲击的能力。可以分为无弹性元件挠性联轴器和有弹性元件挠性联轴器。

无弹性元件挠性联轴器只具有补偿两轴线相对位移的能力，但不能缓冲减振，常见的类型包括滑块联轴器、齿式联轴器、万向联轴器和链条联轴器等。

有弹性元件挠性联轴器除具有补偿两轴线相对位移的能力外，还具有缓冲和减振的作用。因受到弹性元件强度的限制，所以该类联轴器传递转矩的能力一般比无弹性元件挠性联轴器小。常见类型有弹性套柱销联轴器、弹性柱销联轴器、梅花形弹性联轴器等。

各种联轴器及常用类型如下：

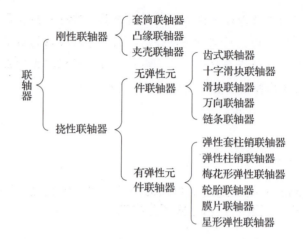

常见联轴器的类型与特点，见表 6-4-1。

表 6-4-1　常见联轴器的类型

名称	结构	动画二维码	特点与应用
套筒联轴器			套筒联轴器零件数量少、结构简单、紧凑、径向尺寸小，但装拆不便，一般用于无轴肩的光轴，或允许轴向移动的轻载传动中
凸缘联轴器			适用于载荷平稳、速度较低、两轴对中性很好的场合
齿式联轴器			传递转矩大、能补偿综合位移，但结构笨重，造价高，一般用于重型机械传动
十字滑块联轴器			该类联轴器结构简单、制造容易。当转速较高时，滑块因离心产生离心力和磨损，并给轴和轴承带来附加动载荷。 这种联轴器一般用于转速较低，轴的刚性较大，无剧烈冲击的场合
滑块联轴器			该类联轴器结构简单、尺寸紧凑，由于中间滑块质量小，且有弹性，故允许较高的极限转速。适用于小功率，高转速而无剧烈冲击的场合

（续）

名称	结构	动画二维码	特点与应用
弹性套柱销联轴器			弹性套柱销联轴器易制造、易拆卸，但容易磨损，影响使用寿命，适用于载荷平稳，起动频繁的中小功率传动
梅花形联轴器			适用于连接同轴线，起动频繁，正反转多变，和工作可靠性要求高的工作部位
万向联轴器			万向联轴器能补偿较大的角位移，结构紧凑，使用、维护方便，广泛应用于汽车、工程机械的传动系统中

二、常用离合器的类型与特点

引导问题：离合器主要用于轴与轴之间在机器运转过程中实现主、从动轴的分离与接合。那么离合器是怎么分类的？有什么特点呢？

由于离合器是在不停车的条件下进行两轴的接合与分离，因而离合器应保证离合迅速平稳、可靠、操纵方便、耐磨且散热良好。

离合器的种类很多，按实现两轴接合和分离的过程可以分为操纵离合器、自动离合器；按离合的工作原理可分为嵌合式离合器、摩擦式离合器。摩擦式离合器是通过主、从动元件的摩擦力来传递回转运动和动力，运动中接合方便，有过载保护性能。但传递转矩较小，适用于高速、低转矩的工作场合。

1. 摩擦式离合器

摩擦式离合器依靠两接触面间的摩擦力来传递运动和动力。汽车上也常采用摩擦式离合器。摩擦式离合器可以分为单片式和多片式两种。

1）单片离合器。如图 6-4-2 所示，单片离合器由摩擦圆盘 1、2 和导向键 3 组成。圆盘 1 与主动轴连接，圆盘 2 通过导向键 3 与从动轴连接并可在轴上移动。操纵滑环 4 可使两圆盘接合或分离。轴向压力 F 使两圆盘接合，并在工作表面产生摩擦力，以传递转矩。单片离合器结构简单，分离灵活，散热性好，但径向尺寸较大，只能传递不大的转矩，一般用在轿车和轻型、中型货车上。

2）多片离合器。如图 6-4-3 所示，多片离合器由两组间隔排列的内、外摩擦片构成，主动轴1与外壳2相连接，外壳内装外摩擦片4，摩擦片形状如图6-4-4所示。它的外缘有凸齿插入外壳上的内齿槽内，使其与外壳一起转动；它的内孔不与任何零件接触。从动轴10与套筒9相连接，套筒上装内摩擦片5，形状如图6-4-5所示，它的外缘不与任何零件接触，与从动轴一起转动。滑环7由操纵机构控制，当滑环向左移动时，使杠杆8绕支点顺时针转动，通过压板3将两组摩擦片压紧，实现接合；滑环7向右移动，则实现离合器分离。摩擦片间的压力由螺母6调节。

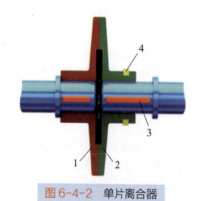

图6-4-2 单片离合器

1、2—摩擦圆盘 3—导向键 4—滑环

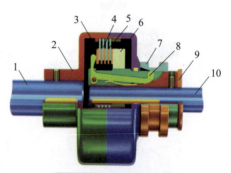

图6-4-3 多片离合器

1—主动轴 2—外壳 3—压板 4—外摩擦片 5—内摩擦片
6—螺母 7—滑环 8—杠杆 9—套筒 10—从动轴

单片式摩擦离合器

图6-4-4 外摩擦片

图6-4-5 内摩擦片

多片式摩擦离合器

多片离合器由于摩擦面增多，传递转矩的能力提高，径向尺寸相对减小。但它的结构较为复杂，因此主要应用在汽车自动变速器和差速器/减速器中。

2. 超越离合器

超越离合器又称为定向离合器，是一种能根据两轴角速度的相对关系自动接合和分离的自动离合器。当主动轴转速大于从动轴时，离合器将使两轴接合起来，把动力从主动轴传递至从动轴；而当主动轴转速小于从动轴时，则离合器使两轴分离。

目前广泛应用的是滚柱超越离合器，如图6-4-6所示。它由行星轮、外圈、滚柱和弹簧顶杆组成。滚柱的数目一般为3~8个，星轮和外圈都可作为主动件。

当星轮为主动件并做顺时针转动时，滚柱受摩擦力作用被楔紧在星轮与外圈之间，从而带动外圈一起回转，离合器为接合状态；当星轮逆时针转动时，滚柱被推到楔形空间的宽敞部分而不再楔紧，离合器为分离状态。超越离合器只能传递单向转矩。

模块六 汽车轴系零部件

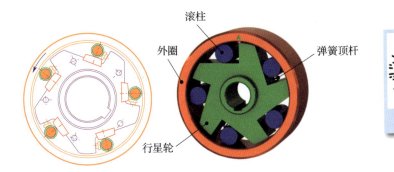

图 6-4-6 超越离合器

若外圈和星轮作顺时针同向回转，则当外圈转速大于星轮转速，离合器为分离状态；当外圈转速小于星轮转速，离合器为接合状态。超越离合器尺寸小，接合和分离平稳，可用于高速传动。

三、离合器在汽车上的应用

? 引导问题：汽车离合器的传动原理是什么？

汽车离合器位于发动机和变速器之间的飞轮壳内，用螺钉将离合器总成固定在飞轮的后平面上，离合器的输出轴就是变速器的输入轴。在汽车行驶过程中，驾驶员可根据需要踩下或松开离合器踏板，使发动机与变速器暂时地分离然后逐渐接合，以切断或传递发动机向变速器输入的动力。

汽车离合器是为了防止传动系统过载，并使汽车起步平稳、换档平顺，降低扭振冲击。目前，在汽车上广泛采用的是用弹簧压紧的摩擦离合器（简称为摩擦离合器），如图 6-4-7 所示。

发动机飞轮及随它转动的压紧盘为离合器的主动件，摩擦盘为从动件，摩擦盘的轮毂通过花键和离合器的输出轴（也是变速器的输入轴）相连。当螺钉把离合器壳体紧固在飞轮

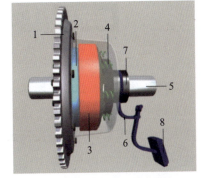

图 6-4-7 摩擦式离合器机构简图

1—飞轮　2—摩擦片　3—压盘　4—压紧弹簧　5—输出轴
6—分离拨叉　7—分离轴承　8—离合器踏板

上时，离合器主弹簧就迫使压紧盘紧紧地把摩擦盘压紧在飞轮上，形成一个传递整体。

当需要分离时，驾驶员踩下离合器踏板，通过分离叉，使压紧盘、摩擦盘与飞轮脱离接触，达到切断传递的目的。

需要结合时，驾驶员踩下离合器踏板，依靠弹簧再次将摩擦盘紧紧地压紧在压紧盘与飞轮后端面之间，通过表面摩擦力产生摩擦力矩，向变速器传递发动机动力和运动。

模块七 液压传动

模块导读

一般的机械设备都是由动力装置、传动装置、工作执行装置和控制操纵装置组成的。传动装置采用机械传动、电力传动、液压传动、气压传动或它们的组合等传动形式。液压传动是与机械传动、电力传动和气压传动等相并列的一种传动形式。液压传动以受压的液体作为工作介质,利用液体的压力传递运动和动力。随着液压、气压与液力传动技术的不断发展,尤其是与微电子技术、机电液一体化技术结合,组成了性能优异、自动化程度高的传动及控制系统。

液压技术在汽车上的应用日益广泛,如汽车液压助力转向系统、汽车防抱死制动系统、汽车电控液压悬架、汽车液压减振器、汽车制动分配系统、自卸车举升系统等。液压技术使得汽车的各项性能有了很大提高,是汽车技术的重点发展方向。在实际应用的过程中,只有了解和掌握相关液压系统的组成、特点和工作原理,才能对汽车液压系统进行正确的使用、检测和维护。

单元一 认识液压传动

学习目标

1. 能叙述液压传动的工作原理、组成及功能。
2. 掌握液压传动系统中液体压力、流量、速度和功率之间的关系,并能进行相应计算。
3. 能叙述液压冲击、气穴现象、压力损失产生的原因、现象,以及相应改善措施。
4. 能叙述液压传动的特点。

内容概要

液压传动是以油液为工作介质,以密封容积的变化传递运动,以油液内部的压力传递动力。液压传动除油液外,由动力元件、执行元件、控制元件、辅助元件组成。液压系统的两大参数是压力和流量,分别决定负载与速度。液压传动中,由于油液存在黏性,在油液流动过程中会存在能量损失,这表现为压力损失。液压传动系统的执行元件的速度发生突然改变时,容易引起液压冲击;液压油内混入空气容易导致气穴现象。液压冲击和气穴现象在对液压系统内都会造成噪声和振动等不良后果。

模块七　液压传动

知识准备

一、液压传动系统的原理与组成

引导问题：液压传动系统由哪些部分组成？它是怎样传递运动和动力的？

1. 液压传动的工作原理

如图7-1-1所示为液压千斤顶的原理图，当手柄向上抬时，小液压缸内的活塞向上运动，小液压缸内的空间变大，压力变小，油箱中的油液冲开单向阀进入小缸内，此时单向阀处于关闭状态。当手柄再次向下按时，小液压缸内的小活塞向下移动，小液压缸的容积变小，压力变大，液压油冲开单向阀进入大液压缸内，此时单向阀处于关闭状态，大液压缸内的活塞向上移动，重物也被顶起。重物下落时，只要打开截止阀，大液压缸内的油液就可流回油箱。大液压缸内的活塞下移，重物随之下降。

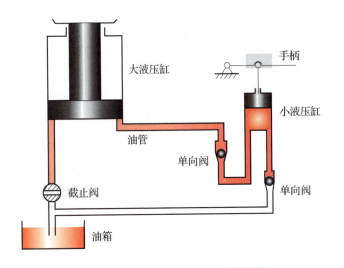

图7-1-1　液压千斤顶的组成和原理

从上述例子中可以看出，液压千斤顶是一种简单的液压传动装置，分析液压千斤顶的工作过程，可知液压传动是以液体作为工作介质来传动的，通过驱动装置将原动机的机械能转换为液体的压力能，然后通过管道、液压控制及调节装置等，借助执行装置，将液体的压力能转换为机械能，驱动负载实现直线运动或回转运动。所以，液压传动系统本质上是一种能量转换装置，它先将机械能转换成便于输送的液压能，随后又将液压能转换为机械能而做功。

2. 液压传动系统的组成

液压传动系统在实际运行过程中，主要依靠液压泵的作用来运转。借助原动机的功能，使机械能转变为液体压力能，并对能量进行高效传递。在系统内部管道、控制阀门的传递与控制作用下，利用液压马达、液压缸等元器件，完成液体压力能向机械能的转变，带动系统的回转或往复性直线运动。根据液压传动系统的功能不同，系统的复杂程度和组成元件都有所区别，但总体来说，液压传动系统都是由以下几部分组成的。

1）动力元件——液压泵。它是将机械能转换为液压能的装置。

2）执行元件——液压缸和液压马达，它是将油液的压力能转换为机械能对外输出的元件。

3）控制元件——各种阀类，它是控制油液的流动方向、压力和流量的装置，以满足液压系统的工作要求。

4）辅助元件——油箱、过滤器、管类和密封件等。这些元件担负着贮存、输送和净化工作油液及散热的任务，它也是传动系统中不可缺少的部分。

5）工作介质——液压油，绝大多数系统为矿物油，液压系统用它来传递能量。

二、液压传动的基本参数

> **引导问题**：液压传动系统工作过程中有哪些基本参数？

（1）压力

在密闭容器内，施加于静止液体上的压强将同时且大小不变地传递到液体内各点，容器所受的内压力方向垂直于容器内表面，这一规律称为帕斯卡原理。液压传动的基本原理就是帕斯卡原理，在密闭的容器内液体依靠密封容积的变化传递运动，依靠液体的静压力传递动力。计算中一般使用流体静力学公式，流体速度变化相对低，一般不用考虑流体的动量冲击。

油液单位面积上承受的作用力称为压强，在工程中习惯称为压力，用符号 p 表示，液压传动的压力取决于负载。

$$p = \frac{F}{A} \qquad (7\text{-}1\text{-}1)$$

式中　p——压强（Pa，N/m^2）；

　　　A——受力面积（m^2）。

如图 7-1-2 所示，在活塞杆的上端有一个向下的作用力 F（活塞重量不计），则在液压缸内的液体将产生压强 p，如果活塞的底面积为 A，则有 $F=pA$。

压力单位为帕斯卡，简称帕（Pa），此外常用的工程单位还有兆帕（MPa）、bar（1×10^{5}Pa）等。

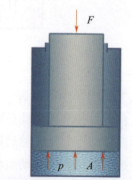

图 7-1-2　密闭容器内液体的压强

（2）流量

单位时间内流过通流截面的体积称为流量，用 q_v 表示，单位为 m^3/s。若在时间 t 内流过的液体体积为 V，则流量为 $q_v = V/t$。

（3）流速

由于液体都有黏性，液体在管中流动时，在同一截面上各点的流速是不相同的。为方便计算，引入平均流速的概念，即假设过流断面上各点的流速均匀分布。管道或液压缸的流速取决于流量。油液通过管路或液压缸的平均流速可由式（7-1-2）计算：

$$\bar{v} = \frac{q}{A} \tag{7-1-2}$$

式中　$\bar{v}$——液压油的平均流速（m/s）；

　　　A——管路的通流面积或液压缸（活塞）的有效作用面积（m²）。

（4）速度

活塞（或液压缸）的运动速度是由于流入液压缸的油液迫使密封容积增大所导致的结果，因此其运动速度与流入液压缸的流量有关。如图7-1-3所示，设在时间t内活塞移动的距离为H，活塞的有效面积为A_1，则密封容积变化即所需流入的油液的体积为A_1H，则活塞（或液压缸）的运动速度v为：

$$v = \frac{H}{t} = \frac{A_1 H}{tA_1} = \frac{q_v}{A_1} \tag{7-1-3}$$

式中　v——活塞的移动速度（m/s）。

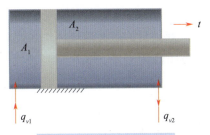

图7-1-3　活塞移动速度

由式（7-1-3）可得出如下结论：

1）活塞（或液压缸）的运动速度等于液压缸内液压油的平均速度。

2）活塞（或液压缸）的运动速度仅与活塞（或液压缸）的有效作用面积和流入液压缸中油液的流量有关，与油液的压力p无关。

3）活塞（或液压缸）的有效面积一定时，活塞（或液压缸）的运动速度决定于流入液压缸中的油液的流量，改变流量就能改变运动速度。

（5）功率

流体在单位时间内所做的功称为功率。在力学中，功率$P=Fv$。在液压系统中，活塞所受的作用力$F=pA$。所以，液压传动中的功率P为

$$P = pAv = pq_v \tag{7-1-4}$$

式中　P——液压传动系统的功率（W）；

　　　p——液压油的压力（Pa）；

　　　A——活塞的有效面积（m²）；

　　　v——活塞的移动速度（m/s）；

q_v——液压油的流量（m^3/s）。

由此可见，液压传动系统的功率等于压力 p 和流量 q_v 的乘积。

三、液压冲击、气穴现象及压力损失

> **引导问题**：为什么液压油中有时会存在大量气泡？液压传动系统中为什么经常会出现振动和噪声？流体的黏度对液压系统的效率有什么影响？

1. 液压冲击

液压系统在突然起动、停机、变速或换向时，阀口突然关闭或动作突然停止，由于流动液体和运动部件的惯性，使系统内瞬时形成很高的峰值压力，并且伴随有急剧交替升降的波动过程，这称为液压冲击。出现液压冲击时，液体中的瞬间峰值压力往往比正常工作压力高好几倍，它不仅会损坏密封装置、管道和液压元件，而且会引起振动，产生噪声，使管接头松动，有时还会引起某些液压元件如压力继电器、顺序阀等产生错误动作而影响系统的正常工作，甚至可能使某些液压元件、密封装置和管路损坏。

减小液压冲击的措施有：

1）适当增大管径，减小流速，从而可减小流速的变化值，以减小缓冲压力；缩短管长，避免不必要的弯曲；采用软管也可获得良好减缓液压冲击的效果。

2）在滑阀完全关闭前降低液压油的流速，如尽量延长阀门关闭和运动部件制动换向的时间，改进换向阀控制边界的结构（在阀芯的棱边上开出长方形或V形槽或将其做成锥形），液压冲击可大为减小。

3）在容易产生液压冲击力的地方设置蓄能器。蓄能器不但能缩短压力波的传播距离和时间，还能吸收压力冲击。

4）在液压缸端部设置缓冲装置，行程终点安装减速阀，能缓慢地关闭油路，缓解液压冲击。

5）在液压缸回油控制油路中设置平衡阀或背压阀，以控制工作装置下降时或水平运动时的冲击速度，并可适当调高背压压力。

2. 气穴现象

在液压系统的工作介质中，不可避免地混有一定量的空气，当流动液体某处的压力低于空气分离压时，正常溶解于液体中的空气就成为过饱和状态，从而会从油液中迅速分离出来，使液体产生大量气泡。此外，当油液中某一处的压力低于当时温度下的蒸气压时，油液将沸腾汽化，也在油液中形成气泡。上述两种情况都会使气泡混在液体中，使原来充满在管道或元件中的液体呈现出不连续状态，这种现象称为气穴现象。气泡溃灭时，液体质点互相撞击，同时也撞击金属表面，产生各种频率的噪声，同时引起振动和金属表面腐蚀。

气穴多发生在阀口和液压泵的进口处。由于阀口的通道狭窄，液流的速度增大，压力则大幅度下降，以致产生气穴。当液压泵的安装高度过大，吸油管直径太小，吸油阻力太大，或泵的转速过高，造成进口处真空度过大时，亦会产生气穴。

3. 压力损失

实际液体具有黏性，在液体流动时就有阻力，为了克服阻力，就必然要消耗能量，这样就有能量损失。能量损失主要表现为压力损失。压力损失过大，将使功率消耗增加，油液发热，泄漏增加，效率降低，液压系统性能变坏。

压力损失可分为两种：一种是液体在等径直管中流动时因摩擦而产生的压力损失，称为沿程压力损失；另一种是由于管路的截面突然变化、液流方向改变，或其他形式的液流阻力（如控制阀阀口）而引起的压力损失，称为局部压力损失。

为了尽量较少压力损失，提高液压传动系统的工作性能，常采用下列措施：

1）尽量缩短管道长度，减少截面变化和管道的弯曲。

2）管道内壁尽量做得光滑，油液黏度适当。

3）流速的影响较大，因此应将油液的流速限制在适当范围内。

四、液压传动的特点

引导问题：液压传动有哪些优点和缺点？

1. 液压传动的优点

与机械传动、电气传动相比较，液压传动有以下主要优点：

1）液压传动是油管连接，可根据需要方便、灵活地布置传动机构。

2）在相同功率情况下，液压传动装置的结构紧凑、体积较小、质量较轻。

3）传递运动平稳，换向时冲击较小，可实现快速起动、制动和频繁换向。

4）液压系统易于实现过载保护。

5）液压系统操作控制方便，易于采用电气、液压联合控制，实现自动化。

6）液压传动调速范围大，可方便实现无级调速，还可在运行过程中进行调速。

7）液压元件已实现了标准化、系列化和通用化，便于设计、制造和推广使用。

8）采用油液为工作介质，相对运动表面可自行润滑，使用寿命长。

2. 液压传动的缺点

1）由于泄漏等因素，不能保证严格的传动比，影响运动的平稳性和准确性。

2）液压系统工作时，液体流动的阻力损失和泄漏均较大，因此传动效率低，不适合作为远距离传动。

3）油液对温度的变化比较敏感，使工作的稳定性受到影响，故它不宜在温度变化很大的环境条件下工作。

4）为了减少泄漏，以及为了满足某些性能上的要求，液压元件的配合件制造精度要求较高，加工工艺较复杂，因此制造成本较高。

5）液压元件和工作介质在封闭的油路内工作，故液压系统发生故障不易检查和排除。

6）油液的污染对液压元件影响较大，污染的液压油造成液压元件的磨损和堵塞，致使性能变坏、使用寿命缩短，甚至损坏。

单元二 液压泵与液压缸

学习目标

1. 能叙述液压泵的功用、工作原理、性能参数。
2. 能叙述液压泵的分类，齿轮泵、叶片泵、柱塞泵的类型、结构特点及应用特点。
3. 能叙述液压缸的功用和工作原理，熟悉液压缸类型、特点、应用场合及图形符号。
4. 能根据要求对液压缸进行速度、推力的计算。
5. 能叙述液压马达的工作原理，掌握液压马达的结构特点、功用及图形符号。

内容概要

液压泵作为液压系统的动力元件，负责将原动机输入的机械能转换成液压能输出，为执行元件提供压力油。液压缸和液压马达是液压系统的执行元件，是将液体压力能转换为机械能的能量转换装置。液压缸一般用于实现直线运动或摆动，液压马达用于实现旋转运动。液压缸分为单作用缸和双作用缸两类。在压力油作用下只能做单方向运动的液压缸称为单作用缸。单作用缸的回程要借助运动件的自重或其他外力（如弹簧力）的作用来实现。往复两个方向的运动都由压力油作用实现的液压缸称为双作用缸。

知识准备

一、液压泵的工作原理与分类

> **引导问题**：液压泵的工作原理是什么？液压泵有哪些类型？

1. 液压泵的工作原理

液压泵是将电动机或其他原动机输出的机械能转换为油液的压力能（液压能）的能量转换装置。液压泵都是靠密封工作腔的容积变化进行工作的，其输出流量的大小由密封工作容积变化大小来决定，故一般称为容积式液压泵。

如图 7-2-1 所示是一单柱塞液压泵的工作原理图，图中柱塞 2 装在泵体 3 中形成一个密

单柱塞泵工作原理

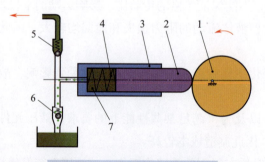

图 7-2-1 单柱塞泵工作原理图

1—偏心轮 2—柱塞 3—缸体 4—弹簧
5—压油单向阀 6—吸油单向阀 7—密封油腔

封工作腔，柱塞在弹簧 4 的作用下始终压紧在偏心轮 1 上。当偏心轮 1 由原动机驱动按图示方向旋转时，柱塞 2 做往复运动。当柱塞 2 右移时，密封工作腔的容积逐渐增大，形成部分真空，使油箱中油液在大气压作用下，经吸油管顶开单向阀 6 进入工作腔而实现吸油；反之，当柱塞左移时，工作腔容积逐渐减小，使腔内油液的压力升高，顶开单向阀 5 流入系统从而实现压油。随着偏心轮的连续旋转，泵就不断地吸油和压油。

2. 液压泵的工作特点

1）必须具有一个由运动件和非运动件所构成的密闭容积。

2）密闭容积的大小随运动件的运动做周期性变化，容积由小变大——吸油，由大变小——压油。

3）密闭容积增大到极限时，先要与吸油腔隔开，然后才转为排油；密闭容积减小到极限时，先要与排油腔隔开，然后才转为吸油。

3. 液压泵的类型

液压泵按结构形式分，可分为齿轮泵、叶片泵、柱塞泵和螺杆泵等；按输油方向能否改变，可分为单向泵和双向泵；按排量能否改变，可分为定量泵和变量泵；按使用压力不同，可分为低压泵、中压泵、中高压泵、高压泵和超高压泵。液压泵的图形符号见表 7-2-1。

表 7-2-1 液压泵的图形符号

名称	变量泵	双向流动变量泵	单向旋转泵或马达	双向变量泵或马达
图形符号				
说明	单向流动变排量	双向流动，带外泄油路单向旋转的变量泵	单向旋转的定量泵或马达	双向流动，带外泄油路，双向旋转

二、常见液压泵结构与性能

? 引导问题： 常见液压泵有哪些类型？具有什么样的结构特点与性能？

1. 齿轮泵

（1）外啮合齿轮泵

外啮合齿轮泵的工作原理如图 7-2-2 所示，主要由泵体和两个相互啮合转动的齿轮组成。齿轮的顶圆、端面和泵体及端盖之间的间隙很小。泵体两端在前后端盖封闭的情况下，内部形成了密封容腔，而这对齿轮把这个容腔分为两部分：吸油腔和压油腔。当齿轮在电动机带动下按图 7-2-2 所示箭头方向旋转时，右边容腔由于啮合的齿轮逐渐脱开，把齿槽空间留出来，使得这一容腔的容积不断增大，形成了部分真空，从而产生了吸油作用，外界油液在大气压的作用下被吸入泵内。

随着齿轮转动，油液填满齿槽空间，并被带到左边容腔，左边容腔内由于齿轮不断进入啮合，轮齿逐渐进入齿槽空间，使得容腔容积不断减少，齿槽内的液压油逐渐被挤出，形成压油作用，把齿槽空间的油液相继压出泵外。齿轮连续旋转，吸油腔不断吸油，压油腔不断压油。

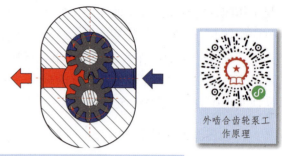

图 7-2-2 外啮合齿轮泵工作原理图

外啮合齿轮泵结构简单、制造方便、价格低廉、工作可靠，自吸能力强，对油液污染不敏感，目前应用比较广泛。但这种泵噪声较大，且输油量不均匀，有流量脉动现象。由于压油腔大于吸油腔的压力，齿轮和轴受到径向不平衡力的作用，工作压力越高，径向不平衡力越大，径向不平衡力很大时，能使泵轴弯曲，导致齿顶压向定子的低压端，使定子偏磨，同时也加速轴承的磨损，降低轴承使用寿命。齿轮泵上的两个油口，通常大的为吸油口，小的为压油口，这样设计的目的是为了减小压力油的作用面积，从而减小齿轮泵的径向不平衡力。

（2）内啮合齿轮泵

内啮合齿轮泵按齿形可分为渐开线齿形和摆线齿形两种，它们的工作原理和主要特点与外啮合齿轮泵完全相同。图 7-2-3 所示为渐开线齿形内啮合齿轮泵，小齿轮带动内齿环同向旋转，上半部分轮齿退出啮合，形成真空吸油。下半部分轮齿进入啮合，容积减小，压油。月牙板同两齿轮将吸压油腔隔开。

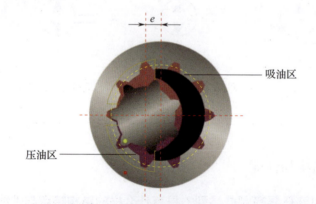

图 7-2-3 内啮合齿轮泵工作原理图（渐开线齿形）

内啮合齿轮泵结构紧凑、体积小、流量脉动小、噪声小、无困油现象，在高速下工作的容积效率高，但制造工艺较复杂，价格较贵。

2. 叶片泵

叶片泵按其每个工作腔在泵每转一周时吸油、排油的次数，可分为单作用式和双作用式两类。单作用式常作变量泵使用，双作用式只能作为定量泵使用。叶片泵具有结构紧凑、运动平稳、噪声小、输油均匀、寿命长等优点,广泛应用于汽车液压动力转向系统中。

(1)单作用式叶片泵

单作用式叶片泵的工作原理如图 7-2-4 所示。泵由转子、定子、叶片、配油盘和端盖(图中未显示)等部件组成。定子内表面是圆柱形孔。转子和定子偏心安装,具有一定的偏心距。叶片在转子的槽内可以灵活滑动,在转子转动时所产生的离心力,以及通入叶片根部压力油的作用下,叶片顶部紧贴在定子内表面上,于是相邻两叶片、配油盘、定子和转子之间就形成了一个密封的工作腔。当转子按图示方向旋转时,右侧的叶片向外伸出,密封工作腔容积逐渐增大,产生真空,于是通过进油口和配油盘上的窗口将油吸入。而在左侧,叶片逐渐往里缩进,密封腔的容积逐渐缩小,密封腔中的油经配油盘另一窗口和排油口而输出到液压系统中去。单作用式叶片泵是当转子转一圈时,液压泵每一工作容积吸、排油各一次,故称单作用式叶片泵。改变定子和转子间的偏心量,便可改变泵的排量,所以这种泵可用作变量泵。

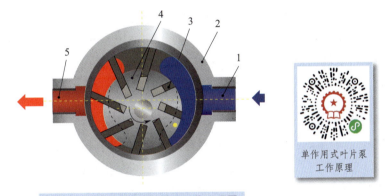

图 7-2-4 单作用式叶片泵工作原理图

1—进油口 2—定子 3—叶片 4—转子 5—排油口

单作用式叶片泵的流量也是有脉动的,泵内叶片数越多,流量脉动率越小。此外,奇数叶片的泵的脉动率比偶数叶片的泵的脉动率小,所以单作用式叶片泵的叶片数总是取奇数,一般为 13 片或 15 片。

单作用式叶片泵在工作时,转子受到不平衡的径向液压作用力,故轴承将承受较大的负载,影响其使用寿命,不宜用于高压系统,通常用于汽车液压助力转向等低压系统中。

(2)双作用式叶片泵

如图 7-2-5 所示,双作用式叶片泵的工作原理和单作用式叶片泵相似,不同之处只在定子内表面由两段长半径圆弧、两段短半径圆弧和四段过渡曲线八个部分组成,且定子和转子是同轴的。在图示转子顺时针方向旋转时,在 4、6 两个吸油区内,密封工作腔的容积逐渐增大,形成部分真空,油从吸油口进入泵内;而在 5、7 两个排油区内,密封工作腔的容积逐渐减少,形成压力油,从压油口排出。吸油区和排油区之间有一段封油区把它们隔开。这种泵的转子每转一周,每个密封工作腔完成吸油和排油动作各两次,所以称为双作用式叶片泵。

泵的两个吸油区和两个排油区是径向对称的,有利于作用在转子上的液压径向力平衡。双作用式叶片泵通常是定量泵。

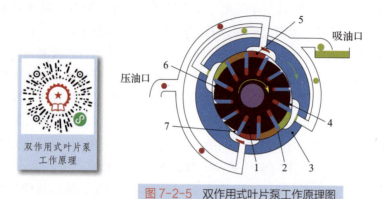

图 7-2-5 双作用式叶片泵工作原理图

1—定子 2—叶片 3—转子 4—吸油区 5—压油区 6—吸油区 7—排油区

双作用式叶片泵瞬时流量也是脉动的,当叶片数为 4 的倍数时,脉动率最小,因此双作用式叶片泵的叶片数一般取 12 片或 16 片。双作用式叶片泵的转子承受的径向液压力是平衡的,轴承所受的力较小,所以使用寿命长,自吸能力好;但它对油液污染较敏感,因此仅适用于中、高压系统。

3. 柱塞泵

柱塞式液压泵是利用柱塞在柱塞孔中作往复运动时产生的容积变化来进行工作的。根据柱塞的分布的方向不同,柱塞分为径向柱塞泵和轴向柱塞泵。

柱塞泵具有结构紧凑、加工方便、单位功率体积小、容积效率高、工作压力高、易实现变量等优点,广泛应用于高压、大流量、大功率的系统中及流量需要调节的场合。这类泵在自卸汽车、超大型运输车辆等的液压系统中应用广泛。

(1)径向柱塞泵

如图 7-2-6 所示,径向柱塞泵主要由定子 4、多个径向均匀分布的柱塞 1、缸体 2 和配

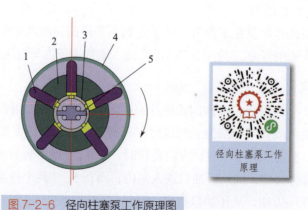

图 7-2-6 径向柱塞泵工作原理图

1—柱塞 2—缸体 3—衬套 4—定子 5—配油轴

油轴 5 等组成。密封容积由柱塞、缸体、配油轴围成。定子和缸体偏心安装,当缸体在原动机带动下如图示方向旋转时,在离心力(或低压油)的作用下,柱塞经过上半周时,向外伸出,与定子的内表面贴合,柱塞泵密封容积逐渐增大形成局部真空。此时,经过衬套 3 上的油孔和缸体一起旋转和固定的配流轴 5 上的吸油口从油箱吸油。当柱塞转到下半周时,定子内壁把柱塞向里推,缸内密封容积逐渐减小,油液经配流轴的压油口压出。缸体旋转一周,完成一次吸压油。如果改变定子与转子偏心距的大小,泵的排量也改变,故可做成变量泵。若偏心距方向改变,则排量方向也改变,就可做成双向泵。

配油轴固定不动,与衬套接触的一段加工出上下两个缺口,形成吸油口和压油口,留下的部分形成封油区。封油区的宽度应能防止吸油口和压油口相连通,但尺寸也不能大得太多,以免产生困油现象。

径向柱塞泵具有性能稳定,耐冲击性好,工作可靠等优点;但也有结构复杂、径向尺寸大、自吸能力差、配油轴受径向力的作用容易磨损等缺点,限制了它的转速和压力的提高,故其应用受到一定的限制。

(2)轴向柱塞泵

如图 7-2-7 所示,轴向柱塞泵主要由柱塞 3、缸体 2、配油盘 4 和斜盘 1 等零件组成。柱塞安装在缸体的柱塞孔中,平行于传动轴,并沿圆周均匀分布。在机械装置或低压油的作用下(图中为弹簧),柱塞的一端顶在斜盘 1 上,配油盘和斜盘都固定不动。当原动机通过传动轴带动缸体旋转时,在低压油及斜盘的作用下,柱塞就在柱塞孔中往复直线运动。当柱塞伸出,柱塞孔中密封容积增大,形成局部真空,此时吸油;当柱塞被斜盘压入柱塞孔中时,密封容积减小,油液压力增高,油液经过配油盘上的压油窗口压出。如改变斜盘倾角的大小,就能改变柱塞的行程长度,也就改变了泵的排量,如改变斜盘倾角的方向,就能改变泵的吸、压油的方向,这就成为双向变量泵。

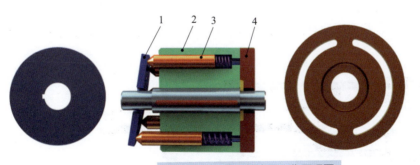

图 7-2-7 轴向柱塞泵工作原理图

1—斜盘 2—缸体 3—柱塞 4—配油盘

轴向柱塞泵工作原理

轴向柱塞泵具有结构紧凑,单位功率体积小,重量轻,容积效率高,工作压力高,易变量等优点;缺点是结构复杂,造价高,对油的污染敏感,使用和维修要求严格。它广泛应用于需要高压、大流量、大功率的系统中和流量需要调节的场合,如龙门刨床、拉床、液压机、工程机械、矿山冶金机械及船舶等。

三、液压缸的工作原理与分类

引导问题：液压缸是如何工作的？有哪些常见类型？

1. 液压缸的工作原理

液压缸和液压马达都是将液压能转变为机械能的液压执行元件。液压缸可以做直线往复运动（摆动缸做往复摆动运动）。液压缸结构简单、工作可靠。通过控制液压油的流量来控制液压缸内活塞的移动速度，可免去减速装置，并且没有传动间隙，运动平稳，因此在各种机械的液压系统中得到广泛应用。在汽车领域，如自卸车、铲车、吊车上等都有各式液压缸的运用。

液压缸的结构基本上可以分为缸筒和缸盖、活塞和活塞杆、密封装置、缓冲装置和排气装置五个部分。典型的液压缸结构如图 7-2-8 所示。

图 7-2-8 液压缸的结构简图

液压缸一般有两个油腔，每个油腔中都通有液压油，液压缸工作依靠帕斯卡原理（静压传递原理：在密闭容器内，施加于静止液体上的压力将以等值同时传递到液体各点）。当液压缸两腔通有不同压力的液压油时，其活塞两个受压面承受的液体压力总和（矢量和）输出一个力，这个力克服负载力使液压缸活塞杆伸出或缩回。

以图 7-2-9 为例，设液压缸左腔为进油腔，压力和流量分别为 p_1 和 q_1；液压缸右腔为排油腔，压力和流量分别为 p_2 和 q_2；活塞左侧的有效面积（与液压油接触的面积）为 A_1，图中 $A_1=\pi d_1^2/4$；活塞右侧有效面积为 A_2，图中 $A_2=\pi(d_1^2-d_2^2)/4$；F_1 为左腔液压油对活塞左侧的压力，方向向右；F_2 为右腔液压油对活塞左侧的压力，方向向左；F_3 为活塞杆所受到的压力，即负载，方向向左。

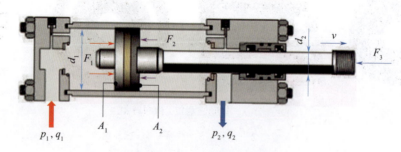

图 7-2-9 液压缸工作原理图

活塞在缓慢移动过程中，受力平衡，如果忽略活塞所受的摩擦力，则有：

$$F_1 = p_1 A_1 \qquad (7\text{-}2\text{-}1)$$

$$F_2 = p_2 A_2 \qquad (7\text{-}2\text{-}2)$$

$$F_1-F_2=F_3 \quad (7-2-3)$$

忽略液压缸的泄漏，活塞、活塞杆向右的移动速度为 v，则：

$$v=\frac{q_1}{A_1}=\frac{q_2}{A_2} \quad (7-2-4)$$

2. 液压缸的分类

液压缸的结构形式多种多样，其分类方法也有多种，常见的分类有：按运动方式的不同可分为直线往复运动式和回转摆动式；按受液压力作用情况的不同可分为单作用式、双作用式；按结构形式不同可分为活塞式、柱塞式、伸缩式。单作用式液压缸是指液压力只能使活塞（或柱塞）单方向运动，反方向运动必须靠外力（如弹簧力或自重等）实现；双作用式液压缸则可由液压力实现两个方向的运动。

四、典型液压缸的结构与性能

引导问题：不同液压缸的结构特点有何不同？分别具有哪些性能特点？

1. 活塞式液压缸

活塞式液压缸是指缸体内做相对往复运动的组件为活塞的液压缸，主要由缸体、活塞、活塞杆等组成。根据活塞杆的数量分为双杆活塞液压缸和单杆活塞液压缸。

（1）双杆活塞液压缸

双杆液压缸是活塞的两侧都有活塞杆的液压缸，两活塞杆直径相等，当输入两腔的液压油流量相等时，活塞的往复运动速度和推力相等。一般为双向液压驱动，可实现等速往复运动，如图 7-2-10 所示。双杆活塞液压缸有缸体固定式和活塞杆固定式两种。

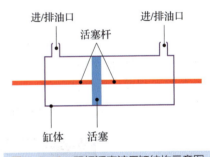

图 7-2-10 双杆活塞液压缸结构示意图

缸体固定式如图 7-2-11 所示，当缸左腔进油，右腔回油时，活塞带动工作台向右移动；右腔进油，左腔回油时，工作台向左移动。工作台的运动范围约为活塞有效行程的三倍，占地面积较大。常用于小型设备的液压系统。

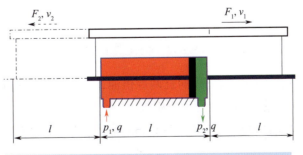

图 7-2-11 双杆活塞液压缸工作原理图（缸体固定式）

双杆活塞液压缸工作原理（缸体固定式）

设活塞的有效面积为 A（两侧有效面积相同），活塞移动速度和活塞杆的推力分别为：

$$F_1=F_2=(p_1-p_2)A=(p_1-p_2)\frac{\pi}{4}(D^2-d^2) \tag{7-2-5}$$

$$v_1=v_2=\frac{4q}{\pi(D^2-d^2)} \tag{7-2-6}$$

式中　D、d——分别为液压缸的内径和活塞杆的直径。

活塞杆固定式如图 7-2-12 所示，当压力油经活塞杆的中心孔及活塞处的径向孔进入缸的左腔，右腔回油时，推动缸体带动工作台向左移动；右腔进压力油，左腔回油时，工作台向右移动。工作台的运动范围约为缸筒有效行程的两倍，占地面积较小。常用于大、中型设备的液压系统。

双杆活塞液压缸工作原理（活塞杆固定式）

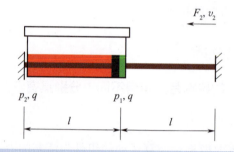

双杆活塞液压缸工作原理图（活塞杆固定式）

图 7-2-12　双杆活塞液压缸工作原理图（活塞杆固定式）

（2）单杆活塞液压缸

单杆活塞液压缸是指在活塞的一侧有伸出杆，如图 7-2-13 所示，活塞将液压缸分开为两个腔，有杆腔和无杆腔，两腔的有效工作面积不等，进油和回流的流量也不相等。两端的油口都可以通压力油或回油，以实现双向运动，属于双作用缸。这种缸无论是缸体固定还是活塞杆固定，工作台的运动范围都等于有效行程的两倍，故结构紧凑，应用广泛。

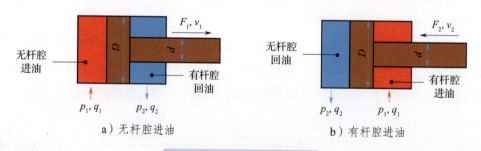

图 7-2-13　单杆活塞液压缸

两腔的有效工作面积不同，当分别向缸两腔供油，且供油压力和流量相同时，活塞（或缸体）在两个方向产生的推力和运动速度不相等。

当无杆腔进油，有杆腔回油时，如图 7-2-13a 所示，活塞推力 F_1 和运动速度 v_1 分别为：

$$F_1=p_1A_1-p_2A_2=\frac{\pi}{4}[(p_1-p_2)D^2+p_2d^2] \tag{7-2-7}$$

$$v_1 = \frac{q}{A_1} = \frac{4q}{\pi D^2} \quad (7\text{-}2\text{-}8)$$

式中 A_1、A_2——分别为缸的无杆腔、有杆腔有效工作面积；

D、d——分别为活塞的直径、活塞杆的直径；

p_1、p_2——分别为进油腔的压力、回油腔的压力；

q——输入液压缸的流量。

当有杆腔进油，无杆腔回油时，如图 7-2-13b 所示，活塞推力 F_2 和运动速度 v_2 分别为：

$$F_2 = p_1 A_2 - p_2 A_1 = \frac{\pi}{4}\left[(p_1 - p_2)D^2 - p_1 d^2\right] \quad (7\text{-}2\text{-}9)$$

$$v_2 = \frac{q}{A_2} = \frac{4q}{\pi(D^2 - d^2)} \quad (7\text{-}2\text{-}10)$$

可见：$v_1 < v_2$，$F_1 > F_2$，即无杆腔进压力油工作时，推力大，速度低；有杆腔进压力油工作时，推力小，速度高。因此，单杆活塞缸常用于一个方向有较大负载，运行速度较低，另一个方向为空载，需要快速退回的设备。

单杆活塞缸在其左、右两腔互相接通并同时输入压力油时，称为差动连接，如图 7-2-14 所示。这时，缸两腔的压力相同，由于无杆腔工作面积大于有杆腔工作面积，故活塞向右的推力大于向左的推力，使其向右移动。同时使右腔排出的流量 q' 也进入左腔，流进左腔的流量为 $q+q'$，从而就加快了活塞的移动速度。

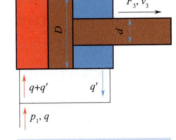

图 7-2-14 液压缸差动连接

单杆活塞缸作差动连接时，活塞的推力 F_3 和速度 v_3 分别为：

$$F_3 = p_1(A_1 - A_2) = p_1 \frac{\pi}{4} d^2 \quad (7\text{-}2\text{-}11)$$

$$v_3 = \frac{4q}{\pi d^2} \quad (7\text{-}2\text{-}12)$$

单活塞杆缸还常用于在需要实现"快进（差动连接）→工进（无杆腔进油）→快退（有杆腔进油）"工作循环的组合机床等设备的液压系统中。这时，通常要求"快进"和"快退"的速度相等即 $v_2 = v_3$，由式（7-2-10）和式（7-2-12）可得：$D = \sqrt{2}\,d$。

2. 柱塞式液压缸

虽然活塞式液压缸的应用非常广泛，但这种液压缸由于缸孔加工精度要求很高，当行程较长时，加工难度大，使得制造成本增加。在生产实践中，某些场合所用的液压缸并不要求双向控制，柱塞式液压缸正是满足了这种使用要求的一种价格低廉的液压缸。

柱塞式液压缸是指在缸体内做相对往复运动的组件是柱塞的液压缸，如图 7-2-15 所示。当油口进油时，柱塞向左运动，柱塞的回程要通过弹簧、自重等其他外力来实现。

单柱塞泵工作原理

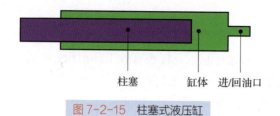

图 7-2-15 柱塞式液压缸

柱塞式液压缸

为了得到双向运动，柱塞缸常成对使用，如图 7-2-16 所示。

柱塞式液压缸（成对使用）

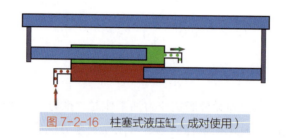

图 7-2-16 柱塞式液压缸（成对使用）

柱塞缸式液压缸的柱塞端面是受压面，其面积的大小决定了柱塞缸的输出速度和推力，为了保证柱塞缸有足够的推力和稳定性，一般柱塞较粗，重量较大，水平安装时易产生单边磨损，故柱塞缸适宜于垂直安装使用。为了减轻柱塞的重量，有时制成空心柱塞。

3. 摆动式液压缸

它是输出转矩并实现往复摆动的液压执行元件，又称摆动式液压马达，主要有单叶片式和双叶片式两种结构形式。

单叶片式摆动缸如图 7-2-17 所示，由叶片轴 3、缸体 2、定子块 1 和回转叶片 4 等零件组成。定子块固定在缸体上，叶片和叶片轴连接在一起，当两个油口交替输入压力油时，叶片两侧所受油压不同，从而产生转矩，叶片带动叶片轴做往复摆动，输出转矩和角速度。单叶片缸输出轴的摆角小于 280°。

双叶片式摆动缸的原理如图 7-2-18 所示，当输入压力和流量不变时，双叶片摆动缸摆动轴输出转矩是相同参数单叶片摆动缸的两倍，而摆动角速度则是单叶片式摆动缸的一半。双叶片缸输出轴的摆角小于 150°。摆动缸结构紧凑，输出转矩大，但密封困难，一般用于

单叶片式摆动缸

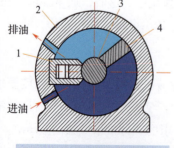

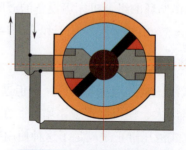

双叶片式摆动缸

图 7-2-17 单叶片式摆动缸
1—定子块 2—缸体
3—叶片轴 4—叶片

图 7-2-18 双叶片式摆动缸

机床和工夹具的夹紧装置、送料装置、转位装置、周期性进给机构等中低压系统，以及工程机械中。

五、液压马达

引导问题：油液马达是如何在液压力的驱动下旋转做功的？有哪些类型？

液压马达是液压系统的一种执行元件，它将液压泵提供的液体压力能转变为其输出轴的机械能（转矩和转速）。液体是传递力和运动的介质。液压马达按结构可分为齿轮式、叶片式和柱塞式三大类；按排量能否改变可分为定量马达和变量马达；按转速分为高速液压马达和低速液压马达。

从能量转换的观点来看，液压泵与液压马达是可逆工作的液压元件，向任何一种液压泵输入工作液体，都可使其变成液压马达工况；反之，当液压马达的主轴由外力矩驱动旋转时，也可变为液压泵工况。但是，由于液压马达和液压泵的工作条件不同，对它们的性能要求也不一样。所以，同类型的液压马达和液压泵之间，仍存在许多差别。因此在实际结构上只有少数液压泵能做液压马达使用。

1. 叶片式液压马达

如图 7-2-19 所示，叶片式液压马达在结构上与叶片泵相似，如图所示右侧油口通高压油，左侧油口接油箱。当压力油从配油窗口进入油腔后，叶片 2、6 在进油腔，4、8 在回油腔，叶片两边所受作用力相等，不产生转矩。而叶片 3、7 和 1、5 处在封油区，一面是高压

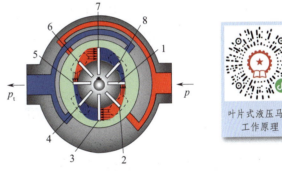

图 7-2-19 叶片式液压马达工作原理

油作用，另一面为低压油作用，两边压力不同，从而产出转矩。叶片 3、7 产生顺时针方向转矩 T_1；叶片 1、5 产生逆时针方向转矩 T_2。但叶片 3、7 伸出量比叶片 1、5 长，受力面积大，所输出的转矩也比 1、5 大，即 $T_1 > T_2$，转子因而产生顺时针转动并输出转矩，转矩大小为：$T_1 - T_2$。

叶片式液压马达外形尺寸小、转动惯量小、动作灵敏、适用于换向频率较高的场合；缺点是泄漏量较大、不能在很低的转速下工作。因此，叶片式液压马达一般用于高转速、小转矩和动作要求灵敏的液压系统中。

2. 轴向柱塞液压马达

轴向柱塞液压马达在机床液压系统中应用较多，其结构和轴向柱塞泵基本相同，图 7-2-20 为斜盘式轴向柱塞液压马达的工作原理图。斜盘 1 和配流盘 4 固定不动，转子（缸体）2 和液压马达的传动轴通过键连接，并一起转动。斜盘与缸体二者轴线倾斜夹角为 δ，柱塞 3 的轴向安装在缸体 2 内。当压力油通过配流盘窗口输入到缸体柱塞孔中时，压力油对柱塞产生作用力，将柱塞顶出，紧紧压在斜盘端面上，斜盘给每个柱塞的反作用力 F 是垂直于斜盘端

面的，压力分解为两个力：轴向力 F_x 和垂直于柱塞轴线的力 F_y。F_x 与柱塞上的液压推力相平衡；F_y 产生绕液压马达传动轴的转矩，并驱动柱塞绕传动轴转动，从而带动转子旋转，输出转矩和转速。改变输油方向，液压马达的旋转方向也可改变。改变倾角 δ 的大小可以改变液压马达的排量，成为变量泵。

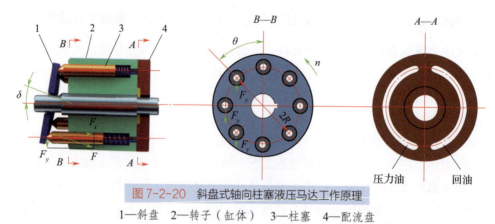

图 7-2-20　斜盘式轴向柱塞液压马达工作原理

1—斜盘　2—转子（缸体）　3—柱塞　4—配流盘

轴向柱塞液压马达输出转矩按正弦规律变化，故输出转矩是脉动的，柱塞数目较多且为单数时，脉动较小。它适用于较低的工作转速，多用于机床及各种自动控制的液压系统中。

单元三　液压阀

学习目标

1. 能叙述液压控制阀的种类，熟悉液压控制阀的特点、功用。
2. 能识别各种液压控制阀的图形符号。
3. 能正确分析三位换向阀滑阀中位机能特点。

内容概要

液压控制阀是液压系统的控制元件，其作用是控制和调节液压系统液流方向、压力和流量。根据用途和工作特点不同，液压控制阀可分为方向控制阀、压力控制阀和流量控制阀。

知识准备

一、方向控制阀

? 引导问题：液压系统的液流方向是如何控制的？三位换向阀有哪些典型的中位机能，各有什么特点？

方向控制阀简称方向阀，其基本功能是控制液压系统中液流的方向，以改变执行机构的运动方向或动作顺序。方向阀通过改变阀芯和阀体的相对位置来控制液流的方向，对于方向阀的每个通流口而言，只有打开和关闭两种状态。方向阀可分为单向阀和换向阀两大类。

1. 单向阀

单向阀又称止回阀，它使液体只能沿一个方向通过。对单向阀的主要性能要求是：油液向一个方向通过时压力损失要小；反向不通时密封性要好；动作灵敏，工作时无撞击和噪声。常用的单向阀又分为普通单向阀和液控单向阀两种。

（1）普通单向阀

普通单向阀的结构和职能符号如图 7-3-1 所示。当 P_1 口通高压油，油液对阀芯所产生的压力大于弹簧对阀芯的作用力时，压力油顶开阀芯，油液从 P_1 口流入，从 P_2 口流出。当油液倒流时，液压作用力使阀芯紧压在阀体上，阀口关闭，油路不通。常用的单向阀阀芯有球形和锥形两种，其中锥形阀芯的阻力小，密封性较好。一般单向阀的开启压力为 0.03~0.05MPa。

单向阀的应用主要有：

1）它常被安装在泵的出口，一方面防止液压工作系统的压力冲击影响泵的正常工作，另一方面防止泵不工作时，系统油液倒流经液压泵回油箱；

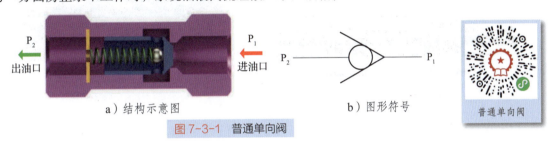

图 7-3-1 普通单向阀

2）被用来分隔油路以防止高、低压相互干扰；

3）与其他的阀组成单向节流阀、单向减压阀、单向顺序阀等；

4）安装在执行元件的回油路上，使回油具有一定背压，作为背压阀的单向阀应具有刚度较大的弹簧，使其正向开启压力达到 0.3~0.5MPa。

（2）液控单向阀

液控单向阀与普通单向阀的不同之处在于液控油路（在职能符号中用虚线表示控制油路，实线代表主油路）。液控单向阀的结构和职能符号如图 7-3-2 所示，当压力油通过控制油口 K 进入控制油路时，压力油推动控制活塞并通过顶杆将阀芯顶开，P_1 与 P_2 相通，油液可以从 P_2 流向 P_1 或者从 P_1 流向 P_2。当控制油路切断后，油液只能由 P_1 向 P_2 单向流动。

图 7-3-2 液控单向阀

2. 换向阀

换向阀可根据不同的方式进行分类。按阀芯的结构不同可分为滑阀式和转阀式，滑阀的阀芯为移动式，转阀的阀芯为摆动式。按阀的操纵方式不同可分为手动式、机动式（行程）、电磁式、液动式和电液式几种。按阀的位置和通路数不同可分为二位二通阀、二位三通阀、三位四通阀、三位五通阀等。

换向阀主体结构包括阀芯和阀体，阀芯的形状如图 7-3-3 所示，是在圆柱体上加了若干个台肩。换向阀的阀体是在阀体内圆柱孔上加工出若干个环形沟槽（沉割槽），每个环形沟槽或直接或通过阀体内部通道与外部油路连接，如图 7-3-4 所示。当阀芯运动时，通过阀芯的台肩开启或封闭阀体上的沉割槽，接通或关闭与沉割槽相同的油口。

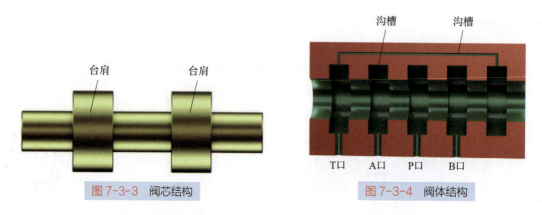

图 7-3-3 阀芯结构　　　　图 7-3-4 阀体结构

图 7-3-5 为三位五通阀的结构示意图，阀芯上有三个台肩，阀体上开有五个环形槽，每个环形槽直接与外部油路相通，左侧四个油口依次为 T、A、P、B，最右侧环形槽通过外部油路与油箱相通。A 口、B 口两个油口通常为工作油口，与液压缸相连，P 口与液压泵相连，T 口与油箱相连。当阀芯处于左位时，B 口和 P 口相通，A 口和 T 口相通，由液压泵出来的压力油经 P 口到 B 口进入液压缸的右腔（有杆腔），液压缸左腔（无杆腔）的油液可以经 A 口到 T 口流回油箱，液压缸活塞左移。当阀芯处于右位时，A 口和 P 口相通，B 口经内部通道和 T 口相通，由液压泵出来的压力油经 P 口到 A 口进入液压缸的左腔（无杆腔），液压缸右腔（有杆腔）的油液可以经 B 口和最右侧油口，流回油箱，液压缸活塞右移。当阀芯处于中间位置时，各个油口均被封闭，液压缸左腔和右腔都充满液压油，液压缸活塞处于静止状态。

三位五通换向阀结构与原理

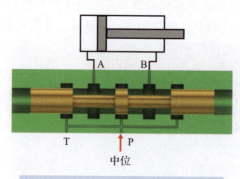

图 7-3-5 三位五通换向阀结构与原理

在液压原理图中,各种阀都是用图形符号来表示的,对于液压阀的图形符号的具体说明如下:

1)用方格数表示换向阀的"位",即阀芯在阀体内有几个工作位置,三个方格即三个工作位置。

2)在一个方格内,箭头"↑"或堵塞符号"⊥"与方格的相交点数为油口通路数。箭头"↑"表示两油口相通,并不表示实际流向;"⊥"表示该油口不通流。

3)P表示进油口,T表示通油箱的回油口,A和B表示连接其他两个工作油路的油口。

4)控制方式和复位弹簧的符号画在方格的两侧。

5)三位阀的中位,二位阀靠有弹簧的那一方格为常态位,常态指当换向阀没有操纵力作用时处于的状态。在液压系统图中,换向阀的符号与油路的连接应画在常态位上。

常用滑动式换向阀位和通的结构原理和图形符号见表7-3-1。

表 7-3-1 常用滑动式换向阀位和通的结构原理和图形符号

名称	结构原理图	图形符号
二位二通	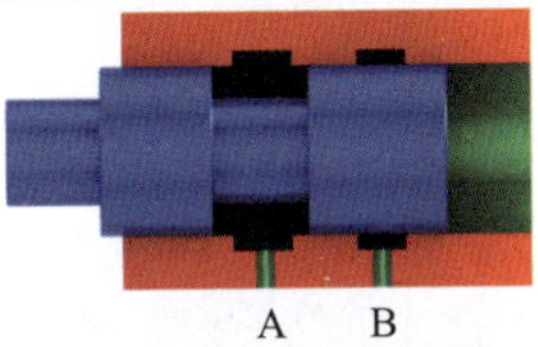	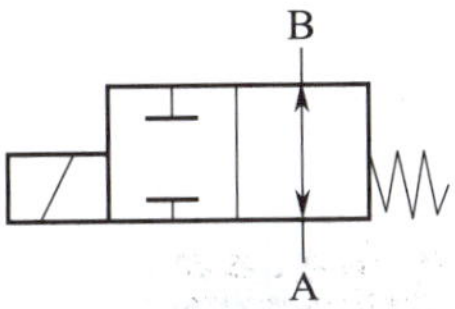
二位三通	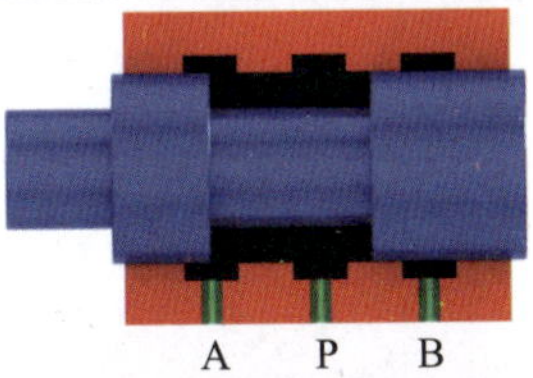	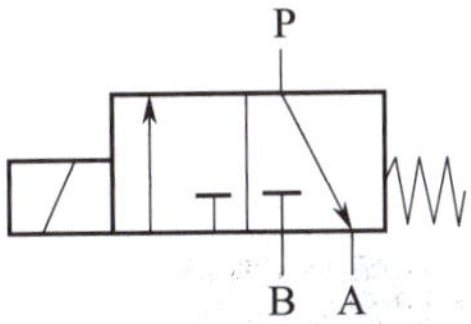
二位四通	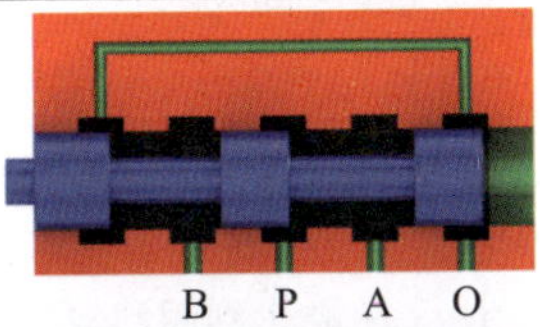	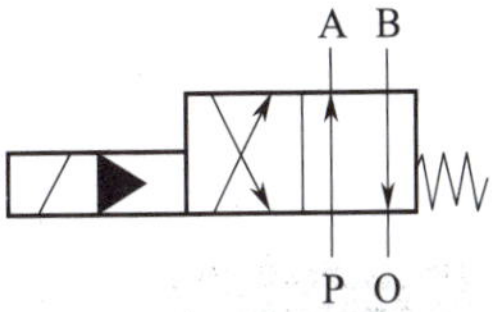
二位五通	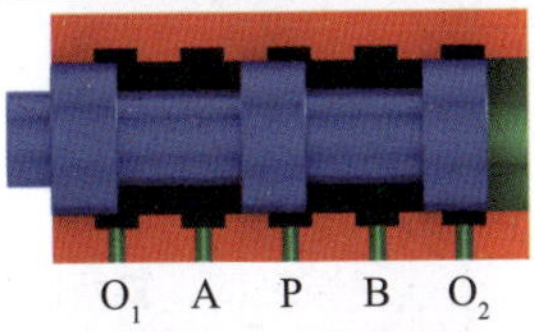	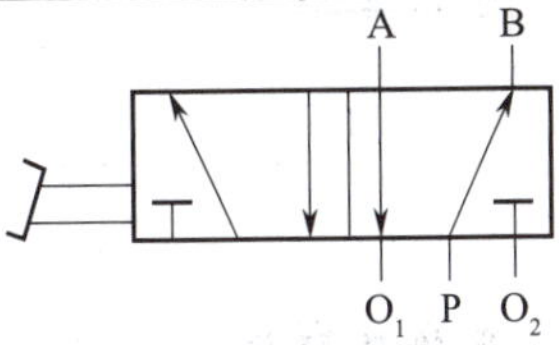
三位四通	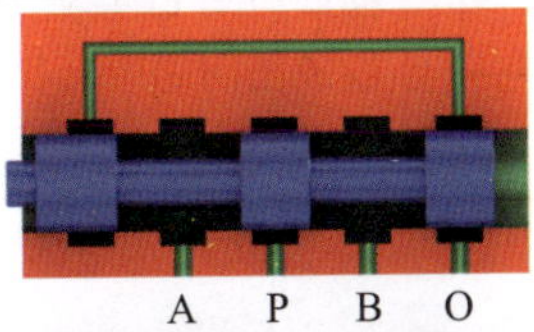	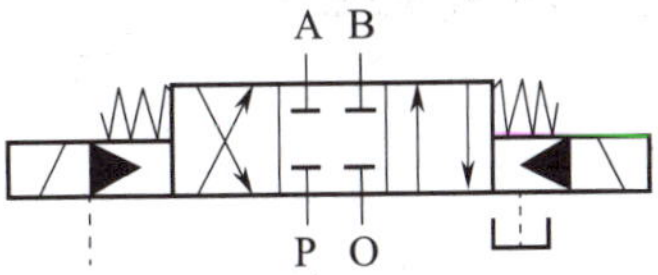
三位五通	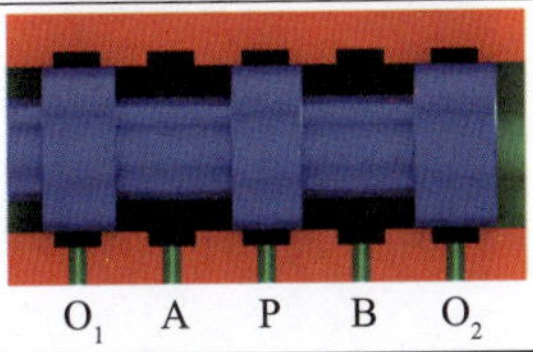	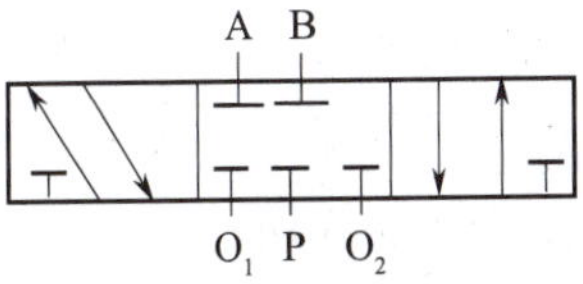

151

3. 三位换向阀的中位机能

三位换向阀在常态位即中位时,油口的接通状态有各种不同的形式,因此对系统的控制性能也不同。这种形式称为三位换向阀的中位机能,用英文大写字母来表示。在选用时要根据不同的工作要求,考虑在中位时执行元件的换向精度,换向与起动的平稳性,是否需要保压或卸荷,是否需要浮动或差动,液压泵是否卸荷,是否对其他之路供油等因素,综合确定。表 7-3-2 是常用三位四通换向阀的中位机能。

表 7-3-2 三位四通换向阀的中位机能

代号	结构原理	中间位置示意图		技能特点和作用
		三位四通	三位五通	
O		A B / P T	A B / T₁ P T₂	各油口全部封闭,缸两腔闭锁,泵不卸荷,液压缸充满油,从静止到起动平稳,制动时运动惯性引起液压冲击较大,换向位置精度高
H		A B / P T	A B / T₁ P T₂	各油口全部连通,泵卸荷,缸成浮动状态,缸两腔接通油箱,从静止到起动有冲击,制动时油口互通,换向平稳,但换向位置变动大
Y		A B / P T	A B / T₁ P T₂	泵不卸荷,缸两腔通回油,缸成浮动状态,从静止到起动有冲击。制动性能介于O型和H型之间
P		A B / P T	A B / T₁ P T₂	液压缸两腔同时通压力油,可实现差动回路,从静止到起动较平稳;制动时缸两腔均通压力油,故制动平稳;换向位置变动比H型的小
M		A B / P T	A B / T₁ P T₂	泵卸荷,缸两腔封闭,从静止到起动较平稳,换向时与O型相同,可用于泵卸荷液压缸锁紧的液压回路中

4. 换向阀的操纵方式

换向阀是通过改变阀芯和阀体的相对位置来控制液流的方向,根据改变阀芯位置的方式不同,换向阀的操纵方式可分为:机械控制、人力控制、电气控制、先导控制等几种,其图形符号如表 7-3-3 所示。

表 7-3-3 换向阀的操纵方式

名称	图形符号	说明
机械（滚轮）控制		依靠安装在缸运动件（活塞杆或缸体）上的挡铁推动阀芯移动而换位
人力（手柄）控制		手动操纵杠杆推动阀芯移动而换位
电气控制		利用电磁铁的通电吸力推动阀芯移动而换位
先导控制		外部液压先导控制
		电磁液压先导控制

二、压力控制阀

? 引导问题： 液压系统是如何控制和调节压力的？各种压力控制阀的结构与功能有何不同？

在液压系统中，用来控制液体工作压力的阀和利用压力信号控制其他元件的阀都是压力控制阀。利用阀芯上的液体压力与弹簧力的相互作用来控制阀口的开度、调节压力或产生动作。常见的压力控制阀有溢流阀、减压阀和顺序阀等。

1. 溢流阀

在定量泵供油的液压系统中，执行元件驱动负载的速度由节流阀来控制。由于液压泵输出的流量大于液压缸所需的流量，使节流阀前的压力升高，因此必须在系统中与液压泵并联一个溢流阀。当油液压力达到溢流阀的调定值，也就是驱动总负载的所需值时，溢流阀打开，在使多余油液溢流回油箱的同时，保持系统压力稳定在调定值。这就是溢流阀的溢流定压作用，主要是维持进入阀口的油压维持恒定。

（1）直动式溢流阀

图 7-3-6 是直动式溢流阀的原理图，压力油经 P 口进入阀体，并经阻尼孔 a 进入阀芯的下端油腔。设阀芯下端油腔面积为 A，压力油作用于阀芯底部的力为 pA，调压弹簧的作用力

为 F_s，忽略阀芯自重和摩擦力。

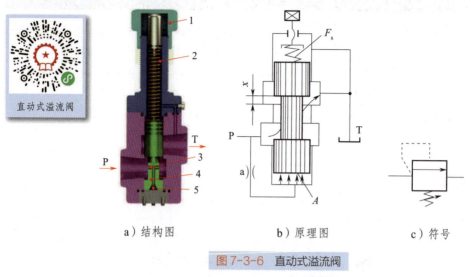

a）结构图　　　　b）原理图　　　c）符号

图 7-3-6　直动式溢流阀

1—调节螺母　2—弹簧　3—径向孔　4—轴向阻尼孔a　5—下端油腔

在执行元件没有拖动全部负载时，系统压力较低，$pA < F_s$，阀口 x 关闭，无溢流；随着负载增加，系统压力升高，$pA > F_s$，弹簧被压缩，阀芯上移，并且弹簧的压缩量增加，使得弹簧力 F_s 增加，直到 $pA=F_s$，阀芯停止上移，阀门打开，开始溢流，溢流阀起到溢流、定压作用。如果工作过程中，系统压力发生变化，压力调节过程如下：如果系统压力升高，超过调定值，则阀口 x 开度增加，溢流阻力减小，溢流量增大，使系统压力降至调定值；如果系统压力低于调定值，则阀口 x 开度减小，溢流阻力加大，使系统压力升到调定值。由于阀口开度值变化很小，弹簧力 F_s 可近似视为常数，所以系统压力（进油口压力 p）可以控制在调定值保持不变，即 $p=F_s/A$。弹簧对阀芯的压紧力可以通过调节螺母调节。

若用直动式溢流阀控制较高压力时，因需用刚度较大的弹簧，从而导致调节困难，油压波动较大。因此直动式溢流阀一般只用于低压小流量系统或作为先导阀使用。

（2）先导式溢流阀

先导式溢流阀由先导阀与主阀两部分组成，图 7-3-7 为先导式溢流阀的工作原理图。压力油经 P 口进入，并经油道 g 进入阀芯下腔；同时经阻尼孔 e 进入阀芯上腔；而主阀芯上腔压力由直动式锥形溢流阀来调整并控制。当系统压力低于调定压力值时，锥阀关闭，经阻尼孔 e 的油液不流动，孔 e 前后油液压力相同，因主阀芯上下端有效作用面积相同，压力相等，主阀芯上下两端所受油液作用力均为 pA，所以主阀芯在弹簧 S_2 作用下使阀口关闭，不溢流。当系统压力达到调定值时，锥阀打开，主阀上腔油液经先导阀与油箱相通，主阀芯上腔油压 p_1 保持不变。油液流经阻尼孔 e，压力下降，使得 $p_1 < p$，主阀芯两端所受油液作用力不相等，下端压力大于上端压力，当主阀芯上下端面所受压力差大于弹簧 S_2 的作用力 F_{S_2} 时，主阀芯抬起，实现溢流定压。

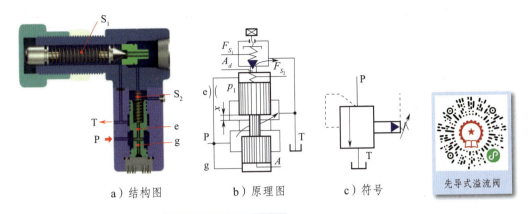

a）结构图　　　　　b）原理图　　　　c）符号

图 7-3-7　先导式溢流阀

由于主阀芯开度是靠上下两面的液压差形成的液压力与弹簧力相互作用来调节，所以弹簧 S_2 的刚度很小。这样在阀口开度随溢流量发生变化时，压力 p 的波动很小。

2. 减压阀

减压阀的作用是降低液压系统中某一部分的压力，使阀的出口油压低于阀的入口油压，并保持出口油压的稳定。减压阀也分为直动式和先导式，一般常用先导式减压阀，图 7-3-8 是先导式减压阀的工作原理图。

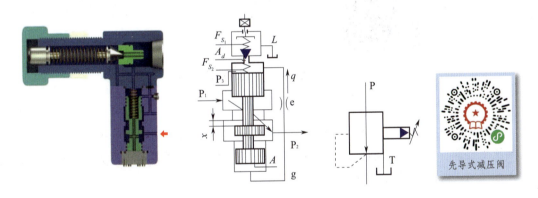

图 7-3-8　先导式减压阀

高压油以 p_1 进入减压阀经减压口 x 到阀的出口，并且压力降为 p_2，接减压油路。p_2 同时经油道 g 进入主阀芯下腔，经阻尼孔 e 进入阀芯上腔，并作用于先导锥阀。当出口压力 p_2 低于调定压力值时，锥阀关闭、主阀芯上下腔油压相等，在弹簧 S_2 使主阀芯处于最下端，减压口 x 全开，不起减压作用。当阀口的出口压力 p_2 达到调整压力值时，锥阀打开。经阻尼孔 e 的油液流动，产生压降，并经先导锥阀和卸油孔 L 单独回到油箱。当主阀芯上下腔的压差作用力大于弹簧作用力 F_{S_1} 时，阀芯上移，减压口 x 关小，液压油流经减压口 x 时，产生更大的压力降，控制出口压力为调定值。当负载变化，造成出口压力 p_2 升高，则主阀芯上、下腔压差增大，使主阀芯上移，减压口 x 开度减小，液阻增大，使出口压力下降。反之，则使出口压力回升。这样就能通过自动调节减压口 x 的开度，来保持出口压力 p_2 稳定在调定值。

由于进出油口均接压力油,所以卸油口 L 要单独接油箱。注意减压阀的图形符号和溢流阀的图形符号的区别。

3. 顺序阀

顺序阀是用来控制液压系统中各执行元件动作的先后顺序。顺序阀也有直动式和先导式两种,前者一般用于低压系统,后者用于中高压系统。依控制压力的不同,顺序阀又可分为内控式和外控式两种。前者用阀的进口压力控制阀芯的启闭,后者用外来的控制压力油控制阀芯的启闭(即液控顺序阀)。

(1)直动内控顺序阀

如图 7-3-9 所示,当进油口压力 p_1 较低时,阀芯在弹簧作用下处下端位置,进油口和出油口不相通。当作用在阀芯下端的油液的液压力大于弹簧的预紧力时,阀芯向上移动,阀口打开,油液便经阀口从出油口流出,从而操纵另一执行元件或其他元件动作。需要注意的是:顺序阀的出油口通向系统的另一压力油路,而溢流阀的出油口通油箱。

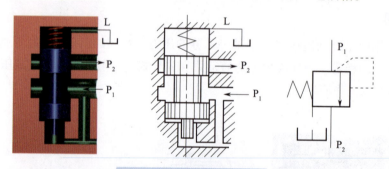

图 7-3-9 直动内控顺序阀

(2)直动式外控顺序阀

如图 7-3-10 所示,直动式外控顺序阀的阀芯的启闭是利用通入控制油口 K 的外部控制油压来控制。当 K 口有油压时,阀芯的启闭由控制油液的压力是否达到调定值决定;当 K 口无油压时,阀门为关闭状态。

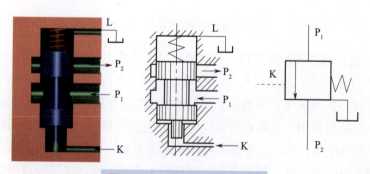

图 7-3-10 直动式外控顺序阀

(3)先导式顺序阀

如图 7-3-11 所示,油液从进油口 P_1 进入,经阻尼孔 e 到达主阀弹簧腔,并作用在先导阀锥阀芯上。当进油压力不高时,液压力不能克服先导阀的弹簧阻力,先导阀口关闭,阀内无油液流动,这时主阀芯因上下腔油压相同,故被主阀弹簧压在阀座上,P_1 和 P_2 口隔断,顺序阀进、出油口关闭。当进油压力升高到先导阀弹簧的预调压力时,先导阀口打开,上腔中的压力油就可以流回油箱。这时下腔油液流过阻尼孔 e 时形成节流,使主阀芯两端形成了压力差。主阀芯在此压差作用下克服弹簧阻力向上移动,使进、回油口连通。

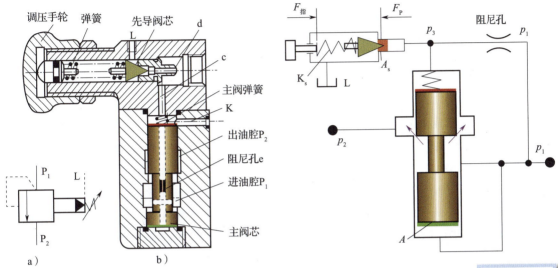

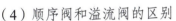

图 7-3-11　先导式顺序阀

先导式顺序阀

（4）顺序阀和溢流阀的区别

顺序阀在结构上与溢流阀十分相似,但在性能和功能上有很大区别,主要有:

1）溢流阀的出口必须接油箱,顺序阀出口可接下一级液压元件。

2）溢流阀为内泄漏,顺序阀需单独引出泄漏通道,为外泄漏。

3）溢流阀打开时,阀处于半打开状态,主阀芯开口处节流作用强;顺序阀打开时,阀处于全打开状态,主通道节流作用弱。

三、流量控制阀

> **引导问题**：液压系统是如何控制执行元件的移动或转动速度的？节流阀与调速阀的功能与特点有哪些？

流量控制阀简称流量阀,它是通过改变各阀通流面积的大小来进行调节液阻和输出流量从而控制执行元件的运动速度,即 $v=q/A$。对流量控制阀的主要性能要求是:

1）阀的压力差变化时,通过阀的流量变化小。

2）油温变化时,流量变化小。

3）流量调节范围大,在小流量时不易堵塞,能得到很小的稳定流量。

4）当阀全开时，通过阀的压力损失要小。

5）阀的泄漏量要小。

流量控制阀主要有节流阀和调速阀。

1. 节流阀

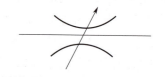

图 7-3-12　节流阀的图形符号

节流阀的图形符号如图 7-3-12 所示。节流阀结构简单，制造容易，体积小，使用方便，但负载和温度的变化对流量的稳定性的影响较大，因此只适用于负载和温度变化不大，或速度稳定性要求不高的液压系统。

节流口是流量阀的关键部位，节流口形式及其特性在很大程度上决定着流量控制阀的性能。图 7-3-13 所示为针阀式（锥形凸肩）节流口，油液从 P_1 口流入，经节流口，从 P_2 口流出。当阀芯左移阀口开度增加，通流截面增加，流量增大；阀芯右移，则流量减小。这种阀芯结构简单，可当截止阀用。调节范围较大。由于过流断面仍是同心环状间隙，水力半径较小，小流量时易堵塞，温度对流量的影响较大。一般用于要求较低的场合。

图 7-3-14 是轴向三角槽式节流口，这种节流口是沿阀芯的轴向开若干个三角槽。阀芯做轴向运动，即可改变开口量 h，从而改变过流断面面积。节流口结构简单，水力半径大，调节范围较大。小流量时稳定性好，最低对流量的稳定流量为 50ml/min。因小流量稳定性好，是目前应用最广的一种节流口。

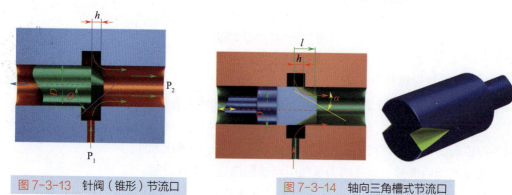

图 7-3-13　针阀（锥形）节流口　　　图 7-3-14　轴向三角槽式节流口

2. 调速阀

通过节流阀的流体流量不仅和通流面积大小有关，还与节流阀两端的压差有关，通流面积相同，两端压差越大，流量也越大。在液压系统中，执行元件的负载变化引起系统压力变化，从而使节流阀两端的压差也发生变化，而执行元件的运动速度与通过节流阀的流量有关。因此，负载变化，其运动速度也相应发生变化。为了使流经节流阀的流量不受负载变化的影响，必须对节流阀前后的压差进行压力补偿，使其保持在一个稳定值上。这种带压力补偿的流量阀称为调速阀。

调速阀由定差减压阀和节流阀、串联组成，定差减压阀可以串联在节流阀之前，也可以串联在节流阀之后。如图 7-3-15 所示，$p_3\uparrow$，$(p_2-p_3)\downarrow$，减压阀阀芯下移，减压口加大，压降↓，使 $p_2\uparrow$，从而使 (p_2-p_3) 不变，节流阀口开度不变，q 不变。

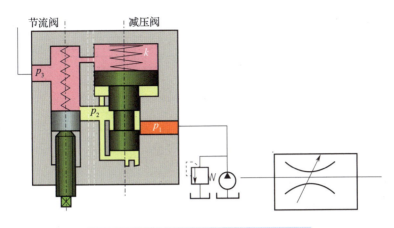

图 7-3-15 调速阀工作原理图与图形符号

单元四 汽车常用液压回路

学习目标

1. 能叙述液压基本回路的工作原理及特点。
2. 能叙述液压基本回路的功用和应用范围。
3. 能正确识别与分析回路的组成形式，及液压元件在回路中的作用。
4. 能正确分析典型液压回路。
5. 能对典型回路中相关参数进行计算。

内容概要

液压基本回路是由一些液压元件组成，并能完成特定功能的典型回路。常用的液压基本回路按其功能分为方向控制回路、压力控制回路、速度控制回路、顺序动作回路，每一基本回路按其具体作用又可细分为若干具体的典型基本回路。汽车液压助力转向系统和制动防抱死系统就是典型的方向控制回路。

知识准备

一、典型液压回路分析

现代设备的液压系统，不论其复杂程度如何，总是由一些能完成一定功能的常用基本回路组成的。了解和熟悉这些常用的基本回路，对于正确分析各种回路的工作原理，掌握回路的功能，阅读液压系统图都是十分重要的。

1. 节流阀进油调速回路

图 7-4-1 所示为节流阀进油节流调速回路，这种调速回路采用定量泵供油，在泵与执行

元件之间串联安装有节流阀，在泵的出口处并联安装一个溢流阀。这种回路在正常工作中，溢流阀是常开的，以保证泵的输出油液压力达到一个稳定的状态。因此，该回路又称为定压式节流调速回路。泵在工作中输出的油液根据需要一部分进入液压缸，推动活塞运动，一部分经溢流阀溢流回油箱。进入液压缸的油液流量的大小就由调节节流阀开口的大小来决定。

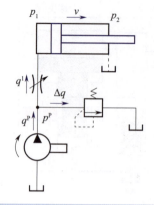

图 7-4-1 节流阀进油节流调速回路

进油节流调速回路不易在负载变化较大的工作情况下使用，这种情况下，速度变化大，效率低，主要原因是溢流损失大。

2. 手动换向回路

图 7-4-2 所示的手动换向回路是通过手动二位四通阀来完成换向动作的。当二位四通阀左位工作时，液压泵所提供的压力油经二位四通阀进入液压缸左腔。液压缸右腔的油回到油箱，液压缸活塞右移，此时溢流阀 1 起到保持系统压力恒定的作用，溢流阀 2 为关闭状态。当手动二位四通阀右位工作时，液压泵所提供的压力油经二位四通阀进入液压缸右腔。液压缸左腔的油回到油箱，液压缸活塞左移。此时，溢流阀 2 起到保持系统压力恒定的作用，溢流阀 1 为关闭状态。

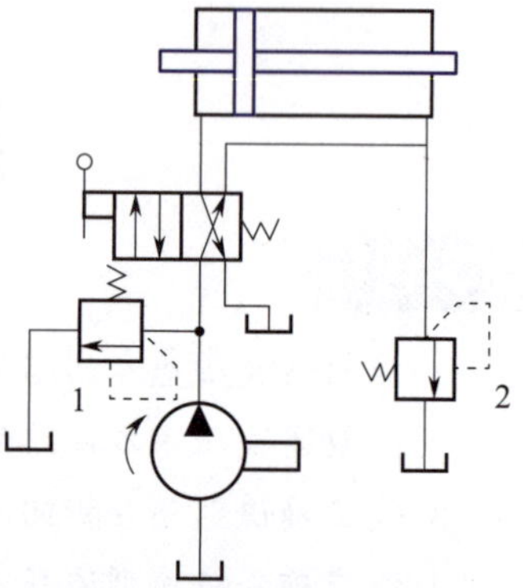

图 7-4-2 手动换向回路

1、2—溢流阀

3. 液控单向阀锁紧回路

如图 7-4-3 所示，由两个液控单向阀所组成的锁紧回路，液控单向阀 1 的液控口接液控单向阀 2 的进油口；液控单向阀 2 的液控口接液控单向阀 1 的进油口。当三位四通电磁换向阀处于中位时，两个液控单向阀进油及控制油口都与油箱相通，使两个液控单向阀迅速关闭，可实现对液压缸的双向锁紧。在工程机械液压系统中常用此类单向阀锁紧回路。

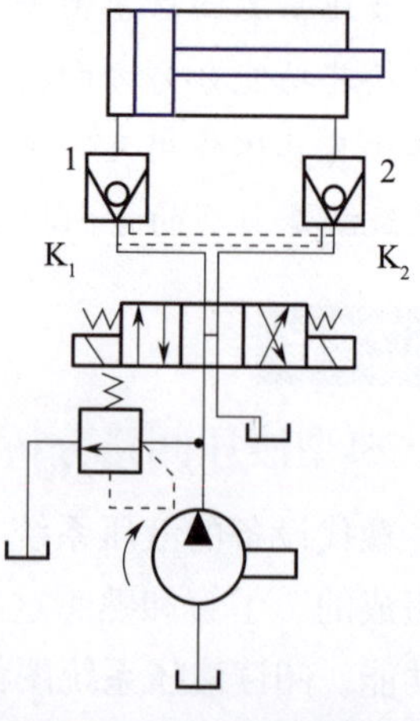

4. 三级调压回路

如图 7-4-4 所示，系统的控制阀包括先导式溢流阀 1、溢流阀 2、溢流阀 3、三位四通电磁阀 4。溢流阀 1、溢流阀 2、溢流阀 3 的调定压力分别为 p_1、p_2、p_3，且 $p_1 > p_2 > p_3$。当电磁铁 1YA 和 2YA 都不通电时，三位四通电磁阀处于中位，

图 7-4-3 液控单向阀锁紧回路

1、2—液控单向阀

先导式溢流阀的控制口不接油路，系统压力由先导式溢流阀1的调定压力值所决定，确保系统压力不超过p_1；当电磁铁1YA通电，三位四通电磁阀处于左位，先导式溢流阀的控制口接到溢流阀2，此时系统压力由溢流阀2的调定压力所决定，为p_2；当电磁铁2YA通电，三位四通电磁阀处于右位，先导式溢流阀的控制口接到溢流阀3，此时系统压力由溢流阀3的调定压力所决定，为p_3。

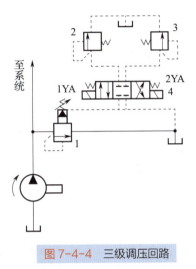

图 7-4-4　三级调压回路

1、2、3—溢流阀　4—三位四通电磁阀

5. 差动连接快速回路

如图7-4-5所示，单杆式液压缸为活塞杆固定式，液压缸可左右移动。为实现液压缸快速向左移动，通过控制阀使液压缸的油路连接方式为差动式连接。电磁铁1YA通电、2YA和3YA断电，三位四通电磁阀1处于左位工作，液压油可进入液压缸左腔，同时液压缸右腔的油经二位三通电磁阀也进入液压缸左腔，实现差动连接，液压缸快速向左移动。电磁铁1YA

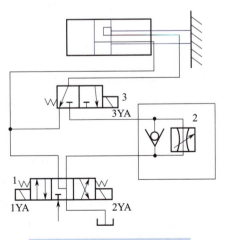

图 7-4-5　差动连接快速回路

1—三位四通电磁阀　2—单向节流阀
3—二位三通电磁阀

和3YA通电、2YA断电,二位三通电磁阀右位工作,液压缸右腔的油经二位三通电磁阀和单向节流阀2流回油箱,液压缸向左的移动速度由单向节流阀2调节。电磁铁2YA和3YA通电、1YA断电,三位四通电磁阀1和二位三通电磁阀3都处于右位工作,液压油经单向节流阀进入液压缸右腔,液压缸左腔的油流回油箱,液压缸快速向右退回。

6. 串联调速阀速度换接回路

如图7-4-6所示,系统用两个调速阀 A、B 串联实现快慢两级速度换接,其中调速阀 B 的开度比调速阀 A 的开度小。电磁铁1YA通电,2YA和3YA断电,压力油经三位四通电磁阀左位、调速阀 A、二位二通电磁阀左位进入液压缸左腔,液压缸活塞快速向右移动;电磁铁1YA和3YA通电,2YA断电,进入液压缸左腔的压力油必须经过调速阀 A 和调速阀 B,由于调速阀 B 开度较小,所以液压缸活塞右移速度较小。

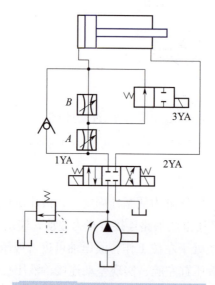

图7-4-6 串联调速阀速度换接回路

二、液压助力转向系统

❓ 引导问题: 汽车液压助力转向系统的结构、组成?如何实现助力转向的?

液压动力转向系统由动力转向装置转向传动机构两大部分组成,其中液压动力转向装置包括转向盘、转向柱、动力转向器、转向泵、储油罐及油管。

转向泵为叶片转子式结构,固定于发动机机体上,由发动机驱动,用来产生转向动力油压。其中流量控制阀用以控制转向泵最大输油量,并将流量控制在规定范围内,安全阀用来限制最高油压,当油泵输出油压过高时,安全阀自动打开,使出油口和进油口连通,降低输出油压,从而保证转向系统正常工作。

储油罐的作用是储存、冷却工作油液。

动力转向器包括转向螺杆、齿条活塞、齿扇轴、转阀、转向器壳体等机件。

1. 液压动力转向器的结构

（1）旋转式控制阀

控制阀是动力转向器的核心部件，主要由阀体、阀芯和扭杆等组成。动力缸前腔和后腔分别与阀体上相对应的两条油道相连，阀上还有回油道。转向控制阀控制压力油方向时，是通过控制阀中的阀芯与阀体围绕轴线相对转动来实现的，故称为旋转式控制阀。这种转向控制阀具有灵敏度高，密封件少，结构先进等优点，但结构复杂，材质及制造工艺要求高。

（2）齿轮活塞

齿轮活塞是转向齿条、动力缸活塞、转向螺母三位合成一体的零件。活塞前部为圆柱形断面，作为导向面与壳体上的缸筒滑动配合。在齿条活塞前端装有密封圈，将缸筒分隔成前后两腔室，其中前腔室通过转向器壳体下部的油道与控制阀下部的油道相通，而后腔室通过壳体上部的油道与控制阀上部的油道相通。壳体前端内设有前端盖及油封。

（3）齿扇轴与螺杆

齿扇轴、螺杆及循环钢球的结构与机械循环球式转向器基本相同。

2. 液压动力转向装置的工作原理

（1）汽车右转弯时

转向盘往右转，阀芯随转向柱向右转动（图7-4-7），同时由于转向阻力的反作用，扭杆与阀体相连的一端产生与此相反方向的变形，即阀体相对于阀芯有一个向左的转动，从而改变了阀芯与阀体所构成的通道。这时从进油道流入的油液流向动力缸的左腔，从而使左腔室成为高压区，动力缸右腔室经阀体回油道与回油路相通成为低压区。活塞在压力差作用下向右移动，推动转向轮向右偏转，从而使汽车向右行驶。

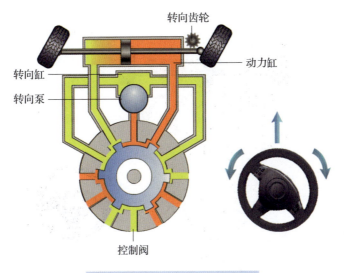

图7-4-7 右转弯时液压油路图

左、右转弯与直行时液压油路图

（2）汽车左转弯时

转向盘往左转，转向控制阀各元件运动状况与汽车右转弯时相反（图7-4-8），控制阀改变油道使动力缸右腔成为高压区，左腔成为低压区，液压差推动活塞往左移，使转向轮向左偏转，汽车向左行驶。在转向过程中，动力缸内的液压是随转向阻力而变化的，在转向泵的负荷范围内，二者互相平衡。如果转向阻力增大，扭杆的扭转变形量及阀芯的转动位移量也增大，使动力缸中油压增大，直到油压和转向阻力平衡为止。

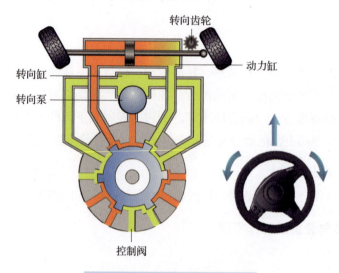

图7-4-8　左转弯时液压油路图

（3）汽车直行时

由于此时转向盘处于中间位置，转向泵供给的油液流入控制阀进油道（图7-4-9），从阀芯和阀体的预开缝隙经回油道流回储油罐。动力缸前后腔油压相等，两前轮处于直线行驶位置。

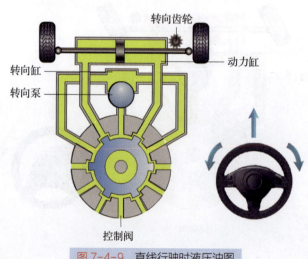

图7-4-9　直线行驶时液压油图

如果转向阻力减小，扭杆的扭转变形量及阀芯的转动位移量也减小，使动力缸中油压减小，直到两者平衡，即动力油压与转向阻力成正比。汽车转向时，主要靠液压力克服转向阻力，所以转向操纵轻便、省力。

三、汽车制动防抱死系统

引导问题：汽车制动防抱死系统主要由哪几个部分组成？其工作原理是什么？

ABS 即汽车防抱死制动系统，该装置的作用是当汽车制动时，根据车轮转速，自动调整制动缸内的压力大小，使车轮总是处于边抱死边滚动的滑移状态，尤其对于紧急制动，它将断续制动，即制动—松开—制动，以避免危险。防抱死制动装置，以每秒 6~10 次的频率进行制动—松开—制动的脉式制动，用电子智能控制方式代替人工方式，防止车轮抱死，使车轮始终获得最大制动力，并保持转向灵活。

ABS 的工作过程如下：

1）ABS 系统监控 4 只车轮的转动速度。当某一车轮几乎要抱死时，该系统释放此特定车轮的制动器，使此车轮恢复转动。

2）在车轮将要恢复转动后，对此轮的制动器施加制动液压。

3）如果车轮将要再次抱死，此系统释放此特定车轮的制动器。

4）此系统 1s 之内重复上述过程许多次，以便发挥制动器的最大潜力，确保车辆的稳定和正常运行。

如图 7-4-10 所示，ABS 主要由轮速传感器、制动压力调节器和电子控制器（ECU）等组成。

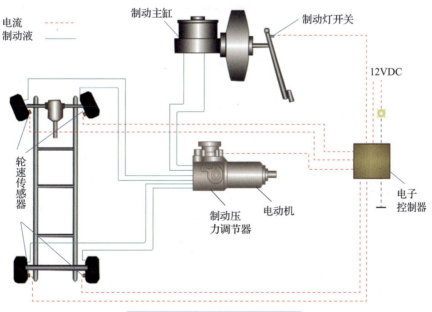

图 7-4-10 汽车 ABS 系统组成

某液压调节器的工作原理如图 7-4-11 所示。以右前轮为例分析液压调节器的工作原理。

1）汽车常规制动时，ABS 未投入工作。在 ECU 的控制下，输入阀、输出阀和回流泵均不通电，此时输入阀打开，输出阀关闭。输入阀打开将制动主缸与制动轮缸之间的油液管路构成通路；输入阀关闭将制动轮缸与低压阻尼器之间的油液管路关闭。

2）当 ABS 保压时，输入阀和回流电动机通电，输出阀不通电。输入阀通电，阀门关闭，导致制动主缸与制动轮缸油路切断；输出阀不通电，保持关闭状态，制动轮缸与阻尼器油路切断；电动机运转的目的是将阻尼器中的剩余制动液泵回制动主缸。

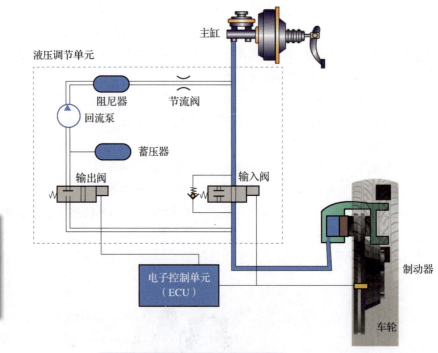

图 7-4-11　汽车 ABS 的工作过程

3）当 ABS 减压时，输入阀、输出阀和回流电动机都通电。输入阀通电，阀门关闭，导致制动主缸与制动轮缸油路切断；输出阀通电，阀门打开，制动轮缸到阻尼器的油路打开。制动液流入阻尼器后，推动活塞并压缩弹簧向下移动，使阻尼器容积增大，暂时储存制动液，可以减小回流制动液的压力波动；当阻尼器的制动液达到一定量时，回液泵运转将阻尼器的制动液泵回制动主缸。

4）当 ABS 增压时，输入阀和输出阀都不通电，电动机通电。制动液从制动主缸流入制动轮缸；电动机通电运转将阻尼器中剩余的制动液泵回制动主缸。

高职高专汽车类专业创新一体化教材

汽车机械基础一体化教程
实训工作页

广东合赢教育科技股份有限公司 ◎ 组编

康国兵 杨小萍 冯津 ◎ 主编

班级：_____

姓名：_____

目 录 Contents

模块一　汽车构件力学分析 / 001

　　单元一　汽车构件的静力分析 / 001

　　单元二　汽车构件承载能力分析 / 004

模块二　零件的公差与配合 / 008

　　单元一　公差与配合 / 008

　　单元二　几何公差 / 012

模块三　汽车常用机构 / 016

　　单元一　平面连杆机构 / 016

　　单元二　铰链四杆机构 / 019

　　单元三　铰链四杆机构的演化 / 022

　　单元四　平面四杆机构的特性 / 025

　　单元五　凸轮机构 / 027

模块四　汽车常用连接 / 030

　　单元一　螺纹连接 / 030

　　单元二　螺纹连接预紧与防松 / 032

　　单元三　键与花键 / 035

模块五　汽车常用传动 / 038

　　单元一　带传动装置 / 038

　　单元二　链传动 / 040

　　单元三　齿轮传动 / 043

　　单元四　轮系 / 046

模块一　汽车构件力学分析

单元一　汽车构件的静力分析

一、学习活动1（23分）

（1）观察图1-1-1所示"同步带传动原理认知教学实训板"，该积木通过_____实现传动，带轮与面板之间通过销进行连接，积木中的带轮能否移动？_____，带轮能否转动？_____。销能否转动？_____，销能否发生移动？_____。如果忽略摩擦，带轮与面板之间的约束类型为_____。（6分）

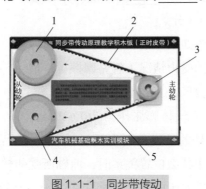

图1-1-1　同步带传动
1、3、4—带轮　2、5—带

（2）积木中的同步带与绳索类似，在长度方向能否承受拉力？_____，能否承受压力？_____。就约束类型而言，同步带所提供的约束为_____。这种类型的约束，其约束反力的作用点在_____，方向_____。（5分）

（3）画出带所提供的约束反力图。（5分）

（4）忽略重力与摩擦力，对图1-1-1中带轮1作受力分析并画出受力分析图。（5分）

（5）如图1-1-1所示，用手指轻轻按住带轮1，使之产生一定的转动阻力，顺时针转动主动轮上的手柄，用手指轻轻按一按传动带悬空部位（不与带轮接触的部位），2和5的张力，哪一个更大？_____；（2分）

二、学习活动2（42分）

（1）仔细观察"活塞连杆传动原理认知教学实训板"，探究活塞在气缸内的运动情况，活塞能否沿气缸的径向移动？_____。活塞能否沿气缸的轴向移动？_____。忽略活塞与气缸之间的摩擦，则气缸对活塞的约束类型为_____约束。（3分）

（2）题（1）中的约束具有什么特点？（5分）

（3）仔细观察连杆与曲轴之间的连接，连杆相对曲轴能否发生相对移动？_____；连杆相对于曲轴能否发生相对转动？_____；该约束类型为_____约束。（3分）

（4）活塞连杆机构简图如图1-1-2所示，试分析做功行程中，机构的受力情况（忽略摩擦），请分别画出活塞、连杆、曲柄的受力简图。(15分)

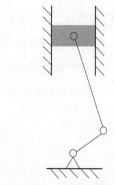
图1-1-2 活塞连杆机构简图

（5）设作用在活塞上方气体膨胀压力为0.6MPa，积木上连杆与曲柄的长度分别为90mm和40mm，活塞直径为50mm。画图说明连杆与曲柄处于什么位置关系时，曲轴所受的转矩最大（忽略摩擦以及重力），并计算该最大转矩值。（画图说明6分，计算10分，共16分。）

三、素养评价（5分）

5S待完成步骤	结合完成情况打勾	
安全操作与纪律	良好☐	一般☐
团队合作	良好☐	一般☐
检查设备完好情况	完成☐	未完成☐
清洁设备并归位	完成☐	未完成☐
整理实训工单	完成☐	未完成☐

四、课堂练习（30分）

（一）选择题（10分）

（1）不计重力，曲柄连杆机构中，连杆属于（　　）。

A. 二力杆　　　　　　　　　　B. 三力杆

C. 多力杆　　　　　　　　　　D. 不能确定

（2）作用力与反作用力的大小相等，方向相反并且（　　）。

A. 作用于第二个物体上　　　　B. 作用于第一个物体上

C. 分别作用于两个物体上　　　D. 不能确定

（3）某刚体的一端受到一力的作用，现将力沿其作用线移到另一端，结果将（　　）。

A. 运动效应和变形效应都相同

B. 运动效应和变形效应都不相同

C. 运动效应不同、变形效应相同

D. 运动效应相同、变形效应不相同

（4）两个力大小都为 F，组成力偶，则这对力在某坐标轴的投影之和（　　）。

A. 可能为零　　　　　　　　　B. 一定为零

C. 可能为 $2F$　　　　　　　　D. 一定为 $2F$

（5）关于合力与分力，下列说法正确的是（　　）。

A. 合力的大小一定大于每个分力的大小

B. 合力的大小至少大于其中一个分力的大小

C. 合力的大小可以比两个分力都大，也可以比两个分力都小

D. 合力不可能与其中的一个分力相等

（二）判断题（10分）

（1）二力杆所受的力一定沿杆的轴线方向。　　　　　　　　　　　（　　）

（2）作用力与反作用力是一组平衡力系。　　　　　　　　　　　　（　　）

（3）物体的平衡就是物体相对地面处于静止状态。　　　　　　　　（　　）

（4）气缸中作用在活塞上的推力越大，活塞运动的速度越快。　　　（　　）

（5）做功行程，连杆传给曲轴的力可以使曲轴产生转动的效果。　　（　　）

（6）活塞在运动过程中，气缸壁对活塞的作用力都是沿着气缸壁的
方向，与活塞的运动方向相反。　　　　　　　　　　　　　　（　　）

（7）力偶能使刚体产生纯转动效应，而不能产生移动效应。　　　　（　　）

（8）对刚体来说，力作用三要素为：大小、方向、作用线。　　　　（　　）

（9）对于作用在刚体上的任何一个力系，可以增加或减少力系内的
任意平衡力系，不会改变原力系对刚体的作用效果。　　　　　（　　）

（10）柔体约束的约束反力既可以是拉力，又可以是压力。　　　　（　　）

（三）如图 1-1-3 所示，已知 P、Q，求平衡时 α 的值，地面的反力 F_D 为多少？（10 分）

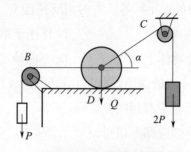

图 1-1-3　定滑轮机构

评分汇总

项目	得分
探究学习（70 分）	
课堂练习（30 分）	
总得分	

单元二　汽车构件承载能力分析

一、学习活动 1（25 分）

找出并仔细观察图 1-1-2 所示教学积木，完成以下练习。

（1）在发动机工作的四个行程中，连杆所受主要荷载与产生的变形分别为：（8 分）

工作行程	进气	压缩	做功	排气
所受荷载				
主要变形				

（2）在压缩行程，活塞由下止点向上止点运动过程中，气缸内混合气体的体积逐渐_____（增加，减小），压力逐渐_____（增加，减小），连杆所受荷载逐渐_____（增加，减小）。（3 分）

（3）设做功行程中，某时刻连杆给主轴颈施加的推力为 1000N，测量主轴颈的横截面积，分析主轴颈的受载特点，计算主轴颈所受的剪切应力。（共 14 分，分析 7 分，计算 7 分）

二、学习活动2（32分）

利用"多级齿轮变速传动原理认知教学实训板"，完成以下练习。

（1）找出变速器的输入轴和输出轴，用游标卡尺测量其直径，输入轴的直径为＿＿＿mm（取整数），输出轴的直径为＿＿＿mm（取整数）。（5分）

（2）在图1-2-1上画出二档的传动路线，并计算传动比。（共7分，传动路线3分，计算传动比4分）。

（3）设某发动机的工作时，输出转矩为10N·m，转速为7000r/min，变速器的机械效率为90%，二档传动。计算出变速器的输入功率、输出功率、输出转矩、输入轴的最大切应力、输出轴的最大切应力。（20分）

图1-2-1 多级齿轮变速传动

三、学习活动3（8分）

利用"塑性螺钉测量认知教学实训板"，完成以下练习。

（1）气缸盖螺栓在工作过程中，主要承受的载荷为＿＿＿，主要产生＿＿＿变形。用游标卡尺测量加大螺栓的直径为＿＿＿mm。（3分）

（2）如果螺栓的许用应力$[\sigma]$=160MPa，设螺栓在工作过程中所受到的拉力不应超＿＿＿N。（5分）

四、素养评价（5分）

5S 待完成步骤	结合完成情况打勾
安全操作与纪律	良好☐　一般☐
团队合作	良好☐　一般☐
检查设备完好情况	完成☐　未完成☐
清洁设备并归位	完成☐　未完成☐
整理实训工单	完成☐　未完成☐

五、课堂练习（30分）

（一）选择题（16分）

（1）当杆件（　　），材料越软，变形越大。

　　A. 在一定的载荷作用下　　　　B. 尺寸和形状一定时

　　C. 粗细和所受载荷一定时　　　D. 长度和所受载荷不变，在比例极限内

（2）杆件的刚度是指（　　）。

　　A. 杆件的软硬程度　　　　　　B. 杆件的承载能力

　　C. 杆件对弯曲变形的抵抗能力　D. 杆件抵抗变形的能力

（3）为研究构件的内力和应力，材料力学中广泛使用了（　　）法。

　　A. 几何　　　B. 截面　　　C. 投影　　　D. 解析

（4）钻机的空心钻杆工作时，其横截面上的最小剪应力（　　）为零。

　　A. 一定不　　B. 不一定　　C. 一定　　　D. 有可能

（5）图1-2-2所示阶梯杆AD受到三个集中力F作用，设AB、BC、CD段的横截面面积分别为A、$2A$、$3A$，则三段杆的横截面上（　　）。

　　A. 轴力不等，应力相等

　　B. 轴力不等，应力不等

　　C. 轴力相等，应力相等

　　D. 轴力相等，应力不等

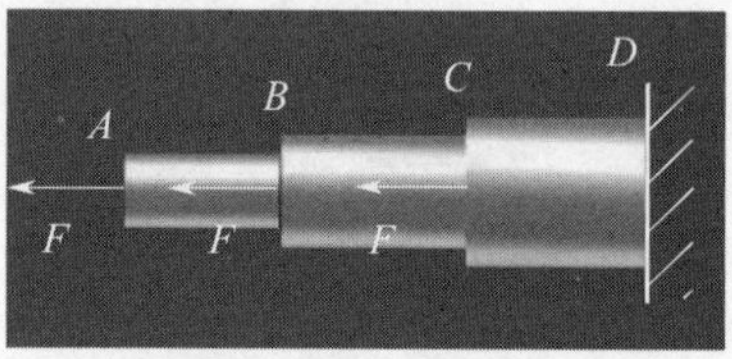

图1-2-2　阶梯杆

（6）如图1-2-3所示，钢、铸铁两种棒材，其直径相同，从承载能力和经济效益两方面考虑，图示结构两杆的合理选材方案是（　　）

　　A. 1杆为钢，2杆为铸铁

　　B. 1杆为钢，2杆为钢

　　C. 1杆为铸铁，2杆为铸铁

　　D. 1杆为铸铁，2杆为钢

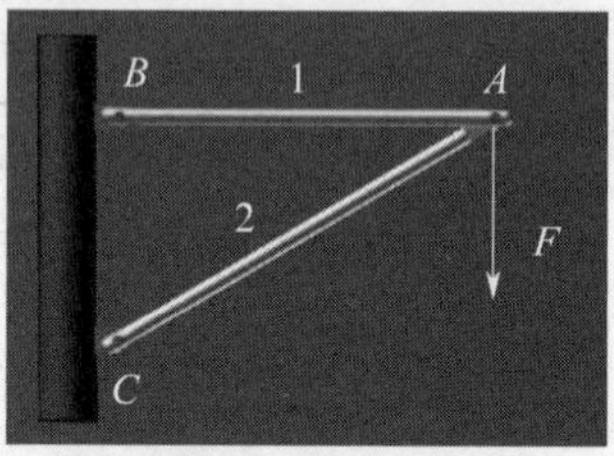

图1-2-3　支撑架

（7）木榫接头如图1-2-4所示，当受力F作用时，接头的剪切面积和挤压面积分别为（　　）

　　A. ab，lc

　　B. lb，cb

　　C. cb，lb

　　D. lc，ab

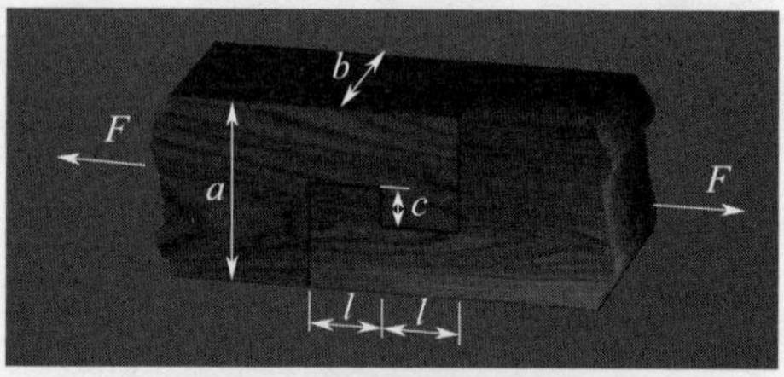

图1-2-4　木榫接头

（8）图 1-2-5 所示接头，板与铆钉为同一材料，已知材料的 $[\sigma_{bs}]=2[\tau]$，为了充分利用材料，铆钉的直径 d 应该为（　　　）

A. $d=2h$　　　B. $d=4h/\pi$　　　C. $d=8h/\pi$　　　D. $d=4$

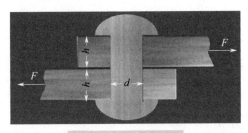

图 1-2-5　板材铆接

（二）试计算杆件各段的轴力。已知 $p_1=10\text{kN}$；$p_2=20\text{kN}$；$p_3=35\text{kN}$；$p_4=25\text{kN}$。（6分）

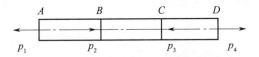

（三）某传动轴所承受的转矩 $T=200\text{N}\cdot\text{m}$，轴的直径 $d=40\text{mm}$，材料的 $[\tau]=40\text{MPa}$，剪切弹性模量 $G=80\text{GPa}$，许可单位长度转角 $[\varphi']=1°/\text{m}$。试校核轴的强度和刚度。（8分）

评分汇总

项目	得分
探究学习（70分）	
课堂练习（30分）	
总得分	

模块二　零件的公差与配合

单元一　公差与配合

一、学习活动1（38分）

（1）对照游标卡尺，如图2-1-1所示，填写游标卡尺各组成部分的名称分别为1——_____；2——_____；3——_____；4——_____；5——_____；6——_____。当需要测量外径时，使用游标卡尺的_____进行测量，需要测量内径时，使用游标卡尺的_____进行测量。（8分）

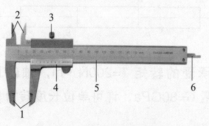

图 2-1-1　游标卡尺

（2）见表2-1-1，图a所示的游标卡尺的游标上有_____个小格，长度为_____mm，主尺1格间距与游标1格间距相差_____mm。图b游标卡尺的读数为_____mm。（8分）

表 2-1-1　游标卡尺的读数

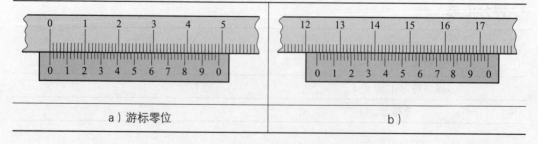

a）游标零位	b）

（3）螺旋测微器结构认知，如图 2-1-2 所示，对照千分尺，填写千分尺各组成部分的名称分别为：1——_____、2——_____、3——_____、4——_____、5——_____、6——_____、7——_____、8——_____。（8分）

（4）螺旋测微器结构原理如图2-1-2所示。螺旋测微器是依据_____的原理制成的，即螺杆在螺母中旋转一周，螺杆便沿着旋转轴线方向前进或后退_____的距离。因此，沿轴线方向移动的微小距离，就能用圆周上的读数表示出来。

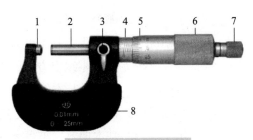

图2-1-2　螺旋测微器

螺旋测微器的精密螺纹的螺距是_____mm，可动刻度有_____个等分刻度，可动刻度旋转一周，测微螺杆可前进或后退_____mm，因此旋转每个小分度，相当于测微螺杆前进或后退_____mm。可见，可动刻度每一小分度表示_____mm，所以螺旋测微器可准确到_____mm。由于还能再估读一位，可读到毫米的千分位，故又称为_____。（10分）

（5）见表2-1-2，图a中的读数为_____mm；图b中的读数为_____mm。（4分）

表2-1-2　螺旋测微器的读数

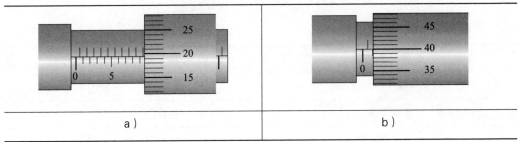

| a） | b） |

二、学习活动2（32分）

利用"轴类公差配合测量认知教学实训板"，完成以下练习，实训板上的孔与轴的公称尺寸为_____mm。

（1）用游标卡尺测量孔的直径为_____mm，其偏差为_____mm。（2分）

（2）利用千分尺分别测量3条轴的尺寸，完成表2-1-3。（9分）

表2-1-3

	实际尺寸	实际偏差	配合类型
轴1			
轴2			
轴3			

（3）观察积木板上的基本偏差系列图，基本偏差是用于确定公差带相对

于_____的那个极限偏差,原则上与公差等级_____(无关,有关)。在一般情况下,标准规定基本偏差是离零线_____(较近,较远)的极限偏差。当尺寸公差带在零线上方时,以_____为基本偏差;当尺寸公差带在零线下方时,以_____为基本偏差。(4分)

(4)国家标准对孔、轴分别规定了_____种标准基本偏差,大写字母表示_____的基本偏差,小写字母表示_____的基本偏差。

孔的基本偏差中A~H的基本偏差为_____,其绝对值依次逐渐_____;_____为对称公差带,J~ZC的基本偏差为_____,其绝对值依次逐渐_____。轴的基本偏差中_____的基本偏差为上偏差,其绝对值依次逐渐_____;_____为对称公差值,j~zc的基本偏差为_____,其绝对值依次逐渐_____。(13分)

(5)轴的基本偏差是按_____(基轴制、基孔制)形成配合的一系列经验公式计算出以后,再按一定规律将尾数圆整而得;a~h用于_____配合,基本偏差的绝对值等于最小间隙;j~n主要用于_____配合,以保证配合时有较好的对中定心,装拆也不困难;p~zc主要用于_____配合。(4分)

三、素养评价(5分)

5S 待完成步骤	结合完成情况打勾
安全操作与纪律	良好□ 一般□
团队合作	良好□ 一般□
检查设备完好情况	完成□ 未完成□
清洁设备并归位	完成□ 未完成□
整理实训工单	完成□ 未完成□

四、课堂练习(25分)

(一)选择题(12分)

(1)最小极限尺寸减其公称尺寸所得的代数差为(_____)。
  A.上极限偏差   B.下极限偏差   C.基本偏差   D.实际偏差

(2)关于偏差与公差之间的关系,下列说法正确的是(_____)。
  A.实际偏差愈大,公差愈大
  B.上极限偏差愈大,公差愈大
  C.下极限偏差愈大,公差愈大
  D.上下极限偏差之差的绝对值愈大,公差愈大

（3）尺寸公差带图的零线表示（　　　）。

　　A.最大极限尺寸　　B.最小极限尺寸　　C.基本尺寸　　D.实际尺寸

（4）基本偏差确定公差带的位置，一般情况下，基本偏差是（　　　）。

　　A.上极限偏差　　B.下极限偏差　　C.实际偏差

　　D.上极限偏差或下极限偏差靠近零下的那个

（5）当孔的最小极限尺寸与轴的最大极限尺寸之代数差为负值时，此代数差称为（　　　）。

　　A.最大间隙　　B.最小间隙　　C.最大过盈　　D.最小过盈

（6）当孔的上极限偏差小于相配合的轴的下极限偏差时，此配合的性质是（　　　）。

　　A.间隙配合　　B.过渡配合　　C.过盈配合　　D.无法确定

（二）判断题（5分）

（1）公差是允许零件尺寸的最大偏差。　　　　　　　　　　　　（　　）

（2）滚动轴承外圈与孔的配合，采用基轴制。　　　　　　　　　（　　）

（3）基本偏差可以是上偏差，也可以是下偏差，因而一个公差带的基本偏差可能出现两个数值。　　　　　　　　　　　　　　　　　　（　　）

（4）相互配合的孔和轴，其公称尺寸必须相同。　　　　　　　　（　　）

（5）尺寸公差是尺寸允许的变动量，因而当零件的实际尺寸等于其公称尺寸时尺寸公差是零。　　　　　　　　　　　　　　　　　　　（　　）

（三）按要求完成下表（8分）

	$\phi 30 \dfrac{H8}{f7}$	$\phi 40 \dfrac{H7}{n7}$	$\phi 30 \dfrac{F8}{h7}$	$\phi 40 \dfrac{JS8}{h7}$
配合基准制				
配合类型				

评分汇总

项目	得分
探究学习（75分）	
课堂练习（25分）	
总得分	

单元二 几何公差

一、学习活动1（12分）

利用"圆度误差测量认知教学实训板"，完成以下练习。

（1）观察百分表刻度表盘，百分表表盘1周分为_____格，大指针偏转1格相当于测量头移动_____mm，小指针偏转1格，则测量头移动_____mm。百分表的读数方法为：先读_____转过的刻度线（即毫米整数），再读_____转过的刻度线（即小数部分），并乘以_____，然后两者相加，即得到所测量的数值。（6分）

（2）该积木板用来测量轴的_____对积木板左边的百分表进行调零处理，并写出调零的方法。缓慢转动摇柄，观察轴的圆跳动量为_____。（6分）

二、学习活动2（21分）

请扫教材中相关二维码观看曲轴圆跳动测量视频，完成以下练习。

（1）圆跳动是指被测实际表面绕基准轴线作_____（有，无）轴向移动的回转时，在指定方向上指示器测得的_____（最大，最小）读数差，其符号是_____。圆跳动分为_____圆跳动、_____圆跳动和斜向圆跳动，视频中是测量曲轴的_____圆跳动。（6分）

（2）用到的工具有_____、_____、_____等。（3分）

（3）测量步骤为①_____、②_____、③_____、④_____、⑤_____。（3分）

（4）步骤①清洁包括：_____、_____、_____、_____。（5分）

（5）测量时，磁性表座的旋钮应该打到_____档，百分表的测量头顶住测定物时要保持_____，并有一定的_____，曲轴最大圆跳动量为_____mm。（4分）

三、学习活动3（32分）

相关知识：汽缸是发动机的重要组成部分。汽缸磨损程度是发动机是否需要大修的重要技术依据之一。当发动机汽缸磨损达到一定程度后，发动机的动力性和燃油经济性明显下降，机油消耗也急剧增大。因此，通过测量汽缸磨损状况，正确做出发动机是否应当大修的准确判断，对提高发动机修理质量以及发动机的动力性和经济性都有很大的作用。

（1）汽缸磨损规律

正常使用情况下，汽缸的磨损一般为：沿高度方向，上大下小成锥形，如图 2-2-1a；径向截面内，呈不规则的椭圆形，如图 2-2-1b 所示。

（2）测量位置

在进行气缸磨损测量时，通常是取上、中、下三个截面，并在气缸的前后和左右两个方向进行测量，计算出圆度和圆柱度，如图 2-2-2 所示。上面一个位置是当活塞位于上止点时，位于第一道活塞环气缸壁处，约距气缸上端 10mm。下面一个位置一般取气缸套下端以上 10mm 左右处，该部位磨损最小。

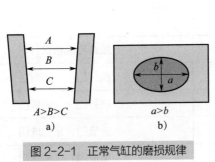

图 2-2-1　正常气缸的磨损规律　　　图 2-2-2　气缸磨损测量

（3）圆度和圆柱度计算

① 圆度：同一截面内两直径之差的一半即为圆度误差

上截面的圆度 = |$A-B$|/2

中截面的圆度 = |$C-D$|/2

下截面的圆度 = |$E-F$|/2

将计算所得的三个截面的圆度值比较，选取其中的最大值作为该缸的圆度误差。

② 圆柱度：同一方向上的直径之差的一半即为圆柱度误差

纵向上的圆柱度：A、C、E 中最大与最小的直径之差的一半

横向上的圆柱度：B、D、F 中最大与最小的直径之差的一半

将计算所得的两个方向上的圆柱度比较，选取其中较大值作为该缸的圆柱度误差。

请扫码观看发动机气缸磨损测量视频，回答下面问题：

（1）气缸的磨损测量需用到的测量工具有：＿＿＿＿、＿＿＿＿、＿＿＿＿。
　　（3分）

（2）在进行气缸磨损测量时，在气缸内活塞行程的区域中选取＿＿＿＿三个截面，上截面位于活塞处于＿＿＿＿时的第一道环的位置，约距气缸上

端 10mm；下截面位于活塞处于_____时第一道环的位置。每个截面选取_____和_____两个方向进行测量。计算出_____和_____。（7分）

（3）根据测量结果以及计算填写下表。（18分）

位置	直径1	直径2	圆度误差
位置1（上部）			
位置2（中部）			
位置3（下部）			

（4）计算该气缸的圆度误差为_____，圆柱度误差为_____。（4分）

四、素养评价（5分）

5S 待完成步骤	结合完成情况打勾
安全操作与纪律	良好☐ 一般☐
团队合作	良好☐ 一般☐
检查设备完好情况	完成☐ 未完成☐
清洁设备并归位	完成☐ 未完成☐
整理实训工单	完成☐ 未完成☐

五、课堂练习（30分）

（一）选择题（单选每题2分，多选每题3分，共10分）

（1）（单选）以下四种公差中，与其他三种不同类型的是（　　）。

　　A. 直线度　　　　B. 平面度　　　　C. 圆度　　　　D. 同轴度

（2）（单选）在图样上标注被测要素的几何公差，若几何公差值前面加"◎"，则几何公差带的形状为（　　）。

　　A. 两同心圆　　　　　　　　　　B. 两同轴圆柱
　　C. 圆形或圆柱形　　　　　　　　D. 圆形、圆柱形或球

（3）（多选）以下属于位置误差的有（　　）

　　A. 圆柱度　　　　B. 平行度　　　　C. 垂直度
　　D. 圆跳动　　　　E. 直线度

（4）（多选）以下属于形状误差的有（　　）

　　A. 直线度　　　　B. 倾斜度　　　　C. 对称度
　　D. 平面度　　　　E. 圆度

（二）改错题，改正图 2-2-3 中的标注错误，不允许改变几何公差项目。（10 分）

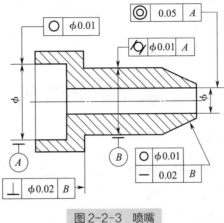

图 2-2-3　喷嘴

（三）标注，将下列形位公差要求标注在图 2-2-4 中。（10 分）

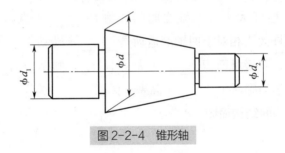

图 2-2-4　锥形轴

① ϕd 圆锥的左端面对 ϕd_1 轴线的轴向圆跳动公差为 0.02mm。

② ϕd 圆锥面对 ϕd_1 轴线的斜向圆跳动公差为 0.02mm。

③ ϕd_2 圆柱面轴线对 ϕd 圆锥左端面的垂直度公差值为 ϕ0.015mm。

④ ϕd_2 圆柱面轴线对 ϕd_1 圆柱面轴线的同轴度公差值为 ϕ0.03mm。

⑤ ϕd 圆锥面的任意横截面的圆度公差值为 0.006mm。

评分汇总

项目	得分
探究学习（70 分）	
课堂练习（30 分）	
总得分	

模块三　汽车常用机构

单元一　平面连杆机构

一、学习活动1（40分）

　　利用"活塞连杆传动原理认知教学实训板"，完成以下练习。

　　（1）积木中，气缸壁与活塞之间的接触是_____（点接触、线接触、面接触），活塞相对于汽缸的运动是_____（转动、移动），这种运动副称为_____，其接触面积_____（大，小），而接触应力_____（大，小），所以这种运动副属于_____（高副、低副）。（12分）

　　（2）积木中，连杆大头与曲轴之间的接触是_____（点接触、线接触、面接触），连杆大头相对于曲轴的运动是_____（转动、移动），这种运动副称为_____，其接触面积_____（大，小），而接触应力_____（大，小），所以这种运动副属于_____（高副、低副）。（12分）

　　（3）绘制该机构的结构简图（8分）

　　（4）根据该机构的结构简图，计算该机构的自由度。（8分）

二、学习活动2（25分）

　　利用"行星齿轮传动原理认知教学实训板"，完成以下练习。

　　（1）转动太阳轮，使行星轮跟随转动。观察积木板上的太阳轮，太阳轮与轴是_____（线、面）接触，所形成的运动副是_____属于_____（低副、高副）；

太阳轮和行星轮的齿廓是_____接触，是_____。（5分）

（2）固定行星架，顺时针转太阳轮，观察齿圈的运动方向_____；然后取下任一行星轮，顺时针转太阳轮，观察齿圈的运动方向_____；发现齿圈的运动_____（有/没有）受到影响。由此可判断，此行星轮机构中，三个行星轮构成了_____，计算自由度时只需要将_____个行星轮列入计算。因此可知，行星轮机构中有_____个构件，_____个低副，_____个高副，自由度为_____。（9分）

（3）画出机构简图。（6分）

（4）计算机构自由度。（5分）

三、素养评价（5分）

5S 待完成步骤	结合完成情况打勾
安全操作与纪律	良好☐　一般☐
团队合作	良好☐　一般☐
检查设备完好情况	完成☐　未完成☐
清洁设备并归位	完成☐　未完成☐
整理实训工单	完成☐　未完成☐

四、课堂练习（30分）

（一）选择题（14分）

（1）一个作平面运动的自由构件具有（　　）个自由度。
　　A. 2　　　　B. 3　　　　C. 4　　　　D. 5

（2）以下可以称为一个构件的是（　　）
　　A. 螺母　　　B. 平键　　　C. 销钉　　　D. 连杆

（3）平面构件组合体中，高副可以限制构件（　　）个自由度。
　　A. 1　　　　B. 2　　　　C. 3　　　　D. 4

（4）平面构件组合体中，低副可以限制构件（　　）个自由度。

　　A. 1　　　　B. 2　　　　C. 3　　　　D. 4

（5）当机构中的原动件数量（　　）机构中自由度的数量时，机构具有确定的相对运动。

　　A. 大于　　　　B. 小于　　　　C. 等于

（6）下面对机构虚约束的描述中，不正确的是（　　）。

　　A. 机构中对运动不起独立限制作用的重复约束称为虚约束，在计算机构自由度时应除去虚约束

　　B. 虚约束可提高构件的强度、刚度、平稳性和机构工作的可靠性等

　　C. 虚约束应满足某些特殊的几何条件，否则虚约束会变成实约束而影响机构的正常运动。为此应规定相应的制造精度要求。虚约束还使机器的结构复杂，成本增加

　　D. 设计机器时，在满足使用要求的情况下，含有的虚约束越多越好

（7）为使机构运动简图能够完全反映机构的运动特性，则运动简图相对于与实际机构的（　　）应相同。

　　A. 构件数、运动副的类型及数目　　　　B. 构件的运动尺寸

　　C. 机架和原动件　　　　D. 以上均是

（二）判断题（5分）

（1）低副的主要特征是两个构件以点、线、面的形式相接触。（　　）

（2）机构具有确定相对运动的条件是自由度大于零。（　　）

（3）高副限制了构件的2个自由度。（　　）

（4）固定构件（机架）是机构不可缺少的组成部分。（　　）

（5）有3个构件在一处铰接，则该处构成3个转动副。（　　）

（三）计算图3-1-1所示的筛料机构的自由度，并判断该机构是否有确定的运动。（11分）

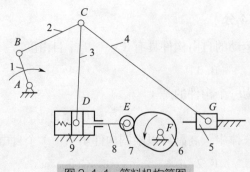

图3-1-1　筛料机构简图

评分汇总

项目	得分
探究学习（70分）	
课堂练习（30分）	
总得分	

单元二　铰链四杆机构

一、学习活动1（45分）

利用图3-2-1所示"四杆机构原理认知教学实训板"，完成以下练习。

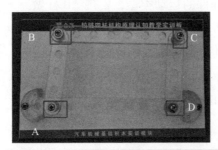

图3-2-1　四杆机构原理认知教学实训板

（1）观察积木板，AB、BC、CD、AD四条杆中_____是机架，_____和_____是连架杆，_____是连杆。（4分）

（2）仔细观察积木板，按要求完成以下表格（11分）

测量各杆长度

	AB	BC	CD	AD
长度（取最大长度）				

转动AB杆，观察各杆运动状态

	AB	BC	CD
能否做360°回转			

观察各转动副类型

	A	B	C	D
周转副/摆转副				

（3）根据杆长和所做运动类型判定该积木板的机构为_____（曲柄摇杆机构/双曲柄机构/双摇杆机构）。铰链四杆机构中曲柄存在的条件是_____且_____。（6分）

（4）观察积木板，使A点向右移动到第4个孔位并固定，其他杆件不动。转动AB杆，使BC和CD杆跟随转动。观察积木板上杆件的运动类型，发现AB杆_____（整周回转/摆动），是_____（曲柄/摇杆）；CD杆做_____（整周回转/摆动）是_____（曲柄/摇杆），此时该积木板的机构为_____（曲柄摇杆机构/双曲柄机构/双摇杆机构），符合铰链四杆机构中曲柄存在的条件中的最短杆与最长杆的长度之和小于或等于其余两杆长度之和，且_____。（12分）

（5）观察积木板，使B点向右移动2个孔位，使C点向左移动2个孔位，其他点不动，形成新的铰链四杆机构。转动AB杆，使BC和CD杆跟随转动。观察积木板上杆件的运动类型，发现AB杆做_____（整周回转/摆动），是_____（曲柄/摇杆）；CD杆做_____（整周回转/摆动）是_____（曲柄/摇杆），此时该积木板的机构为_____（曲柄摇杆机构/双曲柄机构/双摇杆机构），符合铰链四杆机构中，曲柄存在的条件中的最短杆与最长杆的长度之和小于或等于其余两杆长度之和，且_____。（12分）

二、学习活动2（20分）

利用图3-2-2所示"连杆及球头传动原理认知教学实训板"，完成以下练习。

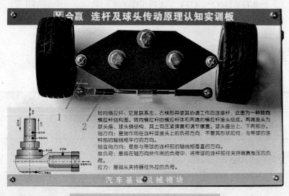

图3-2-2 连杆及球头传动

（1）观察该机构的组成并标识其零部件名称：1—_____、2—_____。（4分）

（2）测量该转向机构的四条杆的长度分别为：_____、_____、_____、_____；最短杆与最长杆的长度和为_____；其余两杆长度和为_____；此四杆机构是否满足曲柄存在的杆长条件？_____（满足/不满足）。此四杆机构的类

型为_____机构。(16分)

三、素养评价(5分)

5S 待完成步骤	结合完成情况打勾
安全操作与纪律	良好□　　一般□
团队合作	良好□　　一般□
检查设备完好情况	完成□　　未完成□
清洁设备并归位	完成□　　未完成□
整理实训工单	完成□　　未完成□

四、课堂练习(30分)

(一)选择题(10分)

(1) 在曲柄摇杆机构中,当曲柄为原动件、摇杆为从动件时,该机构可以实现(　　)的变换。

A. 转动变为往复移动　　　　B. 往复移动变为连续转动

C. 连续转动变为往复摆动　　D. 往复摆动变为连续转动

(2) 长度不等的双曲柄机构,若主动曲柄作连续匀速转动,则从动曲柄将作(　　)运动。

A. 间歇转动　　　　　　　　B. 匀速转动

C. 周期变速转动　　　　　　D. 往复摆动

(3) 最短杆与最长杆之和小于等于其余两杆之和的铰链四杆机构,若以最短杆为机架,是(　　)机构。

A. 曲柄摇杆机构　　　　　　B. 双曲柄机构

C. 双摇杆机构　　　　　　　D. 不确定

(4) 铰链四杆机构中与机架相连,并能实现360°旋转的构件是(　　)

A. 曲柄　　　B. 连杆　　　C. 摇杆　　　D. 机架

(5) 在铰链四杆机构中,与机架相对的构件称为(　　)。

A. 连架杆　　B. 连杆　　　C. 曲柄　　　D. 摇杆

(二)判断题(5分)

(1) 铰链四杆机构是构件全部以转动副连接而成的机构。(　　)

(2) 曲柄摇杆机构中,曲柄为最短杆。(　　)

(3) 四杆机构中,如果不满足杆长条件,则不存在周转副。(　　)

（4）双摇杆机构中不存在周转副。　　　　　　　　　　　（　　）

（5）只要最短杆与最长杆长度之和小于等于其余两杆之和就一定
存在曲柄。　　　　　　　　　　　　　　　　　　　（　　）

（三）分析计算题（15分）

在图3-2-3所示四铰链机构中，已知：$b = 50\text{mm}$，$c = 35\text{ mm}$，$d = 30\text{mm}$，AD为固定件。

（1）如果能成为曲柄摇杆机构，且AB是曲柄，求a的极限值。

（2）如果能成为双曲柄机构，求a的取值范围。

（3）如果能成为双摇杆机构，求a的取值范围。

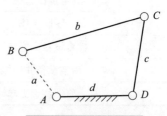

图3-2-3　四杆机构

评分汇总

项目	得分
探究学习（70分）	
课堂练习（30分）	
总得分	

单元三　铰链四杆机构的演化

一、学习活动1（40分）

利用"活塞连杆传动原理认知教学实训板"，并扫码观看视频，完成以下练习。

（1）该机构是（　　　），由四杆机构中的（　　　）演化而来。（4分）

　　A. 导杆机构　　　　　　　　B. 曲柄滑块机构

　　C. 双曲柄机构　　　　　　　D. 曲柄摇杆机构

（2）在曲柄摇杆机构中，如果将摇杆无限延长，则转化为_____机构。（2分）

（3）曲柄摇杆机构可以将曲柄的_____运动转变为摇杆的_____运动；曲柄滑块机构可将_____运动转变为_____运动或作相反的转换。（8分）

（4）曲柄滑块机构按照曲柄转动中心是否在滑块运动的直线上可分为_____曲柄滑块机构和_____曲柄滑块机构，积木所示的机构为_____曲柄滑块机构（6分）

（5）根据机构工作的实际情况，完成下表。（8分）

	进气行程	压缩行程	做功行程	排气行程
主动件				
从动件				

（6）利用游标卡尺测量机构的相关数据，计算该机构（汽缸）的排量。（12分）

二、学习活动2（20分）

扫教材中的相关二维码，观看视频，完成以下练习。

（1）以上两种机构是由什么机构进行怎样的演化而得到的？（6分）

（2）仔细观看视频，完成下表。（8分）

	机架与曲柄的长度关系	导杆能否作360°回转
转动导杆机构		
摆动导杆机构		

（3）摆动导杆机构中，设曲柄的长度15cm，机架的长度为30cm，则导杆的两个极限位置的夹角为多少？（6分）

三、学习活动3（15分）

扫教材中的相关二维码，观看视频，完成以下练习。

（1）自卸卡车翻斗机构采用了_____，此机构是将曲柄滑块的_____变为固定，_____变为活动杆件。如将曲柄滑块的滑块改为固定，机架变为活动杆件，此时的机构称之为_____，如手摇唧筒。（8分）

（2）结合图3-3-1阐述自卸式货车的卸货机构原理。（7分）

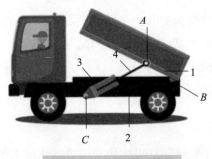

图3-3-1 卸货装置简图

四、素养评价（5分）

5S 待完成步骤	结合完成情况打勾
安全操作与纪律	良好☐　　一般☐
团队合作	良好☐　　一般☐
检查设备完好情况	完成☐　　未完成☐
清洁设备并归位	完成☐　　未完成☐
整理实训工单	完成☐　　未完成☐

五、课堂练习（20分）

（一）选择题（16分）

（1）在曲柄滑块机构中，当曲柄为原动件、滑块为从动件时，该机构可以实现（　　）的变换。

　　A. 转动变为往复移动　　　　B. 往复移动变为连续转动

　　C. 连续转动变为往复摆动　　D. 往复摆动变为连续转动

（2）圆弧轨道的曲柄滑块机构是将曲柄摇杆机构中的摇杆（　　）演变而来。

　　A. 变长　　B. 变无限大　　C. 变形状　　D. 变固定

（3）偏置曲柄滑块机构是将曲柄摇杆机构中的摇杆（　　）演变而来。

　　A. 变长　　B. 变无限大　　C. 变形状　　D. 变固定

（4）偏置曲柄滑块机构是因为（　　）和滑块中心有距离而得名。

　　A. 曲柄　　B. 滑块　　C. 两者皆是

（5）导杆机构是改变（　　）中的机架演化而来。

　　A. 曲柄摇杆机构　　　　B. 曲柄滑块机构

　　C. 双摇杆机构　　　　　D. 双曲柄机构

（6）转动导杆机构中是将曲柄滑块中的（　　）作为机架转变而来。

　　A. 曲柄　　B. 滑块　　C. 连杆　　D. 原有机架不变

（7）摇块机构是将曲柄滑块中的（　　）作为机架转变而来。

　　A. 曲柄　　B. 滑块　　C. 连杆　　D. 原有机架不变

（8）定块机构是将曲柄滑块中的（　　）作为机架转变而来。

　　A. 曲柄　　B. 滑块　　C. 连杆　　D. 原有机架不变

（二）判断题（4分）

（1）曲柄滑块是改变了铰链四杆机构机架位置演化而来的。　　　　（　　）

（2）转动导杆和摆动导杆机构的区别是机架不同。　　　　　　　　（　　）

（3）定块机构是将曲柄滑块机构中的滑块定为机架演化而来。（ ）

（4）摇块机构是将曲柄滑块机构中的滑块定为机架演化而来。（ ）

评分汇总

项目	得分
探究学习（80 分）	
课堂练习（20 分）	
总得分	

单元四 平面四杆机构的特性

一、学习活动 1（57 分）

利用图 3-4-1 所示"四杆机构原理认知教学实训板"，并扫码观看视频，完成以下练习。

（1）转动曲柄到如图 3-4-2 所示的 AB_1 的位置，则摇杆处于＿＿＿＿位置，顺时针转动曲柄到图 3-4-2 所示的 AB_2 位置，则摇杆处于＿＿＿＿位置，摇杆的两个位置称为＿＿＿＿位置，摇杆在这两个位置上时，曲柄和连杆＿＿＿＿，曲柄在两极限相应位置时所夹的锐角 θ 称为＿＿＿＿，摇杆在这两个位置之间的夹角 ψ 称为＿＿＿＿。（12 分）

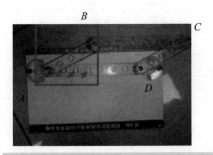

图 3-4-1 四杆机构原理认知教学实训板

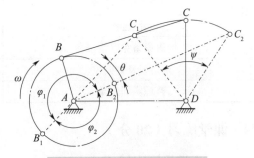

图 3-4-2 四杆机构运动简图

（2）分析该机构为什么具有急回特性？（10 分）

（3）利用量角器测量机构的相关角度，计算该机构的行程速比系数 K（10 分）。

（4）简答：什么是机构的压力角、传动角？（5 分）

（5）如果以曲柄作为原动件，利用量角器测量该机构最大压力角和最小压力角。（10分）

（6）缓慢转动摇杆，带动曲柄旋转，找到机构的死点位置，观察机构的死点位置，各构件在相互位置上有什么特点？（10分）

二、学习活动2（18分）

利用"活塞连杆传动原理认知教学实训板"，并扫码观看视频，完成以下练习。

（1）在汽车发动机的活塞连杆机构中，在做功行程，原动件是_____，从动件是_____，当活塞处于极限位置时，这时曲柄与连杆_____（共线/不共线），曲柄的压力角_____，传动角_____。（10分）

（2）旋转摇柄让活塞处在最下面的位置，用手推动活塞，发现曲轴不能被推动旋转，我们把这个位置称为_____位置，转动摇柄，观察活塞连杆运动过程，这样的位置在活塞连杆运动中有_____个，在机械中曲轴却能继续运动通过该位置，是因为在曲轴上安装了_____，这样可以_____（增大/减小）惯性力，使活塞连杆机构顺利通过该位置。（8分）

三、素养评价（5分）

5S 待完成步骤	结合完成情况打勾
安全操作与纪律	良好□　一般□
团队合作	良好□　一般□
检查设备完好情况	完成□　未完成□
清洁设备并归位	完成□　未完成□
整理实训工单	完成□　未完成□

四、课堂练习（20分）

（一）选择题（12分）

（1）连杆机构行程速比系数是指从动杆反、正行程（　　）。
　　A. 瞬时速度的比值　　B. 最大速度的比值　　C. 平均速度的比值

（2）为保证四杆机构良好的传力性能，（　　）不应小于最小许用值。
　　A. 压力角　　　　B. 传动角　　　　C. 极位夹角

（3）曲柄摇杆机构中，摇杆为原动件时，（　　）为死点位置。

A. 不存在　　　　　　B. 曲柄与连杆共线时　　C. 摇杆与连杆共线时

（4）曲柄摇杆机构中，曲柄为原动件时，（　　）为死点位置。

A. 不存在　　　　　　B. 曲柄与连杆共线时　　C. 摇杆与连杆共线时

（5）为使机构具有急回运动，要求行程速比系数（　　）。

A. $K=1$　　　　　　B. $K>1$　　　　　　C. $K<1$

（6）在摆动导杆机构中，曲柄为主动件，其传动角是（　　）变化的。

A. 由小到大　　　　　B. 由大到小　　　　　C. 不

（二）判断题（8分）

（1）任何平面四杆机构出现死点时，都是不利的，因此应设法避免。　（　　）

（2）平面四杆机构有无急回特性取决于极位夹角是否大于零。　（　　）

（3）在曲柄摇杆机构中，若以曲柄为原动件时，最小传动角可能出现在曲柄与机架两个共线位置之一处。　（　　）

（4）对于曲柄摇杆机构，极位夹角必不等于0，总具有急回特征。　（　　）

评分汇总

项目	得分
探究学习（80分）	
课堂练习（20分）	
总得分	

单元五　凸轮机构

一、学习活动1（70分）

利用"凸轮轴传动原理认知教学实训板"，并扫码观看视频，完成以下练习。

（1）该凸轮机构由_____、_____和_____组成，该积木的主动件_____。转动摇柄观察该机构：凸轮和从动件之间为_____（点/线/面）接触，该机构属于_____（高副/低副）机构，接触应力_____（大/小）。因此一般用于传递_____的场合。（16分）

（2）如按凸轮的形状不同分类，该机构称为_____。这种凸轮机构的特点是：_____。按从动件的运动形式分类，该机构称为_____。这种凸轮机构的运动特点是：_____。按从动件端部的结构形式分类，该机构称为_____。这种凸轮机构的特点是：平底从动件受力方向始终与底面_____，因此受力_____。工作时，底面与凸轮之间较易形成油膜，从而减少摩擦、磨损。故在_____凸轮机构中应用较多。（16分）

（3）扫积木板二维码观看视频，该机构属于发动机的_____机构，该机构中主动件是_____，从动件为_____，凸轮轴是由发动机的_____带动_____旋转的，凸轮轴的作用是_____。（8分）

（4）旋转摇柄，观察凸轮机构的运动规律，该凸轮机构将凸轮的_____转变成_____。弹簧的作用是：_____。（8分）

（5）旋转摇柄，当气门由最低位置推到最高位置，这一运动过程称为_____。这个过程中气门移动的距离称为气门的_____。气门的远休指的是_____。推杆在重力或弹簧力作用下按一定运动规律沿CD段回落到初始位置。这一运动过程称为_____。推杆处于最低位置不动，这一运动过程称为_____。（10分）

（6）测量该凸轮机构的相关参数（12分）

推程运动角	远休止角	回程运动角	近休止角	升程

二、素养评价（5分）

5S待完成步骤	结合完成情况打勾
安全操作与纪律	良好□　一般□
团队合作	良好□　一般□
检查设备完好情况	完成□　未完成□
清洁设备并归位	完成□　未完成□
整理实训工单	完成□　未完成□

三、课堂练习（25分）

（一）选择题（20分）

（1）内燃机控制气门启闭常采用（　　）机构。
　　A. 连杆　　　　B. 棘轮　　　　C. 凸轮　　　　D. 槽轮

（2）与连杆机构相比，凸轮机构的最大缺点是（　　）。
　　A. 惯性力难以平衡　　　　B. 点、线接触，易磨损
　　C. 设计较为复杂　　　　　D. 不能实现间歇运动

（3）与其他机构相比，凸轮机构的最大优点是（　　）。

A. 可实现各种预期的运动规律　　B. 便于润滑
C. 制造方便，易获得较高的精度　　D. 从动件的行程可较大

（4）以下凸轮机构不是按凸轮形状分类（　　）。
A. 盘状凸轮机构　　　　　　　B. 移动凸轮机构
C. 圆柱凸轮机构　　　　　　　D. 尖顶凸轮机构

（5）关于滚子凸轮机构说法错误的是（　　）。
A. 滚子从动件的滚子与凸轮做滚动摩擦
B. 可用来传递较大的动力
C. 计算自由度时，滚子是一个独立构件
D. 该机构摩擦阻力小，不易磨损

（6）（　　）的磨损较小，适用于没有内凹槽凸轮轮廓曲线的高速凸轮机构。
A. 尖顶式从动杆　　B. 滚子式从动杆　　C. 平底式从动杆

（7）（　　）决定了从动件的运动规律。
A. 凸轮转速　　　B. 凸轮轮廓曲线　　　C. 凸轮形状

（8）汽车发动机配气结构中的凸轮属于（　　）。
A. 盘形凸轮　　　B. 端面凸轮　　　C. 圆柱凸轮　　　D. 摆动凸轮

（9）（　　）摩擦阻力小，传力能力大。
A. 尖顶式从动件　　B. 滚子式从动件　　C. 平底式从动件

（10）（　　）从动件的行程不能太大。
A. 盘形凸轮机构　　B. 移动凸轮机构　　C. 圆柱凸轮机构

（二）判断题（5分）

（1）从动件的运动规律，就是凸轮机构的工作目的。　　　　　　（　　）
（2）计算从动件行程量的基础是基圆。　　　　　　　　　　　　（　　）
（3）盘形凸轮的行程与基圆半径成正比，基圆半径越大，从动件的
行程也越大。　　　　　　　　　　　　　　　　　　　　　（　　）
（4）适合尖顶从动件运动规律的凸轮可以直接应用于滚子从动件，而不
改变从动件运动规律。　　　　　　　　　　　　　　　　　（　　）
（5）尖顶从动件在运动过程中，其压力角不变。　　　　　　　　（　　）

评分汇总

项目	得分
探究学习（75分）	
课堂练习（25分）	
总得分	

模块四　汽车常用连接

单元一　螺纹连接

一、学习活动1（54分）

利用"螺钉类型测量认知教学实训板"，完成以下练习。

（1）观察积木板的螺栓和螺母，我们把螺栓这种在圆柱体外表面形成的螺纹称为_____，把螺母中在空心圆柱体的内表面形成的螺纹称为_____。螺纹的种类很多，其基本要素包括_____、_____、_____、_____、_____等五大要素。（14分）

（2）螺纹的牙型主要有_____、_____、_____、_____和_____等五种牙型。在各种牙型中，仔细观察积木板螺纹的牙型为_____牙型；这种牙型常用于_____；_____常用于单向传动；_____常用于双向传动。（16分）

（3）螺纹的直径有_____、_____、_____。其公称直径是_____，是指与外螺纹_____、内螺纹_____相重合的假想圆柱的直径。（6分）

（4）根据积木板示的螺纹填写下表（18分）

	牙型	螺距	公称直径	线数	导程	粗牙/细牙
M10×1.5						
M12×1.5						
M14×2.0						

二、学习活动2（26分）

利用图4-1-1和图4-1-2所示教学积木，完成以下练习。

（1）请扫教材中相关二维码，观看视频并完成以下练习。（10分）

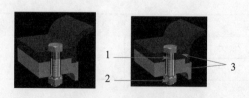

图4-1-1　螺纹连接教学积木

该螺纹连接的名称_____，连接件1是_____，2是_____，图中3是否具有内螺纹_____（填"是"或者"否"）。该螺纹连接件自锁性好，被连接件的厚度通常_____。

（2）请扫教材中相关二维码，观看视频并完成以下练习。（16分）

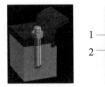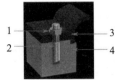

图4-1-2 双头螺柱连接教学积木

该螺纹连接的名称是_____，连接件1是_____，2是_____，图中3是否具有内螺纹？_____（填"是"或者"否"），4是否具有内螺纹？_____（填"是"或者"否"），该类型的螺纹连接件通常用于_____（填"需要"或"不需要"）经常拆卸的连接，被连接件3的厚度通常比较_____，而被连接件4的厚度通常比较_____。

三、素养评价（5分）

5S 待完成步骤	结合完成情况打勾
安全操作与纪律	良好☐　　一般☐
团队合作	良好☐　　一般☐
检查设备完好情况	完成☐　　未完成☐
清洁设备并归位	完成☐　　未完成☐
整理实训工单	完成☐　　未完成☐

四、课堂练习（15分）

（一）选择题（10分）

（1）为连接承受横向工作载荷的两块薄钢板，一般采用（　　）。
　　　A. 螺栓连接　　B. 双头螺柱连接　　C. 螺钉连接　　D. 紧定螺钉连接

（2）当两个被连接件之一太厚，不宜制成通孔，且需要经常拆装时，往往采用（　　）。
　　　A. 螺栓连接　　B. 螺钉连接　　C. 双头螺柱连接　　D. 紧定螺钉连接

（3）两个被连接件之一太厚，不宜制成通孔，且连接不需要经常拆装时，往往采用（　　）。
　　　A. 螺栓连接　　B. 螺钉连接　　C. 双头螺柱连接　　D. 紧定螺钉连接

（4）常见的连接螺纹是（　　　）。
　　　A. 左旋单线　　　B. 右旋双线　　　C. 右旋单线　　　D. 左旋双线
（5）单线螺纹的螺距（　　）导程。
　　　A. 等于　　　　　B. 大于　　　　　C. 小于　　　　　D. 与导程无关

（二）判断题（5分）

（1）一般连接螺纹常用粗牙螺纹。（　　）
（2）矩形螺纹是用于单向受力的传力螺纹。（　　）
（3）螺栓的标准尺寸为中径。（　　）
（4）同一直径的螺纹按螺旋线数不同，可分为粗牙和细牙两种。（　　）
（5）多线螺纹自锁性能好，常用于连接；单线螺纹传动效率较高，常用于传动。（　　）

评分汇总

项目	得分
探究学习（85分）	
课堂练习（15分）	
总得分	

单元二　螺纹连接预紧与防松

一、学习活动1（46分）

利用"螺母测量认知教学实训板"，完成以下练习。

（1）常用螺纹连接件认知，写出各螺纹连接件名称。（12分）

1 	2 	3 	4 	5 	6 

（2）上表中，通常_____和_____配合使用；_____和_____配合使用可以实现防松，这两种方法都属于_____防松；另外_____和_____配合使用也可

以实现防松，这种方法属于_____防松；除此之外，螺纹连接的防松方法还有_____防松，例如：_____、_____、_____等。（24分）

（3）为什么螺纹连接需要防松？螺纹连接预紧的目的？（10分）

二、学习活动2（24分）

利用"螺纹连接拆装教学实训板"，完成以下练习。

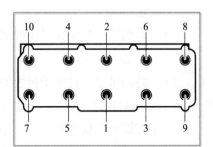

（1）根据教学积木，说明拧紧汽缸盖螺栓的顺序。（5分）

（2）在实际装配中，拧紧汽缸盖螺栓时一般采用什么方法，并简述该拧紧方法的操作步骤。（10分）

（3）如果螺纹连接预紧不当会造成哪些不良后果？（9分）

三、素养评价（5分）

5S 待完成步骤	结合完成情况打勾
安全操作与纪律	良好☐　一般☐
团队合作	良好☐　一般☐
检查设备完好情况	完成☐　未完成☐
清洁设备并归位	完成☐　未完成☐
整理实训工单	完成☐　未完成☐

四、课堂练习（25分）

（一）选择题（16分）

（1）在拧紧螺栓连接时，控制拧紧力矩有很多方法，例如（　　）。

　　A. 增加拧紧力　　　　　　　　B. 增加扳手力臂
　　C. 使用力矩扳手　　　　　　　D. 肉眼观察螺栓变形量

（2）螺纹连接防松的根本问题在于（　　）。

　　A. 增加螺纹连接的轴向力　　　B. 增加螺纹连接的横向力

C. 防止螺纹副的相对转动　　　　D. 增加螺纹连接的刚度

（3）螺纹连接预紧的目的之一是（　　）。

A. 增强连接的可靠性和紧密性　　B. 增加被连接件的刚性

C. 减小螺栓的刚性　　　　　　　D. 提高螺栓的强度

（4）在螺栓连接中采用双螺母，其目的是（　　）。

A. 提高强度　　　　　　　　　　B. 提高刚度

C. 防松　　　　　　　　　　　　D. 减小每圈螺纹牙上的受力

（5）在螺栓连接中，采用弹簧垫圈防松是（　　）。

A. 摩擦防松　　B. 机械防松　　C. 不可拆卸防松

（6）防松可靠，且便于拆装的螺纹防松方式为（　　）

A. 对顶螺母　　B. 弹性垫圈　　C. 自锁螺母　　D. 粘合防松

（7）在螺纹连接的防松方法中，开口销和槽形螺母属于（　　）防松。

A. 摩擦　　　　　　B. 机械　　　　　　C. 不可拆卸

（8）拧紧汽缸盖螺栓时，应分次拧紧，拧紧顺序为从对称对角地对汽缸盖螺栓进行拧紧。（　　）

A. 一次，两边到中间　　　　　　B. 一次，中间到两边

C. 两次，两边倒中间　　　　　　D. 两次，中间到两边

（二）判断题（9分）

（1）气缸盖螺栓的拧紧，可由操作者凭经验控制预紧力的大小。（　　）

（2）只要螺纹副具有自锁性，即螺纹升角小于当量摩擦角，则在任何情况下都无须考虑防松。（　　）

（3）双螺母防松结构中，如两螺母厚度不同时，应先安装薄螺母，后安装厚螺母。（　　）

（4）长方形布置的成组螺栓，拧紧时先从中央开始，逐步向两边对称扩展进行。（　　）

（5）受轴向载荷的紧螺栓连接的螺栓所受的总拉力是预紧力与工作拉力之和。（　　）

（6）在受轴向变载荷的紧螺栓连接结构中，在两个被连接件之间加入橡胶垫片，可以提高螺栓疲劳强度。（　　）

（7）在受轴向变载荷的紧螺栓连接中，使用柔性螺栓，其主要作用是降低螺栓的应力幅。（　　）

（8）对受轴向变载荷的普通螺栓连接适当增加预紧力可以提高螺栓的抗疲劳强度。（　　）

（9）弹性垫片在冲击、振动等工作条件下，其防松效果较好，多应用于重要的连接。　　　　　　　　　　　　　　　　　（　　）

评分汇总

项目	得分
探究学习（75 分）	
课堂练习（25 分）	
总得分	

单元三　键与花键

一、学习活动 1（66 分）

利用"花键配合测量认知教学实训板"，完成以下练习。

（1）花键可视为由多个_____组成，花键连接的工作面是_____。花键属于_____（可拆卸/不可拆卸）连接，由轴上的_____和孔上的_____配合使用。其作用有：_____和_____。

积木所示花键可用于汽车上的转向机构，因为该机构除具有花键的基本功能外，还是一条_____（可伸缩/不可伸缩）的轴。（16 分）

（2）根据齿形不同，花键连接可分为_____和_____，积木上的花键连接为_____。（6 分）

（3）矩形花键按齿高的不同，分为四个尺寸系列，轻系列的承载能力小，多用于_____；中系列适用于_____或_____。重系列的承载能力较大，多用于_____。矩形花键采用_____（大径/小径）定心。（10 分）

（4）某矩形花键的规格为 $6 \times 28 \times 32 \times 7$，说明其参数含义，测量教学积木上花键的规格参数。（10 分）

（5）与平键连接相比，花键具有哪些优点？（10 分）

（6）花键连接有哪些失效形式？（8分）

（7）花键连接适用于定心精度要求高、载荷大的或要求伸缩的连接，花键在汽车上的典型应用有：_____、_____、_____等。（6分）

二、学习活动2（14分）

扫码观看视频，完成以下练习。

（1）视频中的键连接类型为_____连接，用于轴毂之间_____（有/无）相对轴向移动的_____（静/动）连接。（6分）

（2）按键的端部形状分为_____、_____和单圆头（C型）三种型式。C型键应用较少，一般用在_____的连接，其他两种一般用于_____。（8分）

三、素养评价（5分）

5S 待完成步骤	结合完成情况打勾
安全操作与纪律	良好☐　一般☐
团队合作	良好☐　一般☐
检查设备完好情况	完成☐　未完成☐
清洁设备并归位	完成☐　未完成☐
整理实训工单	完成☐　未完成☐

四、课堂练习（15分）

（一）选择题（10分）

（1）常用的松键连接有（　　）连接两种。
　　A. 普通平键和半圆键　　　　B. 普通平键和普通楔键
　　C. 滑键和切向键　　　　　　D. 花键和钩头楔键

（2）普通平键根据（　　）不同，可分A型、B型、C型三种。
　　A. 尺寸的大小　　　　　　　B. 端部的形状
　　C. 截面的形状　　　　　　　D. 承载能力

（3）（　　）连接具有定心精度高、导向性好、承载能力强、能传递较大的转矩及连接可靠等优点。
　　A. 半圆键　　　B. 楔键　　　C. 普通平键　　　D. 花键

（4）（　　）能自动适应轮毂上的键槽的斜度，装拆方便，尤其适用于锥形轴端部的连接。

A. 普通平键　　　　　　　　B. 半圆键

C. 导向平键　　　　　　　　D. 切向键

（5）在变速器中，要求滑动齿轮能在轴上有一定的移动范围，此时齿轮与轴宜选用（　　）。

A. 普通平键连接　　　　　　B. 导向键连接

C. 半圆键连接　　　　　　　D. 滑键

（二）判断题（5分）

（1）键连接只能用于轴与轴上零件的周向固定。　　　　　　　　（　　）

（2）松键连接装配时不需要打紧，键的上表面与轮毂键槽底面之间留有间隙即可。　　　　　　　　　　　　　　　　　　　　　（　　）

（3）半圆键连接时，轴上键槽较深，对轴的强度削弱较大。　　　（　　）

（4）花键连接只能传递较小的转矩。　　　　　　　　　　　　　（　　）

（5）一般采用指状铣刀加工 B 型普通平键的键槽。　　　　　　（　　）

评分汇总

项目	得分
探究学习（85分）	
课堂练习（15分）	
总得分	

模块五　汽车常用传动

单元一　带传动装置

一、学习活动1（40分）

利用"同步带传动原理认知教学实训板"，完成以下练习。

（1）带传动是一种常用的机械传动装置，利用_____或_____来传递运动和动力，主要的作用是_____和_____。（8分）

（2）带传动一般是由_____、_____、_____组成。（6分）

（3）该机构的传动方式是利用_____实现传动，由于带与带轮间_____（有/无）相对滑动，能保持两轮的_____完全一致，故称为_____传动。啮合带具有_____、_____、_____等优点，多用于要求_____、_____的场合。在汽车发动机上用于正时，使_____和曲轴之间保持精确的传动比。（20分）

（4）设该机构的小带轮为主动轮，则主动轮的齿数为_____个，从动轮的齿数为_____个，该机构的传动比为_____。（6分）

二、学习活动（30分）

扫码观看视频，完成以下练习。

视频1　平带　　视频2　V带

（1）视频1中所示的带为_____带，其工作面为_____，主要应用于_____、_____、_____的场合。（10分）

（2）视频2中所示的带为_____带，其工作面为_____，其结构由_____、顶胶、_____和底胶四部分组成。其中_____是带工作时的主要承载部分，结构有_____和_____两种。（14分）

（3）分析带传动的优点与缺点。（6分）

三、素养评价（5分）

5S 待完成步骤	结合完成情况打勾
安全操作与纪律	良好☐　　一般☐
团队合作	良好☐　　一般☐
检查设备完好情况	完成☐　　未完成☐
清洁设备并归位	完成☐　　未完成☐
整理实训工单	完成☐　　未完成☐

四、课堂练习（25分）

（一）选择题（20分）

（1）带传动是依靠（　　）来传递运动和动力的。

　　A. 主轴的动力　　B. 主动轮的转矩　　C. 带与带轮间的摩擦力或啮合力

（2）V带传动中，若主动带轮的直径为10cm，从动带轮的直径为30cm，则其传动比为（　　）。

　　A. 0.33　　　　B. 3　　　　C. 4　　　　D. 5

（3）在一般机械传动中，若需要带传动时，应优先选用（　　）。

　　A. 圆形带传动　　B. 同步带传动　　C. V带传动　　D. 平带传动

（4）在其他条件相同的情况下，V带传动与平带传动相比，可以传递更大的功率，是因为（　　）。

　　A. V带没有接头，强度高　　　　B. V带的挠性良好并与带轮紧密结合

　　C. V带的质量轻，离心力小　　　D. V带与轮槽工作面之间是楔面摩擦

（5）属于啮合传动类的带传动是（　　）。

　　A. 平带传动　　B. V带传动　　C. 圆形带传动　　D. 同步带传动

（6）带传动中弹性滑动现象的产生是由于（　　）。

　　A. 带的初拉力达不到规定值　　　B. 带与带轮的摩擦系数过小

　　C. 带的弹性变形　　　　　　　　D. 带型选择不当

（7）带在工作时产生弹性滑动，是由于（　　）。

　　A. 带不是绝对挠性件　　　　　　B. 带与带轮间的摩擦系数偏低

　　C. 带的紧边与松边存在拉力差　　D. 带绕过带轮产生离心力

（8）带传动中，采用张紧装置的目的是（　　）。

A. 提高带的寿命　　　　　　　　B. 保持带具有一定的初拉力

C. 减轻带的弹性滑动　　　　　　D. 防止带的断裂

（9）下面哪个不是汽车用传动带所用的原材料（　　）。

A. 抗拉层骨架材料　　　　　　　B. 压缩层胶、伸长层胶

C. 带齿胶及粘合层　　　　　　　D. 钢丝

（10）下面哪个不是多楔带传动的特点（　　）

A. 传动振动小　　　　　　　　　B. 比 V 带弯曲应力小

C. 具有平带和 V 带的优点　　　　D. 传动不紧凑，占据空间大

（二）判断题（5 分）

（1）在 Y、Z、A、B、C、D、E 七种普通 V 带型号中，Y 型号的截面尺寸最大，E 型号的截面尺寸最小。（　　）

（2）多楔带传动是属于啮合传动，所以不是摩擦传动。（　　）

（3）同步带与带轮无相对滑动，能保证准确的传动比。（　　）

（4）啮合带传动在汽车上的典型应用是同步带传动。（　　）

（5）带传动中，带的打滑现象是不可避免的。（　　）

评分汇总

项目	得分
探究学习（75 分）	
课堂练习（25 分）	
总得分	

单元二　链传动

一、学习活动 1（70 分）

利用图 5-2-1 所示"链传动原理认知教学实训板"，完成以下练习。

图 5-2-1　链传动原理认知教学实训板

模块五　汽车常用传动

（1）链传动由_____、_____和_____组成，可以保持准确_____（瞬时/平均）传动比，是靠_____来传递运动和动力的。（10分）

（2）设该机构的小链轮为主动轮，则主动轮的齿数为_____个，从动轮的齿数为_____个，该机构的传动比为_____。（6分）

（3）链传动常用于_____的场合。（4分）

（4）滚子链由_____、_____、_____、_____和销轴组成，_____与_____通过_____配合组成外链节，_____与_____通过_____配合组成内链节。（20分）

（5）链传动最常见的张紧方法有_____和_____等方法。（4分）

（6）测量该机构中链条的长度为_____mm，链节数量为_____个，所以该链条的节距为_____mm。（6分）

（7）与带传动相比，链传动有哪些特点？（10分）

（8）链传动主要有哪些失效形式？（10分）

二、素养评价（5分）

5S待完成步骤	结合完成情况打勾
安全操作与纪律	良好☐　一般☐
团队合作	良好☐　一般☐
检查设备完好情况	完成☐　未完成☐
清洁设备并归位	完成☐　未完成☐
整理实训工单	完成☐　未完成☐

三、课堂练习（25分）

（一）选择题（20分）

（1）水平布置的链传动，松边应布置在（　　）。
　　A.上边　　　B.下边　　　C.上边、下边均可

（2）与带传动相比，链传动的优点是（　　）。
　　A.工作平稳，无噪声　　　　B.寿命长
　　C.制造费用低　　　　　　　D.能保持准确的瞬时传动比

（3）与齿轮传动相比，链传动的优点是（　　　）。
　　A. 传动效率高　　　　　　　　　　B. 工作平稳，无噪声
　　C. 承载能力大　　　　　　　　　　D. 轴的中心距大
（4）套筒滚子链中，滚子的作用是（　　　）。
　　A. 缓冲吸振　　　　　　　　　　　B. 减轻套筒与轮齿间的摩擦与磨损
　　C. 提高链的承载能力　　　　　　　D. 保证链条与轮齿间的良好啮合
（5）转速一定时，要减轻链传动的运动不均匀和动载荷，应（　　　）。
　　A. 增大链节距和链轮齿数　　　　　B. 减小链节距和链轮齿数
　　C. 增大链节距，减小链轮齿数　　　D. 减小链条节距，增大链轮齿数
（6）链条由于静强度不够而被拉断的现象，多发生在（　　　）情况下。
　　A. 低速重载　　B. 高速重载　　C. 高速轻载　　D. 低速轻载
（7）链传动中套筒与内链板之间采用的是（　　　）。
　　A. 过盈配合　　B. 过渡配合　　C. 间隙配合　　D. 任意配合
（8）链的长度用链节数表示，链节数最好取（　　　）。
　　A. 偶数　　　　　　　　　　　　　B. 奇数
　　C. 3 的倍数　　　　　　　　　　　D. 5 的倍数
（9）链传动张紧的目的是（　　　）。
　　A. 使链条产生初拉力，以使链传动能传递运动和功率
　　B. 增大链条与轮齿之间摩擦力，使链传动能传递运动和功率
　　C. 避免链条垂度过大时产生啮合不良
　　D. 提高链条强度
（10）链条在小链轮上包角过小的缺点是（　　　）。
　　A. 链条易从链轮上滑落
　　B. 链条易被拉断，承载能力低
　　C. 同时啮合的齿数少，链条和轮齿的磨损快
　　D. 传动的不均匀性增大

（二）判断题（5分）

（1）链传动属于啮合传动，所以传动效率较高。　　　　　　　　　　　（　　）
（2）链传动能保证准确的瞬时传动比，所以传动准确可靠。　　　　　　（　　）
（3）当传递功率较大时，可采用多排链的链传动。　　　　　　　　　　（　　）
（4）滚子链的节距 P 越大，则承载能力越强。　　　　　　　　　　　　（　　）
（5）链传动张紧的目的和带传动不同，张紧力并不决定链的工作能力，
　　而只是决定垂度的大小。　　　　　　　　　　　　　　　　　　　（　　）

评分汇总

项目	得分
探究学习（75分）	
课堂练习（25分）	
总得分	

单元三 齿轮传动

一、学习活动1（23分）

利用"斜齿轮传动原理认知教学实训板"，完成以下练习。

(1) 该积木所采用的齿轮为_____，这种齿轮的轮齿与齿轮轴线_____（平行/不平行）。其齿廓曲面与任意圆柱面的交线都是一个螺旋线，该螺旋线的切线与过切点的圆柱母线间所夹的锐角，称为该圆柱面上的螺旋角，螺旋角越大，轮齿越_____，传动平稳性_____，但轴向力也_____。（5分）

(2) 斜齿轮按轮齿的旋向可以分为_____和_____两种，该机构中大齿轮的旋向为_____，小齿轮的旋向为_____。一对斜齿轮传动，两个齿轮的旋向必须_____（相同/相反），螺旋角大小_____（相等/不相等）。（6分）

(3) 该机构中，设小齿轮为主动轮，则主动轮的齿数为_____个，从动轮的齿数为_____个，该机构的传动比为_____。（3分）

(4) 比较直齿圆柱齿轮与斜齿圆柱齿轮的传动特点。（9分）

二、学习活动2（12分）

利用"曲面锥齿轮传动原理认知教学实训板"，完成以下练习。

(1) 该传动机构的名称为_____传动，一般用于_____（平行轴/相交轴）齿轮传动，两轴的交角通常为_____。（6分）

(2) 直齿锥齿轮的正确啮合条件？（6分）

三、学习活动 3（18 分）

利用"齿轮齿条传动原理认知教学实训板"，完成以下练习。

（1）当齿轮的基圆半径增大到无穷大时，渐开线变成一条_____，这时的齿轮就变成了_____，齿廓上各点的压力角_____（相等/不相等），如果是标准齿条，压力角为_____。（8 分）

（2）齿轮齿条传动在汽车上的典型应用是用于汽车的_____，通常以_____为主动件，_____为从动件；可以将齿轮的_____运动转换为齿条的_____运动。（10 分）

四、学习活动 4（22 分）

利用"蜗轮蜗杆传动原理认知教学实训板"，完成以下练习。

（1）通常蜗轮、蜗杆的轴线在空间_____，通常_____为原动件，_____为从动件，作_____（增速/减速）传动。（8 分）

（2）该机构的蜗轮的旋向为_____，蜗杆的旋向为_____，由此可见，一对相啮合的蜗轮蜗杆传动，其蜗轮和蜗杆的轮齿旋向是_____（相同/相反）的，且螺旋角之和为_____。（8 分）

（3）蜗轮的齿数为_____个，蜗杆的齿数为_____个，该机构的传动比为_____。（6 分）

五、素养评价（5 分）

5S 待完成步骤	结合完成情况打勾
安全操作与纪律	良好□　　一般□
团队合作	良好□　　一般□
检查设备完好情况	完成□　　未完成□
清洁设备并归位	完成□　　未完成□
整理实训工单	完成□　　未完成□

六、课堂练习（20 分）

（一）选择题（16 分）

（1）能保证瞬时传动比的恒定、工作准确可靠的是（　　）。

　　A.带传动　　　B.链传动　　　C.齿轮传动　　　D.液压传动

（2）齿轮传动的特点有（　　）。

　　A.传递的功率和速度范围大　　　B.使用寿命长，但传动效率低

　　C.制造和安装精度要求不高　　　D.能实现无级变速

（3）形成齿轮渐开线的圆是（　　）。

A. 分度圆　　　B. 齿顶圆　　　C. 基圆　　　D. 节圆

（4）关于模数下面说法正确的是（　　）。

A. 模数等于齿距除以 π 所得到的商，是一个无单位的量

B. 模数是齿轮几何尺寸计算中最基本的一个参数

C. 模数一定时，齿轮的几何尺寸与齿数无关

D. 模数一定时齿轮的齿距不变，不同齿数的齿轮的基圆半径不变，轮齿的齿形不变

（5）已知下列各标准直齿圆柱齿轮参数：齿轮 1，$z_1=72$，$d_{a1}=222$mm；齿轮 2，$z_2=72$，$h_2=22.5$mm；齿轮 3，$z_3=22$，$d_{f3}=156$mm；齿轮 4，$z_4=22$，$d_{a4}=240$mm。可以正确啮合的一对齿轮是（　　）。

A. 齿轮 1 和齿轮 2　　　　　　B. 齿轮 1 和齿轮 3

C. 齿轮 2 和齿轮 4　　　　　　D. 齿轮 3 和齿轮 4

（6）一对外啮合的标准直圆柱齿轮，中心距 $a=160$mm，齿轮的齿距 $p=12.56$mm，传动比 $i=3$，则两齿轮的齿数和为（　　）。

A. 60　　　　　B. 80　　　　　C. 100　　　　　D. 120

（7）直齿锥齿轮用于两轴（　　）的传动。

A. 平行　　　　B. 相交　　　　C. 交错　　　　D. 任意

（8）开式齿轮传动的主要失效形式是（　　）。

A. 轮齿折断　　B. 齿面点蚀　　C. 齿面磨损　　D. 齿面胶合

（二）判断题（4分）

（1）基圆相同，渐开线形状相同，基圆越大，渐开线越弯曲。（　　）

（2）斜齿圆柱齿轮的模数有法向模数和端面模数两种，其中以端面模数为标准值。（　　）

（3）蜗杆传动可以获得很大的传动比。（　　）

（4）一对齿轮啮合时，其模数必须相等。（　　）

评分汇总

项目	得分
探究学习（80分）	
课堂练习（20分）	
总得分	

单元四 轮系

一、学习活动1（32分）

利用图5-4-1所示"直齿轮多级齿轮传动原理认知教学实训板"，完成以下练习。

图5-4-1 直齿轮多级齿轮传动原理认知教学实训板

（1）该传动机构的各齿轮轴线是_____（活动的/固定的），这种轮系称为_____，根据各种的位置关系，该轮系属于_____。（6分）

（2）机构中轮1的齿数为_____个，轮2的齿数为_____个，轮3的齿数为_____个；如果以轮3为主动轮，轮3与轮2之间的传动比为_____，轮2与轮1的传动比为_____，该轮系的传动比为_____。可见，定轴轮系的总传动比等于_____。（14分）

（3）如果轮3做顺时针旋转，则轮2做_____时针旋转，轮3做_____时针旋转。轮1与轮2的啮合为_____（外啮合/内啮合），轮1与轮2的旋转方向_____（相反/相同），该轮系中有_____处外啮合，所以轮1与轮3的旋转方向_____（相反/相同）。（12分）

二、学习活动2（32分）

利用图5-4-2所示"行星齿轮传动原理认知教学实训板"，完成以下练习。

图5-4-2 行星齿轮传动原理认知教学实训板

（1）此机构由_____、_____和3个行星轮组成。从运动的角度讲，只需1个行星轮就够了，采用3个行星轮主要是为了_____，多出的2个行星轮所引入的约束称为_____。（8分）

（2）根据该机构的结构简图，计算该机构的自由度。（6分）

（3）利用积木板，根据下表给出的固定件，在不同的主从动件中，完成表中空白位置。（18分）

序号	固定件	主动件	从动件	变速 （升速\降速）	传动比	转向 （同向\反向）
1	齿圈	太阳轮	行星架			
3	太阳轮	齿圈	行星架			
5	行星架	太阳轮	齿圈			

三、学习活动3（16分）

利用"多级换向综合传动原理认知教学实训板"，完成以下练习。

（1）此机构包含直齿圆柱齿轮传动、_____、_____、_____等传动方式。（6分）

（2）以蜗杆为主动件，计算该传动系统的传动比。（10分）

四、素养评价（5分）

5S 待完成步骤	结合完成情况打勾	
安全操作与纪律	良好☐	一般☐
团队合作	良好☐	一般☐
检查设备完好情况	完成☐	未完成☐
清洁设备并归位	完成☐	未完成☐
整理实训工单	完成☐	未完成☐

五、课堂练习（15 分）

（一）选择题（10 分）

（1）关于轮系下面说法正确的是（　　）。

　　A. 不能获得很大的传动比

　　B. 可以实现运动的合成但不能分解运动

　　C. 不适宜做较远距离的传动

　　D. 可以实现变向和变速要求

（2）定轴轮系的传动比与轮系中惰轮的齿数（　　）。

　　A. 有关　　　B. 无关　　　C. 成正比　　　D. 成反比

（3）当轮系运动时，如果各齿轮几何轴线的位置是固定不变的，则称为（　　）。

　　A. 行星轮系　　B. 定轴轮系　　C. 混合轮系　　D. 周转轮系

（4）若齿轮与轴之间（　　），则齿轮与轴各自转动，互不影响。

　　A. 空套　　　B. 固定　　　C. 滑移　　　D. 一体

（5）一轮系有三对齿轮参加传动，经传动后，则输入轴与输出轴的旋转方向（　　）。

　　A. 相同　　　B. 相反　　　C. 不变　　　D. 不确定

（二）判断题（5 分）

（1）周转轮系计算传动比时，要将其假想地转化成为定轴轮系进行计算。（　　）

（2）定轴轮系中的所有齿轮的轴都是固定的。（　　）

（3）采用轮系传动可以实现无级变速。（　　）

（4）轮系的传动比等于首尾两轮的转速之比。（　　）

（5）两轮的旋转方向可以用画箭头的方法表示。两齿轮相啮合，箭头方向要么同时指向啮合点，要么同时背离啮合点。（　　）

评分汇总

项目	得分
探究学习（85 分）	
课堂练习（15 分）	
总得分	

策划编辑电话：010-88379160

策划编辑◎齐福江／封面设计◎张静